马歇尔文集

第 2 卷

经济学原理

上

朱志泰　译

商务印书馆
The Commercial Press
创于1897

2019 年 · 北京

Alfred Marshall

PRINCIPLES OF ECONOMICS

The Macmillan Company

London,1938

根据麦克米伦公司伦敦 1938 年版译出

目　　录

第一篇　导言

第二篇 若干基本概念

第四篇　生产要素——土地、劳动、资本和组织

原著第一版序言

经济状况是经常地起变化的,每一时代都是以它自己的方法来观察它自己的问题。在英国以及欧洲大陆和美国,经济学的研究现在都比以前更为努力进行;但这一切活动只是更为清楚地表明,经济学是——而且必然是——一种缓慢和不断发展的科学。在当代最好的著作中,有些初看起来的确似乎与前人的著作有矛盾;但当这些著作日久成熟,粗糙的地方已经修正时,我们就可知道,它们实在并没有违反经济学发展的连续性。新的学说补充了旧的学说,并扩大和发展了、有时还修正了旧的学说,而且因着重点的不同往往使旧的学说具有新的解释;但却很少推翻旧的学说。

借助于我们自己时代的新著作,并且关系到我们自己时代的新问题,本书打算对旧的学说加以新的解释。第一篇说明了本书总的范围和目的;在第一篇之末对于经济研究的主要问题,以及与经济研究有关的主要实际问题,也有简短的叙述。依照英国的传统见解,我们认为经济学的职能是收集、整理和分析经济事实,并用从观察和经验中得来的知识,去决定各种原因的眼前和最终的结果;而且我们认为,经济学的规律是以直述语气表达的倾向之叙述,而不是以命令语气表达的道德上的告诫。经济规律和推论事实上不过是良心和常识用来解决实际问题和树立可以指导生活的那些法则的资料之一部分而已。

　　但是,道德的力量也是包括在经济学家必须考虑的那些力量之内的。的确,曾经有过这样的打算:以一个"经济人"的活动为内容,建立一种抽象的经济学,所谓经济人就是他不受道德的影响,而是机械地和利己地孜孜为利。但是,这种打算却没有获得成功,甚至也没有彻底实行过。因为,它们从没有把经济人真正当作是完全利己的:一个怀有利人的愿望、甘受劳苦和牺牲以赡养家庭的人,是最能信任的,他的正常的动机常被默认为包括家庭情感在内。但是,他的动机既包括家庭情感在内,为什么它就不能包括其他一切利人的动机——其作用在任何时间和地点的任何等级的人之中都是如此地一律,以致能被变为一般法则——在内呢? 这似乎是没有理由的;在本书中把正常的活动看作是一个产业集团的成员在一定条件下会有的活动;而对于任何动机——其作用是有规律的——的影响不加考虑,只是因为这种动机是利人的,在本书中却没有这样的打算。本书如有它自己的特点的话,那可说是在于注重对连续原理的各种应用。

　　这个原理不但应用到动机之道德上的特性——一个人在选择他的目的时会受到这种特性的影响,而且应用到他追求他的目的时所有的聪明、努力和进取心。这样,我们就着重以下的事实:从"城里人"①的活动——这种活动基于精明和有远见的计算,并以努力和才能来实行,到既无力量又无意志以营业性的方法来做事的普通人的活动,其中具有连续的程度上的差别。正常的甘愿节

---

　　① city men,意即商人。——译者

省、正常的甘愿为某种金钱报酬而努力,或者找寻买卖的最好市场
或是为自己或子弟找寻最有利的职业之正常的留心——诸如此类
的话必须是与在一定地点和时间的某一阶级的成员有关;但是,一
旦知道了这一点,则正常价值的理论就可同样地应用于非营业性
的阶级之活动,虽然在细节问题上没有像应用于商人或银行家的
活动那样准确。

正像在正常的行为与暂时看作是不正常的行为之间没有显著
的区别一样,正常价值与"现行的"或"市场的"或"偶然的"价值之
间也没有显著的区别。后者是一时的偶然事件占优势的价值;而
正常价值是考虑中的经济条件如有时间毫无阻碍地充分发挥它的
作用,终能获得的价值。但是,在这两者之间并没有不可逾越的鸿
沟;它们由于连续的程度上的差别而结合在一起。如果我们想到
商品交易所中时时刻刻的变化,我们也许认为是正常的价值,但从
一年的历史来看,这种价值不过是表明现行的变化而已;从一年的
历史来看的正常价值,如从一个世纪的历史来看,也不过是现行的
价值而已。因为,时间的因素——这差不多是每一经济问题的主
要困难之中心——本身是绝对连续的:大自然没有把时间绝对地
分为长期和短期;但由于不知不觉的程度上的差别,这两者是互相
结合的,对一个问题来说是短期,而对另一个问题却是长期了。

这样,例如地租和资本的利息的区别,大部分——虽然不是全
部——要看我们心目中的时期的长短而定。一样东西被当作是
"自由的"或"流动的"资本或新的投资的利息是适当的,但被当作
是旧的投资的一种地租——以后称为准地租——则更为适当。流
动资本与已被"固定"于某一特殊生产部门的资本之间没有显著的

区别,新的投资与旧的投资之间也没有显著的区别;每种资本与另一种资本逐渐结合在一起了。即使土地的地租,不是被看作一样孤立的东西,而是被看作一个大类中主要的一种东西;虽然地租的确具有它自己的特征,从理论和实际的观点来看,这种特征是非常重要的。

其次,人的本身与他使用的工具虽有显著的区别;人类努力和牺牲的供给和需求虽然各有特征,而与有形货物的供求不同,但是,毕竟这种货物本身通常是人类努力和牺牲的结果。劳动价值理论和劳动产品价值理论是不能分开的:它们是一个大的整体中的两个部分;即使在细节问题上两者之间存在差别,但经研究后可以知道,大部分是程度上的差别,而不是种类上的差别。正像鸟类和兽类虽然形状上大不相同,但在它们的躯体中都有一个基本观念一样,供求平衡的一般理论也是贯通分配和交换的中心问题之各部分结构的一个基本观念①。

连续原理还可应用到名词的使用上去。常有这样一种尝试:将经济货物分为规定明确的种类——关于这种货物能作出许多简明的命题,以满足学者对逻辑上的准确之欲望,和一般人对貌似深奥而实易了解的教条之爱好。但是,由于进行了这种尝试,和在大自然没有划分界限的地方划出广泛的人为分界线,似乎已经发生很大的弊端。一种经济学说愈是简单和绝对,倘使它所指的分界

---

① 1879年我妻和我出版的《产业经济学》中,对于表明这种基本的一致性曾作了一番努力。在说到分配论之前,对于供求的关系作了简短的暂时性的叙述;然后对于劳动收入、资本利息和经营收入,也都相继应用这种一般推论的方法。但是,这种办法的用意却没有说得十分清楚,根据尼科尔森教授的意见,本书对这一点已经较为注重了。

线在实际生活中不能找到的话，则在把它应用到实际时它带来的混乱就愈大。在实际生活中，在算作资本与不算作资本的东西之间、必需品与非必需品之间，或生产的与非生产的劳动之间，都没有明显的区别。

关于发展的连续之概念，对一切近代经济思想的派别都是共同的，不论对这些派别所发生的主要影响是生物学的影响——如赫伯特·斯班塞的著作所代表的；还是历史和哲学的影响——如黑格尔的《历史哲学讲演录》和欧洲大陆及其他地方新近发生的伦理历史研究所代表的。这两种影响左右本书所表明的观点之实质，比其他任何影响为大；但是这些观点在形式上却最受连续性的数学观念之影响——如古尔诺的《财富理论中数学原理的研究》所代表的。古尔诺告诉我们必须面对这样的困难：一个经济问题的各种因素不是被看作以连锁的因果关系逐一决定的，如甲决定乙、乙决定丙，等等，而是将它们看作互相决定的。大自然的作用是复杂的：如果把这种作用说成是简单的，并设法以一系列的基本命题来阐明它，毕竟没有什么好处。

在古尔诺和屠能的启发下（后者的影响较小），使我对以下的事实人为重视：在精神和物质世界中，我们对自然的观察，与总数量的关系没有与增加量的关系那样大；特别是，对一物的需要是一个连续的函数，这物的"边际"①增加量在稳定的平衡下，为它的生

---

① 边际增加量中"边际"这个名词，我是从屠能的《孤立围》（第 1 卷出版于 1826 年，第 2 卷出版于 1850—1863 年，第 3 卷出版于 1863 年）一书中借用的，这个名词现在已为德国的经济学家共同使用了。当杰文斯的《政治经济学理论》出版时，我采用了他的"最终的"（final）这个字，但我已逐渐相信"边际"这个词较好。

产费用的相应增加所抵消了。如果没有数学符号或图表的帮助，我们要完全明了这一方面的连续性是不容易的。使用图表并不需要特殊知识，而且图表比数学符号往往更能正确地和容易地表明经济生活的情况。在本书的脚注中应用图表作为补充说明。正文中的论断从不使用符号和图表，它们是可以省掉的。但是，经验似乎表明：借助于它们，我们对许多重要的原理就能得到更为明确的理解；而且对于许多属于纯理论的问题，如果我们一旦知道应用图表的方法，就不愿再用其他方法去解决了。

纯数学在经济问题上的主要用途，似乎在于帮助一个人将他的思想的一部分迅速地、简短地并正确地记下来供他自己之用；并使他确信他对他的结论已有足够的——仅仅是足够的——前提（这就是说，他的方程式与他的未知数在数字上恰好相等）。但是，当我们必须使用许多符号时，除了作者自己之外，任何人都觉得非常麻烦。古尔诺的天才虽对于得到他的启发的人必然给予一种新的智力活动，才能与他相似的数学家们虽可使用他们得意的方法为他们自己扫清道路，以达到经济理论中那些只是外表才被提到的困难问题的一部分之中心；但是，经济学说改成冗长的数学符号之后，是否有人会细心阅读不是由他自己改写的这种数学符号，似乎还有疑问。然而，在数学语言的应用中已经证明对我自己的目的最为有用的一些范例，已被合在一起作为本书的一个附录。

1890 年 9 月

原著第八版序言

本版是第七版的再版，仅在细小的问题上有些更改，而第七版差不多是第六版的再版。本版的序言与第七版的差不多是一样的。

本书的第一版中，含有在适当时间内出版第二卷以完成本书的诺言，到现在已有三十年了。但是，我订出的计划规模太大了，由于现代的工业革命在发展的速度和广度上远远超过了一个世纪之前的变化，这个计划的范围——尤其是现实的方面——就随着它的推动而日益扩大了。所以，不久我只得放弃以两卷完成本书的希望。我的随后的计划曾经不止一次地进行更改；一部分因为形势的发展，一部分因为我有其他工作要做以及精力的衰颓。

一九一九年出版的《工业与贸易》实际上是本书的继续。第三本(关于贸易、金融和工业的将来)则高深得多了。我打算尽我力之所及，在这三卷书中研究经济学的一切主要问题。

所以，本书仍然是研究经济学的一般入门的书；在某些方面——虽然不是在一切方面——类似研究经济学的基础的作品——罗雪尔及其他经济学家把这类作品放在他们所写的关于经济学的几卷书籍中的最前面。本书不涉及通货、市场组织这一类的特殊论题，至于工业组织、就业和工资问题这一类论题则主要是研究它们的正常状态。

经济进化是渐进的。它的进步有时由于政治上的事变而停顿或倒退,但是,它的前进运动绝不是突然的;因为,即在西方和日本,它也是以部分自觉与部分不自觉的习惯为基础。天才的发明家、组织者或财政家虽然似乎可以一举而改变一个民族的经济组织,但是,他的不纯然是表面的和暂时的那一部分影响,一经研究就可知道,也不外乎是使得久已在准备中的广泛的建设性的发展达到成熟而已。在大自然的表现中,那些最常发生的、而且是如此井井有条以致能被仔细观察和精密研究的表现,是其他大多数科学研究的基础,也是经济研究的基础,同时,那些时作时辍的、罕见的和难以观察的表现,则常留到以后阶段再进行特殊的研究。"自然不能飞跃"这句格言,对于研究经济学的基础之书尤为适合。

上述两类不同的表现之对比,可从大企业的研究之分配于本书和《工业与贸易》中得到例证。如果任何产业部门对新的企业提供了公开的机会,这种企业发展成为第一流的企业,而过了相当时期也许又衰落了,这个产业部门中的正常生产费用就能根据"一个代表性企业"的情况来估计,所谓代表性企业就是享有很大一部分的内部经济——这种经济属于组织良好的个别企业所有——,和由于整个区域的共同组织而产生的一般或外部经济。这种企业的研究属于研究基础之书的范围是适当的。基础稳固的在政府部门或大铁路公司手中之独占事业,调整它的价格所依据的原理,诚然主要是为它自己的收入打算,但多少也考虑它的顾客的利益,这种原理的研究属于研究基础之书的范围也是适当的。

但是,当托拉斯正力图控制一个广大市场时,当利害相共的团体正在建立和解散时,尤其当任何特定的企业之政策方针不光是受着眼于它自己营业的成功的思想的支配,而是服从大的股票市场的操纵或某种控制市场的运动时,正常的活动就退避三舍了。这种问题在研究基础的书中是不能适当地研究的,它属于研究上层建筑的某一部分之书的范围。

经济学家的目标应当在于经济生物学,而不是经济力学。但是,生物学概念比力学的概念更复杂;所以,研究基础的书对力学上的类似性必须给予较大的重视;并常使用"平衡"这个名词,它含有静态的相似之意。这个事实以及本书中特别注意的近代生活的正常状态,都含有本书的中心概念是"静态的",而不是"动态的"之意。但是,事实上本书始终是研究引起发展的种种力量,它的基调是动态的,而不是静态的。

然而,我们要研究的力量为数是如此之多,以致最好一次研究几种力量,作出若干局部的解答,以辅助我们主要的研究。这样,我们首先单独研究某一特殊商品的供求和价格的初步关系。我们用"其他情况不变"这句话,把其他一切力量当作是不起作用的:我们并非认为这些力量是无用的,不过是对它们的活动暂不过问而已。这种科学的方法早在科学发生之前就已存在了,自古以来明达的人研究日常生活中的每个困难问题,就有意或无意地采用这个方法了。

到了第二阶段,在原来被假定不起作用的那些力量中,有较多的力量发生作用:特殊种类的商品之需求和供给的条件之变化开始发挥它的作用,我们开始对这些条件之复杂的相互作用加以观察。渐渐地,动态问题之范围扩大了,而暂时的静态的假定之范围缩小了;最后就接触到国民收益分配于许多不同的生产要素这一重大的中心问题。同时,动态的"替代"原理经常发生作用,使任何一类生产要素的需求和供给间接地受到其他要素的供求发展的影响,即使这些要素是属于毫无关联的产业部门。

这样,经济学主要是研究不论为好为坏都不得不要求变化和进步的人类。片断的静态假定,是被用来暂时辅助动态的——或不如说是生物学的——概念。但是,经济学的中心概念必须是关于活力和运动的概念,即使只在研究它的基础时也是这样。

在社会历史中曾有各个阶段,而在这些阶段中土地所有权所产生的收入之特点,支配了人类的关系;这些特点也许会重点占优势。但在现代,新土地的开发,加上水路运费的低廉,差不多阻止了报酬递减的倾向——这是按照马尔萨斯和李嘉图使用报酬递减这个名词的意义而说的,那时英国劳动者每星期的工资往往低于半蒲式耳上等小麦的价格。但是,如果人口的增长即使按现在增长率的四分之一长久继续下去的话,则从土地的一切用途(假定和现在一样不受当局的限制)上所得的总地租价值,也许会超过从其他一切形式的物质财产所获得的总收入;即使到那时这些财产也许会体现等于现在二十倍的劳动,仍是如此。

在本书的历次再版中(一直到第八版)日益注重上述的事实;并日益注重以下这个有相互关系的事实:在每个生产和贸易部门中,都有一个边际,在那边际之内,任何一个生产要素的使用量的增加,在一定的条件下都是有利的;但是,超过了这个边际,生产要素的使用量再有增加,就会产生递减的报酬,除非需要有增加,同时要与某一生产要素合用的其他生产要素随着也有适当的增加。

对于以下这个补充的事实也同样地日益注重：这个关于边际的概念不是一律的和绝对的：它是随着所研究的问题的条件而变化的，特别是随着与它有关的时间之长短而变化。关于它的法则是普通的，即：(1)边际成本并不决定价格；(2)决定价格的力量之作用，只有在边际上才能清楚地表现出来；(3)必须依据长期以及持久的结果来研究的边际，与必须依据短期以及一时的波动来研究的边际，在性质和范围上都是不同的。

边际成本的性质之不同，的确造成了以下人所共知的事实：在一个经济原因所产生的结果中，那些不易探知的结果比那些表面的、引起粗心的观察者注意的结果，往往更为重要，而且处于相反的方向。这是在过去的经济分析上所存在的和感到麻烦的主要困难之一；这种困难的全部重要性，恐怕还没有被普遍地认识到，而在完全了解这种重要性之前，我们也许要做比现在多得多的工作。

在经济学的材料之极其不同的性质所容许的范围内，这一新的分析法逐步地和尝试地力图把小量增加科学（通常称为微分学）的方法用之于经济学。近代我们之所以已能对自然的性质加以控制，大部分直接或间接地得力于这种方法。这种新的分析法仍然是幼稚的；它没有独断之见，也没有正统的标准。它还没有经历充分的时间以获得一套完全确定的术语；所以关于名词的最适当使用和其他附属问题的意见分歧，正是正常发展的标志。可是，事实上，在用这个新方法积极地从事研究的人之中，尤其是在曾经学习过物理学上较为单纯和明确、因而较为高深的问题的人之中，对于这个方法的基本原理表现了显著的和谐与一致。这个方法对于经济研究上它所适合的虽不多，但重要的部分，居于支配地位，不必等到下一代，大概就不会再有争论了。

在本书历次再版的各阶段中，我妻都给我帮助和提示。每版都极其得力于她的建议、关心和见解。凯思斯博士和普赖斯先生校阅了第一版，对我帮助很大；福拉克斯先生也为我出力不少。在各版中的某些地方，在特殊问题上给我帮助的许多人之中，我要特别感谢艾希利、凯南、埃杰沃斯、哈佛菲耳德、庇古与陶西格诸位教授；以及贝里博士、法伊先生和已故西季威克教授。

1920 年 10 月于剑桥曼第诺莱路六号寓所

第 一 篇

导　言

第一章 绪论

第一节 经济学是一门研究财富的学问，同时也是一门研究人的学问；世界的历史是由宗教和经济的力量所形成的

政治经济学或经济学是一门研究人类一般生活事务的学问；它研究个人和社会活动中与获取和使用物质福利必需品最密切有关的那一部分。

因此，一方面它是一种研究财富的学科；另一方面，也是更重要的方面，它是研究人的学科的一个部分。因为人的性格是由他的日常工作，以及由此而获得的物质资源所形成的，任何其他影响，除了他的宗教理想的影响以外，都不能形成他的性格。世界历史的两大构成力量，就是宗教和经济的力量。尚武或艺术精神的热情虽然在各处曾经盛行一时，但宗教和经济的影响无时无地不是居于前列；它们差不多一直是比其他一切影响合在一起还要重要。宗教的动机比经济的动机更为强烈，但是它的直接作用，却不像经济动机那样普遍地影响人类生活。因为一个人心情最好的时候，他的思想中大部分时间总是充满了关于谋生的事情；在那个时

间里,他的性格就由于他在工作中运用他的才能的方式、他的工作
所引起的思想和感情以及他与他的同事、雇主或雇工之间的关系
而逐渐形成起来了。

　　而且一个人收入的多寡,对他的性格所发生的影响,常常不弱
于(即使稍差一些)获得收入的方法所发生的影响。一个家庭每年
收入是一千镑还是五千镑,对于这个家庭的生活富裕情况也许关
系不大;但是如果收入是三十镑还是一百五十镑,那就有很大的差
别了;因为有一百五十镑,这个家庭就可以获得维持美满生活的物
质条件,而有三十镑却不能获得这些条件。的确,在宗教、家庭情
感和友谊方面,就是穷人也可以找到发挥许多才能的机会,这些才
能是无上快乐的源泉。但是,极端贫困的环境,尤其是在环境拥挤
不堪的地方,总会削弱较高的才能。那些被称为我们大城市中的
贱民的人,很少有寻求友谊的机会;他们不知道什么叫文雅和宁
静,甚至对家庭生活的和谐也很少理解;而且宗教力量也常常达不
到他们那里。毫无疑问,他们身体的、精神的和道德的不健康,虽
然部分是由于贫困以外的其他原因,但贫困却是主要原因。

　　并且除了这些贱民之外,在城市和乡村中,还有许多人是在缺
乏衣、食、住所的情况下长成的;他们幼年就失学,以便出去工作,
挣工钱度日;此后他们就以营养不足的身体长时间地做使人疲劳
的工作,因此没有机会发展他们较高的智力。他们的生活一定是
不健康或不愉快的。他们以爱上帝和人类为乐事,他们甚至还许
有某种自然的情感方面的修养,所以他们所过的生活可能比许多
有较多物质财富的人的生活更为充实。不过,话虽如此,他们的贫
困对他们总是一种巨大的而且差不多是纯粹的祸患。即使当他们

健康的时候,他们的疲劳往往等于痛苦,而他们的欢乐又是很少的;到了生病的时候,贫困所造成的痛苦就要加重十倍。虽然一种知足常乐的精神或可使他们安于这些苦难,但是还有许多别的苦难,这种精神却无法使他们甘心忍受。过度工作和教育不足、疲乏和忧郁、没有安静和没有空闲,他们就没有尽量发挥他们智力的机会。

虽则有些常常与贫困同来的苦难,并不是贫困的必然结果;然而,大概说来,"穷人的祸根是他们的贫困",所以研究贫困的原因,就是研究大部分人类堕落的原因。

第二节　贫困是否必然的问题给予经济学以最大的关心

奴隶制度被亚里士多德看作是天经地义的,古代的奴隶大概自己也是这样想。人类的尊严是由基督教加以宣扬的,近百年来它受到日益热烈的拥护。但是,只是由于最近教育的普及,我们才开始了解这句话的完全意义。现在,我们终于要认真地来研究:所谓"下等阶级"的存在究竟是不是必要的:就是说,是否必然有许多人生来就注定要做苦工,为别人提供美好和文明生活的必需品;而他们自己却因贫困和劳苦一点不能分享到这种生活。

贫困和愚昧可以逐渐被消灭的希望,的确从十九世纪工人阶级的不断进步的事实中得到很大的支持。蒸汽机减轻了他们许多费力和有害身体的工作;工资提高了;教育已经改良而且已经比较普及;铁道和印刷机使国内各地同一行业的人能易于联系,并且使他们能够从事和实行远大的政策方针;同时,对智力工作的日益增长的需要,使技术工人迅速增加,现在他们的人数已超过了那些完全不熟练的工人了。以"下等阶级"这个名词的最初意义来说,大部分技术工人已经不再属于这个阶级了,其中有些人所过的生活,已经比即使是一个世纪以前的大多数上等阶级所过的生活更为美好和高尚。

这种进步比其他任何事情都更使人对下一问题加以实际的关心:一切的人初入世界都应有过文明生活的公平机会,不受贫困的痛苦和过度机械的劳动的呆板影响,这真是不可能的吗?这个问题正被当代的日益热烈的要求推居前列。

这个问题不能完全由经济学来解答。因为这个答案部分要依靠人类本性的道德和政治的才能,经济学家并没有了解这些事情的特别方法;他也必须像别人一样地做,尽他所能去推测。但是,这个答案大部分有赖于经济学范围之内的事实和推论;给予经济研究以主要的和最大的关心,也就是这一点。

第三节 经济学大体上是新近才有发展的

我们也许曾经这样期望:一门研究与人类福利有关的这样重要问题的科学,已经引起历代许多最有能力的思想家的注意,到现在已发展到接近成熟了。但事实却是这样:科学的经济学家的人数,与要做的工作的困难相比,总是较少的;因此这门科学差不多仍在幼稚时代。这个事实的一个原因,就是经济学与人类的较大福利的关系被忽视了。的确,一门以财富为主题的科学,许多学者初看起来常是可厌的;因为那些尽力扩大知识范围的人,对于为占有财富而占有财富,是不大关心的。

但一个更重要的原因是:在近代经济学所研究的产业生活状况,以及生产、分配和消费的方法中,有许多只是新近才发生的。诚然,实质上的变化在某些方面确是没有外形上的变化那样大;近代经济理论比初出现时,有更多的部分能适用于落后民族的状况。但是,作为许多形式变化的基础之实质上的统一性,是不容易看出来的;而且形式上的变化已经有了这样的结果:各时代的作家从他们前辈的著作中所得的益处较少,否则他们或可获益较多。

近代生活的经济状况,虽较前代复杂,但在许多方面却比前代的经济状况明确。营业与其他事情分得较为清楚;个人对别人对社会的权利,也有较为明确的规定;而最重要的是,摆脱了风俗的束缚,以及自由活动、不断的未雨绸缪和不休的进取心的发展,使决定各种东西和各种劳动的相对价值的种种原因,具有新的正确性和新的重要性。

第四节　竞争可以是建设性的,也可以是破坏性的:即当建设性的时候,竞争也没有合作那样有利;但是,近代营业的基本特征是产业和企业的自由、自力更生和未雨绸缪

我们往往这样说:近代产业生活的方式与过去的区别在于它是较有竞争性的。但这样说法是不能令人十分满意的。竞争的严格意义,似乎是指一个人与另一人的比赛,特别是关于物品买卖出价方面的比赛。这种比赛无疑地是比过去更为激烈和更为广泛;

但这只是近代产业生活的基本特征之次要的、甚至可以说是偶然的结果。

没有一个名词能适当地表明这些特征。如我们现在可以知道的,它们是:自己选择方向的某种独立自主和习惯;自力更生;谨慎而敏捷的选择和判断;未雨绸缪和向遥远的目标前进的习惯。这些特征可以而且往往的确使人互相竞争;但另一方面,它们也可使人走上,而且现在的确正在使人走上合作以及各种好的和坏的联合的道路。但是,这种趋于共同所有和共同活动的倾向与前代的大不相同,因为它不是风俗习惯的结果,也不是任何被动地与邻人联合的结果,而是每个人自由选择某种行为的结果,这种行为经过他仔细考虑之后,似乎最适合于达到他的目的,不论这些目的是否为了利己。

"竞争"这个名词已经充满了罪恶的意味,而且还包含某种利己心和对别人的福利漠不关心的意思。诚然,前代的产业形式不及近代的具有有意识的利己心,但也不及近代的具有有意识的利人心。所以,近代的特色是精明而不是自私。

例如,当原始社会的风俗扩大了家庭范围,并规定了一个人对他的邻居的某些义务时——这种义务到后代已废除了,它也规定了对陌生人的敌视态度。在近代社会里,出自家庭情感的义务,虽然集中于较为狭小的范围,却变得更为强烈;而对于邻居和陌生人差不多一视同仁。近代的人民平常对待这两种人时,公平和诚实的标准,比原始人民对待他们的邻人的某些方面为低;但比原始人民对待陌生人却高得多了。这样,只有邻居关系是松懈了,而家庭关系在许多方面比从前加强了,家庭情感所引起的自我牺牲和热诚比过去大得多:对陌生人的同情心,是近代以前从未有过的一种有意识的利人心的日见增长的源泉。为近代竞争发源地的那个国家,以它的收入用之于慈善事业,其数额比其他任何用途为大,而且化了两千万元去赎买西印度群岛的奴隶的自由。

历代的诗人和社会改良家,都用关于古代英雄的美德的动人故事,要想鼓舞他们自己时代的人民达到较为高尚的生活。但是,历史记载和当代对于落后民族的观察,一经仔细研究,都不能证实这样的说法:现在的人比从前的人大体上更为苛刻和冷酷;或者说,在风俗和法律任人自由选择方向的时候,从前的人比现在的人往往更愿牺牲自己的幸福,以利他人。有些民族的智力似乎在其他方面都没有得到发展,也没有近代商人的独创能力,其中有许多人即使与邻居在交易上也斤斤较量,表现了一种有害的聪明。最肆无忌惮地乘人之危的商人,无过于东方的谷物商人和放债者了。

再者,无疑地,近代使贸易上的欺诈行为有了新的机会。知识的进步发现了新的鱼目混珠的方法,并使许多新的掺假的方法成为可能。生产者现在与最后的消费者相距很远;他的错误行为不会立即受到严厉的处罚,如果一个人必须生活乃至于老死在他的故乡,当他欺骗了他的邻人时,就要受到这样的处罚。现在欺诈的机会的确是比过去多了;但也没有理由认为,人们比过去会更多地利用这种机会。相反的,近代的贸易方法一方面包含信任他人的习惯;另一方面包含抵抗欺诈行为的引诱的力量,这两点在落后民族之中是不存在的。在一切社会条件之下,虽不乏单纯的真理和个人的忠诚的事例;但是那些曾经要在落后国家建立新式营业的人,感到他们常不能对当地的人委以重要的职位。需要坚强德性的工作比需要优良技能和智力的工作,甚至更不能没有外来的帮助。贸易上的掺假和欺诈行为盛行于中世纪,达到惊人的程度,而我们现在却考虑当时这种错误行为很难不被人发觉。

在金钱力量占优势的各个文明阶段中,在没有感觉到仅仅是有形的黄金的压力之前,诗人们在诗文中喜欢描写一个过去的真正"黄金时代"。他们的诗歌描写是美丽的,激发了高尚的憧憬和决心;但这些描写却很少有历史的真实性。许多小地方的居民,欲望单纯,大自然的恩惠对这些欲望的满足已经作了充分的准备,他们的确有时对物质需要几乎毫不关心,而且也不会引起卑鄙的野心。但是,每当我们能洞悉在我们时代中处于原始状态下的拥挤不堪的人民的内部生活时,我们就看到比在远处看起来更大的贫困、狭隘和艰难:我们从未看到比今天西方世界所存在的更为普遍和痛苦较少的舒适。所以,我们不应当对构成近代文明的力量加上一个含有恶意的名称。

这一含意也加到"竞争"这个名词里去,恐怕是不合理的,但事实上却是如此。其实,当竞争受到非难时,它的反社会的形式变为突出;人们对它是否还有其他的形式则不注意研究,而这些形式对于维持活动力和自发性是如此重要,以致缺少它们恐怕对社会福利是比较有害的。商人或生产者当发觉竞争者以低于使他们能获得很大利润的价格出售货物时,他们对他的这种扰乱行为,便勃然大怒,抱怨受到损失;即使那些购买廉价货物的人,也许确是比他们穷困,他们的竞争者的精力和智谋也许确是有利于社会,他们也不顾了。在许多情况下,"限制竞争"是一个令人误解的名词,它掩盖了生产者的特权阶级的形成,这种生产者往往利用他们的联合力量,阻挠一个有能力的人从低于他们的阶级中力求上进的企图。在遏制反社会的竞争的借口下,他们剥夺了他自创新事业的自由,如果创立了新事业,他对商品消费者所作的贡献,会大于他加于反对他的竞争的那一小群人的损害。

如将竞争与为了公众利益而无私工作的有力的合作对比的话,那么,即使是最好形式的竞争也是相对地有害的;至于它的较为苛刻和卑鄙的形式简直是可恨了。在一个人人都十分善良的世界里,竞争就不会存在,不过,私有财产与各种形式的私人权利也都不会存在了。人们只会想到他们的义务,没有人会希望比他的邻人享受较大的生活上的舒适和奢侈。强大的生产者能够易于忍受一点困难,因此他们就会希望他们较为弱小的邻人,虽生产较少而消费较多。他们以这样想法为乐事,就会以他们所有的一切精力、创造力和热烈的进取心,为公共利益而工作;人类在与自然界的斗争中就会无往不利了。这就是诗人和梦想家所想象的黄金时代了。但是,在负责任地处理事务时,忽视仍然附于人类本性上的种种缺点,实属愚蠢之至。

一般的历史,尤其是社会主义冒险事业的历史,表明普通的人不能接连长时间地实行纯粹的和理想的利人主义;只有当少数笃信宗教的人的有力的热诚,使得物质上的关心与崇高的信仰相比变为无足轻重时,才有例外。

无疑的,即使现在,人们也能作出利人的贡献,比他们通常所做的大得多:经济学家的最高目标就是要发现,这种潜在的社会资产如何才能最快地得到发展,如何才能最明智地加以利用。但是,他绝不应不加分析地对一般竞争加以诋毁:他对竞争的任何特殊表现必须保持中立态度,直到他相信人类本性确是现在这样,遏制竞争比竞争本身绝不会发生更为反社会的作用。

　　因此,我们可以得出如下的结论:"竞争"这个名词用来说明近代产业生活的特征是不甚恰当的。我们需要这样一个名词,它不含有任何好的还是坏的道德品质的意味,而只是说明这样一个无可争辩的事实:近代企业和产业的特征是较能自力更生的习惯、较有远见和较为审慎和自由的选择。没有一个名词能适合于这个目的;但"产业与企业的自由",或简言之,"经济自由",指出了正确的方向;在没有较好的名词之前,它是可以被采用的。当然,当合作或联合似乎是达到一定的目的之最好的途径时,这种审慎和自由的选择也许会导致与个人自由的某种背道而驰。至于这些审慎的联合形式会破坏个人自由到怎样程度——它们也是起源于这种自由的,以及会有助于公共福利到怎样程度的问题,已在本书的范围之外了。[①]

第五节　关于这些特征和经济学发展的概述,已从本篇移至附录一和附录二

　　在本书的前几版中,这一章绪论之后还有两篇短文:一篇是关于自由企业的发展,以及一般地说明经济自由的发展的,另一篇是关于经济学的发展。它们虽然经过紧缩,也不足称为有系统的历史;它们只想说明经济结构与经济思想发展到现在地位的过程中

---

　　① 　在行将出版的《工业与贸易》一书中对这些问题有相当详细的讨论。

某些重大事件而已。现在这两篇短文已被移到本书末的第一和第二附录中去了，一部分因为它们的全部意义要到对经济学的主题有了相当认识之后才能彻底明了；一部分因为自从它们最初写成后的二十年来，对于经济学和社会科学的研究在高等教育中应占的地位，公众的意见已经大有发展了。现在已不像从前那样需要强调这样的说法：现代经济问题的主题，有许多是取自近日的技术和社会的变化，这些问题的形式和紧要性无一不与大多数人的有效的经济自由有关。

许多古代希腊人和罗马人与他们家奴的关系是真诚的和合于人道的。但是，即在阿迪卡①，大多数居民的物质和精神的福利，并不被看作是市民的主要目的。生活的理想虽然高尚，但只与少数人有关：价值学说在近代是极其复杂的，那时这种学说也能想得出来，像现在所能想出来的一样，只要当时一切手工的工作差不多都能为自动的机器所代替就行了，这种机器只需要使用一定数量的蒸汽力和原料，而与一种美满的市民生活的要求是无关的。近代经济学的许多内容，在中世纪的城市里或许的确已被预先见到，在那里，一种聪明和敢为的精神首先与坚忍的勤劳结合起来。但是，中世纪的城市却不能安静地创立它们的事业；世界必须等待新的经济纪元的到来，直到全国人民都准备接受经济自由的考验。

尤其英国是逐渐准备做好这一工作的；但是，将近十八世纪之末，向来是缓慢和渐进的变化突然变为迅速和强烈了。机械的发明、工业的集中，以及为远地市场大规模生产的制度，打破了旧的

———————————

① Attica，古代希腊的一个邦，首都是雅典，在爱琴海之东。——译者

工业传统,使每个人能尽量自由地论价;同时,它们促进了人口的增加,但在工厂和作坊里的仅可立足之地以外,并没有为增加的人口准备安身之处。这样,自由竞争,或不如说是工业和企业的自由,便如巨大不驯的怪物,横行无忌了。那些能干而没有受过教育的商人,滥用他们的新力量,引起了各方面的罪恶;它使母亲们担任对她们不适合的职务。它加重了孩子们的过度工作和疾病,而且在许多地方使民族堕落了。同时,救贫法(poor law)的善意的草率比工业纪律的残忍的草率,甚至更足以降低英国人的道德和身体的力量:因为救贫法剥夺了人们的使他们能适合事物的新秩序的那些能力,它便增加了因自由企业的到来所造成的害处,并减少了它所造成的好处。

但是,当自由企业表现为一种反常地冷酷的形式的时候,却正是经济学家们对它最加颂扬的时候。这是一部分因为他们清楚地看到了——而我们这一代却大都忘记了,已为自由企业所代替的风俗和严厉法令的束缚的那种残酷;一部分因为当时英国人的一般倾向,都认为除了丧失安全之外,以任何代价享有一切自由——政治的和社会的,都是值得的。但是,一部分也因为自由企业给予英国的生产力量,是它抵抗拿破仑获得胜利的唯一手段。所以,经济学家们的确不是将自由企业当作是一件纯粹的好事,而只认为比当时所能实行的限制较少流弊而已。

自由企业的思想主要是中世纪的商人所首倡的,十八世纪后半期的英法哲学家继续加以发扬,李嘉图及其追随者,便依据这种思想发展成为一种自由企业的作用的理论(或如他们自己所说,自由竞争的理论),这种理论包含许多真理,其重要性或将永存于世。

他们的著作在它所涉及的狭隘范围内是极其完美的。但它的精华大部分包括关于地租和谷物价值的问题——当时英国的命运似乎正有赖于这些问题的解决；但李嘉图以特殊方式所解决的其中许多问题，对于现在的情况并没有什么直接关系。

在他们其余的著作中，有许多因过于注意当时英国的特殊情况，而变为范围狭窄了；这种狭窄性已经引起了一种反应。所以，现在当较多的经验、较多的空闲和较大的物质资源，已使我们能够对自由企业稍加控制，并能减少它的为害的力量和增大它的为善的力量的时候，在许多经济学家之中，反产生了一种对它的厌恶之心。有些人甚至喜欢夸大它的害处，并将愚昧和痛苦的原因也归之于它，其实，愚昧和痛苦是以往年代暴政和压迫的结果，或是对经济自由的误解和误用的结果。

大多数经济学家是居于这两个极端之间的，他们在许多不同的国家里同时进行研究，他们对他们的研究抱着探求真理的不偏不倚的愿望，甘愿经历长期和繁重的工作，只有这样，才能获得有价值的科学结果。意志、性情、训练和机会的不同，使他们的工作方法各不相同，并使他们对于问题各部分的着重点也各不相同。他们都或多或少要收集和整理关于过去和现在的事实以及统计数字；他们都要根据手中的事实或多或少地进行分析和推论：不过有些人对前一工作较有兴趣，有些人觉得后一工作较有吸引力。然而，这样的分工在目的上并不矛盾，而是一致的。他们的工作都丰富了那种使我们能够了解谋生之道和生计的性质对于人类生活的特性和旨趣发生种种影响的知识。

第二章 经济学的实质

第一节 经济学主要是研究对活动的动力和对活动的阻力,这种动力和阻力的数量能用货币来约略地衡量;这种衡量仅指它们的数量而言;动机的质量,不论是高尚的还是卑鄙的动机,在性质上是无法衡量的

经济学是一门研究在日常生活事务中过活、活动和思考的人们的学问。但它主要是研究在人的日常生活事务方面最有力、最坚决地影响人类行为的那些动机。每个稍有可取之处的人,在从事营业时都具有较为高尚的性格;在营业方面,像在别处一样,他也受到个人情感、责任观念和对高尚理想的崇拜的影响。的确,最有能力的发明家,和进步的方法与工具的组织者之所以发挥他们最好的精力,是因为受到高尚的好胜心的鼓舞,并非完全因为爱好财富的缘故。不过,话虽如此,日常营业工作的最坚定的动机,是获得工资的欲望,工资是工作的物质报酬。工资在它的使用上可以是利己地或利人地用掉了,也可以是为了高尚的目的或卑鄙的

目的用掉了,在这一点上,人类本性的变化就发生作用了。但是,这个动机是为一定数额的货币所引起的,正是对营业生活中最坚定的动机的这种明确和正确的货币衡量,才使经济学远胜于其他各门研究人的学问。正像化学家的精良天秤使得化学比其他大多数自然科学更为精确一样,经济学家的这种天秤①,虽然现在还很粗糙和不完善,也使得经济学比其他任何一门社会科学更为精确。但是,经济学当然不能和精密的自然科学相比:因为它是研究人类本性的不断变化和细微的力量。②

经济学比别门社会科学有利之处,似乎是由下一事实产生的:它的特殊的工作范围,使它比其他任何一门学问具有采用精密方法的较大的机会。它主要是研究那些欲望、憧憬和人类本性的其他情感,它们的外部表现是以这样的一种形式成为活动的种种动力,以致这些动力的力量或数量能够相当正确地加以估计和衡量;因此,对这些动力就能用科学方法来研究了。当一个人的动机的力量——不是动机的本身——能用他为了得到某种满足正要放弃的货币额,或者用刚好使他忍受某种疲劳所需要的货币额,加以大约的衡量的时候,科学的方法和试验便有可能了。

指出以下一点是重要的:经济学家并不能衡量心中任何情感的本身,即不能直接地来衡量,而只能间接地通过它的结果来衡量。即使一个人自己在不同时间的心情,他也不能准确地互相比

_____

① 意指货币衡量。——译者

② 关于经济学与社会科学总体的关系,将在附录三的第一、二节里有所说明。

较和衡量。至于别人的心情,除了间接地和推测地从它的结果来衡量外,是没有人能够衡量的。当然,有些情感属于人类的较高本性,而有些则属于较低的本性,因此种类不同。但是,即使我们将我们的注意力集中于仅仅是同一种类的物质愉快和痛苦,我们感到也只能从它们的结果来间接地比较。其实,除非这种愉快和痛苦在同一时间发生在同一个人的身上,否则,即使这种比较在某种程度上也必然是推测的。

例如,两个人从吸烟中所得到的愉快是不能直接比较的;即使同一个人在不同的时间从吸烟中所得到的愉快,也是不能直接比较的。但是,如果我们看到一个人对他有的几个便士用于买一支雪茄烟,还是买一杯茶喝,还是坐车回家,犹豫不决,我们便可按照常例说,他从这三件事上能得到同样的愉快。

因此,如果我们要想比较即使是物质的满足,我们也不能直接比较,而必须间接地从这种满足对活动所提供的动力来比较。如果要得到两种愉快之中任何一种愉快的欲望,会诱使环境相同的人各去做刚好是一小时的额外工作,或是诱使身份相同和财产相同的人各为这一小时工作付出一个先令的话,则我们可以说,为了我们研究的目的,这两种愉快是相等的,因为要得到愉快的欲望,对于情况相同的人而言,是激发活动的同样强有力的动力。

这样,像人们在日常生活中所做的那样,我们用激发活动的原动力或刺激物来衡量一种心情,虽然在我们所要考虑的动机中,有些属于人类的较高本性,有些属于人类的较低本性,但也不会引起新的困难。

因为，假如我们看到一个人在几种小的满足之间犹豫不决，过了一会儿他忽又想到在他的归家途中会遇到一个贫穷的病人；他花了一些时间才决定究竟是为自己选择一种物质满足，还是去做一件善事，以他人之乐为乐。因为他的欲望时而这样，时而那样，他的心情的性质就会发生变化；哲学家必须研究这种变化的性质。

但是，经济学家研究各种心情，是通过心情的表现，而不是心情的本身；如果他觉得不同的心情对活动提供相等的动力的话，则他为了研究的目的便把这些心情当作表面上是相等的。其实，他所用的方法，和每个人在日常生活中每天常做的一样，不过较有耐心和思想，较为谨慎小心而已。他不打算去衡量人类本性的高级情感与低级情感的真正价值，也不去比较对美德的爱好与对美味食物的欲望。他从结果来估计激发活动的动力，正如人们在日常生活中所做的一样。他遵循平常谈话所采取的途径，所不同的只是在于：在他进行研究时，在弄清楚他的知识的范围方面更为谨慎小心而已。他从在一定情况下对一般人的观察中，得出他的暂时性的结论，并不打算探求个人的心理和精神的特征。但是，他也不忽视生活的心理和精神方面。相反的，即使在经济研究的较狭的用途方面，了解占有优势的欲望是否有助于形成一种坚强和正直的性格，也是重要的。在经济研究的较广的用途方面，当这种研究被应用到实际问题上去的时候，经济学家也像别人一样，必须关心人类的最终目的，并考虑各种满足的实际价值的差异，这些满足是对活动的同样有力的动力，因为具有相等的经济价值。这些价值的研究只是经济学的起点。但这种研究确是一个起点。①

第二节　同一先令所衡量的动力对穷人比对富人为大的计算,但经济学通常寻求不受个人特性影响的广泛结果

　　用货币来衡量动机,还有几种其他的限制要加以研究的。第一种限制的发生,是因为必须考虑同额货币所代表的愉快或其他

―――――――――

　　①　关于在任何情况下两种愉快相等的说法,某些哲学家所提出的异议,似乎只适用于经济学家研究这句话的用法以外的各种用法。然而不幸的是:经济名词的习惯的用法,有时引起了这样一种信念:经济学家是快乐主义或功利主义的哲学体系的信徒。因为,经济学家们通常认为最大的愉快是从努力尽责中得来的愉快,同时,他们又说到"愉快"和"痛苦"是激发一切活动的动机;因此他们就受到某些哲学家的非难,这些哲学家主张,一个人尽责的欲望,与一个人也许期望从尽责中得到愉快的欲望——如果他偶然想到这一点的话,是两种不同的事,这是一个原则性的问题;虽然对前一种欲望如称为"自我满足"或"满足永久的自我"的欲望也无不妥。(参看例如格林所著的《伦理学绪论》一书之第65—66页)

　　参加伦理学上的争论显然不是经济学应做的事;活动的一切动机,就这些动机是自觉的欲望而言,可以简称为求"满足"的欲望,并无不妥,这一点已有一般的同意了,因此,在论到一切欲望的目的时,不论这些欲望是属于人类的较高本性还是较低本性,用"满足"这个词来代替"愉快",也许较好。满足的简单反面语是"不满足";但用一个较短和同样没有色彩的词"损害"来代替它,或许较好。

　　然而,我们还可注意,某些边沁的追随者(虽然也许不是边沁本人),将"痛苦"和"愉快"的这种广义用法,当作从个人的快乐主义到完美的伦理教条的桥梁,却不知道提出一个独立的大前提的必要性,这种必要性似乎是绝对的,虽然关于这一大前提的形式,在意见上或许常有分歧。有些人认为它是绝对命令;而某些人认为它是这样一种单纯的信仰:不论我们的道德本能的起源怎样,这种本能的表现已为人类经验的判断所证实,从而知道真正的快乐,如果没有自尊心是不会得到的,而自尊心只有在努力生活以促进人类进步的条件下才能具有。

满足,对不同的人在不同环境之下多寡不同。

即使对于同一个人而言,一个先令所衡量的愉快(或其他满足),也许在一个时候比另一时候为大;这因为他所有的金钱,也许时多时少,或者因为他的感觉可以发生变化的缘故。[①] 同样的事件,对于经历相同、外表相似的人所发生的影响,也常有不同。例如,当一群城市里的小学生到乡村里去度一天假日的时候,恐怕他们之中不会有两个人由此获得种类相同、强度相等的愉快。同样的,外科手术施于不同的人,造成不同程度的痛苦。父母对于子女,就我们所能说的,当然是同样慈爱的,但对爱子的夭折,父母的悲痛也大有不同。有些人一般是不很敏感的,但却特别容易感到特殊种类的愉快和痛苦;同时,本性与教育的不同,可使一个人对苦乐的全部感受力比别人大得多。

所以,如果说任何有相同收入的两个人,都能从它的使用上得到同样的利益,或者说收入同样减少,他们就会受到同样的痛苦,都是不妥当的。从每年收入都是三百镑的两个人中各征一镑税的时候,虽然每人都要放弃一镑价值的愉快(或其他满足),这是他能最容易放弃的,也就是说,每人将要放弃刚好是一镑对他所衡量的东西;但是,每人所放弃的满足的强度,却不一定是相等的。

虽然如此,如果我们所取的平均数非常广泛的话,足使各人的个人特性互相抵消,则有相同收入的人,为了得到一种利益或避免一种损害将要付出的货币,确是这种利益或损害的良好的衡量。

---

① 参照埃杰沃斯《数理心理学》一书。

假如有一千个人住在设斐尔德城,另有一千人住在利兹城,每人每年约有一百镑收入,对他们都征一镑的税;我们可以相信,这一镑的税在设斐尔德城将造成的愉快的丧失或其他损害,与它在利兹城将要造成的具有大约相同的重要性;如使他们的收入都增加一镑的话,则这两个地方就会得到相等的愉快或其他利益。如果他们都是成年男子,从事同一行业,因为可以推测在他们的感觉和性情上、兴趣和教育上也大致相同,则这种可能性就更大。如果我们以家庭为单位,并对这两个地方的每年有一百镑收入的一千个家庭中每个家庭因减少一镑的收入所引起的愉快的丧失,加以比较的话,则这种可能性也毫不减少。

其次,我们必须考虑下一事实:使一个穷人对任何东西付出一定的代价,比使一个富人需要有较强的动力。对于一个富人而言,一先令所衡量的愉快或任何满足,比一个穷人为小。一个富人对是否花一个先令只买一支雪茄烟犹豫不决时,他所考虑的种种愉快较一个穷人为小,而这个穷人却在考虑是否花一个先令去买可供他一月之需的烟草。每年有三百镑收入的职员下雨时坐车去上班,而每年只有一百镑收入的职员,在雨下得更大的时候,仍是步行上班;因为,乘电车或公共汽车的费用所衡量的利益,对穷人比对富人较大。穷人如果用掉了那笔车费,以后他将因缺少这笔钱而受到较之富人的感受为大的痛苦。在穷人的心目中,车费所衡量的利益,比在富人的心目中所衡量的为大。

但是,我们如能考虑大多数人的活动和动机时,造成这种差错的来源也会减少的。例如，如果我们知道，一家银行的倒闭使利兹城的居民损失二十万镑，使设斐尔德城的居民损失十万镑，我们就很可相信，在利兹城所造成的损失，比在设斐尔德城大一倍；除非我们确有某种特别理由，相信一城的银行股东比另一城的股东是一个较为富有的阶级；或者相信银行倒闭对两个城市的工人阶级所造成的失业的比重不同，情况才不是这样。

在经济学所研究的事件中，绝大多数是以大约相同的比例影响社会上一切不同的阶级；因此，如果两件事情所造成的愉快的货币衡量相等的话，则认为这两件事情的愉快多寡相同是合理的，也是合于平常习惯的。更进一步说，如从西方世界的任何两个地方，毫无偏见地抽出两大群人，他们会将金钱以大约相等的比例，作为生活的较为高尚的用途，因此甚至就有这样一种表面上的可能性；他们的物质资源如有相等的增加，他们生活的美满和人类的真正进步也将有大约相等的增大。

第三节　习惯本身大都基于有意识的选择

再说到另外一点，当我们以活动来衡量欲望，而欲望成为激发活动的动力时，这并不是说，我们认为一切活动都是有意识的，而且是深思熟虑的结果。因为，在这一点上，像在其他各方面一样，经济学把人看作正像他在日常生活中那样：在日常生活中，人们并不预先考虑每一活动的结果，不管它的推动力是出自人们较高的还是较低的本性。[①]

　　现在,经济学特别关心的生活的一面,就是人的行为的最深思熟虑、且在他未做一事之前总是先考虑它的利害得失的一面。而且,在他的生活的这一面上,当他确是遵照风俗习惯,暂时对一事不加考虑就去做的时候,风俗习惯的本身差不多一定是精密和细心地观察不同行为过程中的利害得失的产物。一般不会有像资产负债表上借贷两方的任何正式的计算;但在人们一天工作完毕回家的时候,或者是在社交场合便会互相谈说:"这样做不合适,那样做就好了",等等。使一件事比另一件事做得较为适合,不一定是为了自私的利益,也不一定是为了物质的利益;而且常会这样辩解说:"这个或那个办法虽然省了一点麻烦或一点钱,但对别人是不公平的",以及"它使人看起来卑鄙"或"它使人感到卑鄙"。

　　的确,在一种情况下所产生的一种习惯或风俗,当它在别种情况下影响活动时,在努力与因努力而达到的目的之间,至今还没有明确的关系。在落后国家里,仍有许多风俗习惯,类似使禁闭中的

---

　　① 有一类有时称为"追逐的愉快"的满足,特别是这样情况。这类满足不但包括游戏和消遣、狩猎和赛马的轻松的竞赛,而且也包括自由职业和营业生活的比较严肃的竞争在内;在我们研究决定工资和利润的种种原因和工业组织的形式时,我们将特别注意这一类满足。

　　有些人性情奔放,即使他们自己也不明白他们的活动的动机。但是,如果一个人是坚定的和有思想的,即使他的冲动也是习惯的产物,而习惯是他多少是有意识地养成的。而且,不论这些冲动是他的较高还是较低的本性的表现。不论它们是否出自他的良心的命令、社会关系的压力,或是他的身体上的欲望的要求,他现在就受这些冲动的相对的支配,而不加考虑了,因为在以前他经过考虑已决定让它们占上风了。一种活动比别种活动具有占优势的吸引力,即使不是当时考虑的结果,也是以前他在大略相同的事件上多少是经过考虑所作出的决定的产物。

海獭自己筑堤的习惯;这些风俗习惯在历史学家看来是充满深意的,而且立法者必须加以考虑。但在近世的营业事务中,这种习惯很快就消失了。

这样,人们生活中最有系统的部分,通常就是他们谋生的那一部分了。凡从事任何一种职业的一切人的工作,都能被仔细观察;因而对这种工作就能作出一般的说明,并能用与其他的观察的结果作比较,来检验这种说明是否真实可靠;关于对这些人提供足够的动机所需的货币或一般购买力的多寡,也能作出数字的估计。

不愿延迟享乐,以留作将来之用的这种心理,是用积累的财富所生的利息来衡量的,而利息正是为留作将来之用提供了足够的动力。然而,这种衡量却有某些特殊的困难,必须等到以后再研究。

第四节　经济动机不全是利己的;对金钱的欲望并不排斥金钱以外的影响,这种欲望本身也许出于高尚的动机;经济衡量的范围可以逐渐扩大到包括许多利人的活动在内

在这里,像在别处一样,我们必须记住:赚钱的欲望本身并不一定是出于低等的动机,即使赚来的钱是用在自己身上的时候,也是如此。金钱是达到目的之一种手段,如果目的是高尚的话,则对这种手段的欲望也不是卑鄙的。假如一个青年努力工作,并尽量节省,为了以后能自己负担进大学读书的费用,他是渴望获得金钱

的；但这种渴望之心是并不卑鄙的。简言之，金钱是一般购买力，且被奉为是一种达到各种目的——高等的和低等的，精神的和物质的——的手段。[①]

这样，"货币"或"一般购买力"或"物质财富的掌握"是经济学所研究的中心问题，虽属确实，但其所以如此，并非因为货币或物质财富是被当作人类努力的主要目标的缘故，甚至也不是因为它被当作对经济学家的研究提供主要课题的缘故，而是因为在我们这个世界里，它是大规模地衡量人类动机的唯一便利的方法。如果以往的经济学家弄清楚了这一点的话，则他们就会避免许多可悲的误解；卡莱尔和拉斯金两人关于人类努力的正确目标和财富的正当使用之明训，就不会因为其中对经济学的痛加攻击而有所减色了，而这种攻击却是基于错误的意见：相信经济学除了研究对财富的利己欲望之外，与任何动机无关，甚至认为经济学强调了一种卑鄙的利己政策。[②]

再者，当我们说到一个人的活动的动机，是为他能赚得的金钱所激发时，这并不是说，在他的心目中除了唯利是图的念头之外，就没有其他一切考虑了。因为，即使生活中最纯粹的营业关系也是讲诚实与信用的；其中有许多关系即使不讲慷慨，至少也没有卑

---

① 参看莱斯里所著的一篇令人钦佩的论文，题为《金钱的爱好》。我们的确听到有人是为赚钱而赚钱，却不问钱有什么用处，毕生在营业中消磨的人尤其如此。但是，在这种情况下，像在别的情况下一样，一个人做一件事情的习惯，在原来要做这件事情的目的已经消失之后，仍会被保留着的。占有财富使这种人感到比别人有钱有势，并使他们得到一种令人羡慕的受人尊敬，由此他们感到一种辛苦而强烈的愉快。

② 事实上，我们可想象出一种世界，在这个世界里也有一种经济学，与我们自己的很像，但没有任何种类的货币。参看附录二第八节与附录四第二节。

鄙之心,并且具有每个诚实的人为了洁身自好所具有的自尊心。其次,人们借以谋生的工作有许多本身是愉快的;社会主义者认为可以使人对更多的工作感到愉快,是有道理的。的确,即使初看起来似乎是索然无味的营业工作,由于它对发挥人们的才能和争胜与争权的本能,提供了机会,也往往产生很大的愉快。因为,正像一匹比赛中的马或一个运动员,竭尽全力胜过他的竞争者,并对这种紧张感到愉快一样;一个制造商或一个商人,受到胜过他的竞争者的希望的鼓舞,比受到增大他的财产的欲望的激励,也往往是大得多。①

第五节　续前

经济学家的工作的确总是要仔细考虑,吸引人们去谋求某种职业的一切利益,不论这些利益是否表现为货币的形态。如果其他情况不变的话,则人们将会喜欢一种不必弄脏双手、享有良好的社会地位等等的职业;这些利益对每一个人的影响的确不完全一样,但影响大多数人,却差不多是一样的,因此,这些利益的吸引力就能用货币工资来估计和衡量,而它们是被当作与货币工资相等的。

其次,要得到周围的人的赞美、避免这些人的藐视的欲望,也是对活动的一种刺激。这种刺激在一定的时间和地点,对于任何一类人,往往发生大致相同的作用;虽然局部和暂时的情况不但对

---

① 像在德国所想象的经济学的广大范围,将在附录四第三节里有所说明。

这种求誉欲望的强度大有影响,而且对赞美别人的那些人的种类,也大有影响。例如,一个自由职业的人或一个技术工人,对于来自同一行业的人的毁誉,会是非常敏感的,而对于其他的人的毁誉,则不甚介意了;如果我们不注意观察这一类动机的方向,并精密估计它的力量的话,则许多经济问题的研究,就会变为完全不真实了。

在一个人要做似乎会有利于他的同事的事情的欲望中,也许会有一点利己的念头在内,因此,在他希望他的家庭在他生前和身后都能兴旺发达的欲望中,也会包含个人的自尊心的因素在内。但是,家庭情感一般仍是利人主义的一种纯粹的形式,如果不是因为家庭关系本身是有一致性的话,则家庭情感的作用恐怕就表现不出什么规律性来。事实上,家庭情感的作用是相当有规律的;经济学家总是充分考虑这种作用,尤其是关于家庭收入在家人之间的分配、为孩子们准备将来事业的费用以及积累他所赚来的财富留作身后之用等问题。

因此,这不是缺乏意志而是缺乏力量,使得经济学家不能考虑这类动机的作用,如果采取很广泛的平均数的话,则某些种类的慈善活动就能用统计表来说明,并且在一定程度上能被归纳为规律,经济学家对此是很欢迎的。因为,像这样变化无常和不规则的动机,的确是很少的,不过,借助于广泛和耐心的观察,关于这种动机的某种规律是能被发现的。即使现在,相当准确地预言家道小康的十万英国居民将会捐助给医院和教堂及传道会的捐款之数,也许是可能的;只要能这样做,对于医院护士、传教士及牧师的服务的供给和需求作经济上的研究,就有基础了。然而,以下一点恐怕常是确实的：责任感和对邻人之爱所激起的那些活动，大多是不能分类、被归纳为规律和加以衡量的；因为这个理由——并非因为这些活动不是基于利己心的缘故——经济学的方法才不能用之于这些活动。

第六节　共同活动的动机对于经济学家具有巨大的和日益增长的重要性

以往的英国经济学家也许过于注重个人活动的动机。但事实上，像其他一切社会科学的学者一样，经济学家研究个人，主要是将他当作社会组织中的一分子。正像一所教堂不光是等于建成它的那些石头、一个人不光是等于一系列的思想和感情一样，社会的生活也不光是它的各个成员的生活的总和。全部的活动诚然是由它的构成部分所组成的；在研究大多数的经济问题时，最好的出发点诚然是在于影响个人的那些动机，个人并非被当作是一个孤立的分子，而是被当作某一特殊行业或产业团体的一员；但是，正如德国学者所极力主张的那样，经济学对于有关财产共同所有，与共同追求重要目的的动机，加以重大的和日见增长的注意，也是确实的。当代日益增长的热诚、大多数人的日益增长的智慧以及电报、印刷物和其他交通工具的日益增长的威力，不断地扩大为公众利益的共同活动的范围；这些变化以及合作运动的推广和其他各种自愿组织的团体，正在金钱利益影响以外的各种动机的影响之下发展起来：它们常为经济学家不断地开辟衡量种种动机的新机会，而这些动机的作用似乎不能被归纳为任何规律的。

但事实上,动机的多种多样,衡量这些动机的困难和克服这种困难的方法,是本书内我们将要研究的主要课题之一。差不多本章所提到的每一点,在以后讲到与它有关的经济学的某些主要问题时,都需要加以较为详细的讨论。

第七节　经济学家主要是研究人的生活的一个方面,但是这种生活是一个真实的人的生活,而不是一个虚构的人的生活。参看附录三

我们暂作结论如下:经济学家研究个人的活动,但是,他是从个人活动与社会生活而不是与个人生活的关系来研究这些活动的;因此他不大注意个人性情和性格上的特点。经济学家仔细观察整个一类人的行为,有时是全国的人的行为,有时只是住在某一区域的人的行为,更多的则是在某一时间和某一地点从事某种特殊行业的人的行为;靠了统计学的帮助,或用其他方法,经济学家就可知道他所观察的某一集团的成员正好愿意平均付出多少钱,作为他们所要的某一物品的价格,或者必须付给这一集团的成员多少钱,才能使他们作一种他们所不愿做的努力或牺牲。这样得到的关于动机的衡量,诚然不是十分正确的;因为,若是十分正确的话,经济学早就与最先进的自然科学并列;而不会像现在这样与最不先进的并列了。

但是,这种衡量还是准确的,足以使经验丰富的经济学家能够

相当准确地预测，与这类动机有主要关系的各种变化所引起的结果的大小。例如，在任何一个地方准备开办一种新的行业，如要获得任何等级的劳动者的供给——从最低级到最高级的劳动者，需要付给多少工资，他们就能很准确地估计出来。当他们参观一个工厂时，这个工厂是他们以前从未看见过的，只要观察某种工人的职业需要技术的程度如何，以及这一职业所包含的对于工人在身体上、精神上和道德上的能力的紧张程度如何，他们就能说出这种工人每星期可挣多少工钱，与实际只相差一两个先令。而且，他们能够相当正确地预言，某一物品的供给减少多少，将会造成价格上涨多少，以及价格上涨将对供给发生怎样的作用。

从这种简单的研究出发，经济学家就可进一步分析决定各种工业的地区分布的原因、住在遥远地方的人互相交换货物的条件，等等；他们能够解释和预言信贷的变动将如何影响对外贸易；或者，一种捐税的负担将从原来被征收的人转嫁到直接消费者的身上的大小，等等。

在这一切方面，经济学家所研究的是一个实际存在的人：不是一个抽象的或"经济的"人，而是一个血肉之躯的人。他们所研究的人，在他的营业生活中大大受到利己的动机的影响，因而在很大程度上与这些动机有关；但这个人既不是没有虚荣心和草率的作风，也不是不喜欢为做好工作而做好工作，或是不愿为他的家庭、邻人或国家而牺牲自己；总之，他是一个为喜爱善良生活而喜爱善良生活的人。经济学家所研究的是一个实际存在的人：但主要是研究生活的某些方面，在这些方面，动机的作用是如此地有规律，以致能够加以预测，对动力的估计，也能用结果来证实，这样，经济学家已将他们的工作建立在科学的基础上了。

因为,第一点,他们所研究的事实是能被观察的,他们所研究的数量是能被衡量和记录的;因此,关于这种事实和数量在意见上发生分歧时,这种分歧就能用公开的和可靠的记录来判明是非;这样,经济学就能在坚固的基础上继续工作了。第二点,列入经济学的问题,构成了一类性质颇为相似的问题,因为这类问题与在能用货币价格衡量的动机的影响下的人类行为特别有关。当然,这类问题具有许多相同的主题:在性质上这一点是很显然的。但是,以下两点在演绎上虽不那样显然,但也是确实的:第一,有一种形式上的基本统一性贯通这类问题中的一切主要问题;第二,因此将这些问题放在一起研究,就能省事,正像派一个邮差在一条街上递送一切信件,而不是每个人将他的信件交给每个邮差那样能够省事一样。因为,任何一类问题所需要的分析和经过组织的推论方法,对于别类问题一般也是有用的。

所以,我们越少从事于某一问题是否属于经济学的范围这种学究式的研究,那就越好。如果事情是重要的,那就让我们尽可能地加以研究。如果是一个存在不同意见的问题,还不能由正确和可靠的知识来解决;如果是一个经济分析和推论的一般方法还不能解决的问题,那么,在我们纯粹的经济研究之中,就将它搁在一旁好了。但是,我们之所以这样做,只是因为,如果要将这种问题包括在我们的研究之内,反会减少我们经济知识的正确性和精密性而一无所获;我们要常记住:我们必须用我们的伦理本能和常识来研究这种问题,这种本能和常识作为最后的公断人,将把从经济学和其他科学所得来的与经过整理的知识,应用到实际问题上去。

第三章　经济概括即经济规律

第一节　经济学需用归纳法和演绎法,但为了不同的目的,采用这两种方法的比重也不同

差不多像其他一切科学一样,经济学的工作是收集事实,整理和解释事实,并从这些事实中得出结论。"观察和说明、定义和分类都是准备工作。但是,我们所希望由此得到的是,经济现象的互相依赖的知识。……归纳法和演绎法都是科学的思想所必须采用的方法,正如左右两足是走路所不可缺少的一样。"[1]这种双重的工作需要采用的方法,不是经济学所特有的,而是一切科学的共同特性。研究科学方法的论文所说到的寻求因果关系的一切方法,经济学家也都必须采用一下——没有一种研究的方法能够很恰当地称为经济学的方法;但是,每种方法必须用得适当,或是单独采用或是与别种方法合用。正像下棋一样,棋盘上所能出现的变化是如此巨大,以致恐怕从来没有出现过完全相同的两局棋;在学者

---

① 引自希穆勒:《论国民经济》,载孔拉德所编的《辞典》。

向大自然探索它的隐藏的真理的斗争中——这种斗争是值得进行的,也从来没有两次都采用完全相同的方法。

但是,在经济研究的某些部门中,以及为了某些目的,研究新的事实比探讨我们已有的事实之间的相互关系和解释,更为紧要。而在其他的部门中,任何事件的那些表面上的和最先出现的原因,究竟是不是它的真正的原因和唯一的原因,仍然很难确定,因此,对我们已知的事实的推论加以仔细考查,比寻求更多的事实,就更为迫切需要了。

由于上述的和其他种种理由,同时存在具有不同才能和抱有不同目的的学者,过去常有必要,将来恐怕也是常有必要的,其中有些人致力于事实的研究,有些人致力于科学的分析;就是说,将复杂的事实分为许多部分,和研究各部分相互之间以及与相关的事实的关系。我们希望这两派——分析派和历史派——永远存在;每派彻底地进行自己的工作,每派都利用另一派的工作。这样,我们就最可获得关于过去的正确的概括,并从其中得到对于未来的可靠指导。

第二节　规律的性质:自然科学的各种规律的准确性是不同的;社会和经济的规律相当于较为复杂和较不精确的自然科学的规律

超出希腊人的光辉天才所获得的成就之上的那些最进步的自然科学,严格地说来,并不都是"精确的科学"。但是它们都以精确为目的。就是说,它们全都以把许多观察的结果归纳为暂时性的叙述为目的,这种叙述的精确性足以经得起其他对自然的观察的考验。这些叙述在初发表的时候,极少具有很高的权威。但是,在它们受到了许多独立的观察的考验之后,尤其是在它们已被成功地用来预测未来的事件或新试验的结果之后,它们就成为规律了。科学因以下的原因而得到进步:它的规律的数目的增加和精确性的提高;这些规律经得起日益严格的考验;扩大了这些规律的范围,直到一个广泛的规律包括和代替了许多较狭的规律,而这些较狭的规律已被证明为这一广泛的规律的许多特殊例证。

任何科学既都是这样做,因为研究科学的学者在某些情况下,就能很有权威地——比他自己所有的权威更大(也许比任何虽然有能力但只靠自己的才能、忽视前代学者所获得的结果的思想家的权威更大)——说明某种情况会有什么结果,或者某一已知的事件的真正原因是什么。

对于某些进步的自然科学的主题,虽不能加以十分正确的衡量,至少现在是这样,但这些科学的进步依靠许多学者的广泛合作。他们尽可能正确地衡量他们的事实和解释他们的叙述:因此每个研究者就能从最靠近以往的学者所停止的地方开始研究。经济学希望在这一类科学中占有一个地位:因为,它的衡量虽很少精确,而且这种衡量也从来不是最后的;但它不断地努力使这种衡量较为精确,从而扩大个别的学者在他研究的这门科学中能很有权威地说明的种种事情的范围。

第三节 续前

那么,就让我们较为详细地考虑经济规律的性质及其限制。如果没有阻碍的话,每个原因都有产生某种明确的结果的倾向。这样,引力会使东西落到地上;但当一个气球内充满比空气更轻的气体时,虽有引力使它下落的倾向,但空气的压力却使它上升。引力律说明两样东西如何互相吸引;它们如何相向运动,如果没有阻碍的话,它们就会相向运动。所以,引力律是一种关于倾向的叙述。

这种叙述是一种非常精确的叙述——精确到使数学家能计算航海历,这种航海历能表明木星的每个卫星将落在木星之后的时刻。数学家在许多年之前就作出这种计算;航海者将航海历带到海上,就可用来找出他们所在的地点。现在没有一种经济的倾向能像引力那样不变地发生作用,以及像引力那样被精确地衡量;因此没有一种经济学的规律能与引力律相比的。

但是,让我们研究一种没有天文学那样精密的科学。研究潮汐的科学解释潮汐在太阳和月亮的作用下,如何每天涨落两次;如何在月半时潮汐大;如何在一月的上下弦时潮汐小;当潮水涌进一个狭窄的海峡时,像塞佛恩那样,如何会涨得很高;等等。这样,在研究了不列颠群岛四周的水陆地位情况之后,人们就能预先计算任何一天在伦敦桥或格罗赛斯脱潮水大概什么时候会涨得最高;在那里将有多高。他们必须使用大概这个字,而天文学家在说到木星的卫星被蚀时却不必使用这个字。因为,虽有许多因素对木星及其卫星发生作用,但每一种因素都以能被预先测知的一定方式发生作用的;但是,没有人对天气有足够的了解,而能预先知道天气将发生怎样的作用。泰晤士河上游的一场大雨,或是日耳曼海一阵猛烈的东北风,可使伦敦桥的潮汐与预料的大不相同。

经济学的规律可与潮汐的规律相比,却不能和简单与精密的引力律相比。因为,人们的活动是如此多种多样和不确定,以至在研究人类行为的科学中,我们所能作的关于倾向的最好的叙述,必然是不精确的和有缺点的。这一点也许会被当作对人类行为不能作出任何叙述的一个理由;但那差不多等于是放弃我们的生活。生活就是人类的行为,以及在行为中所产生的思想和感情。因为人类本性的基本的冲动的缘故,我们大家——高等的和低等的、有学问的和没有学问的人——都在不同程度上不断地力求了解人类活动的方向,并使这种方向适合于我们的目的,不论是利己或利人、高尚或卑鄙的目的。因为我们必须对自己形成关于人类活动的倾向的某些概念,我们就要在草率地形成这些概念和小心地形成这些概念之间作一选择。这种工作越困难,对以下各点的需要就越大:不断的耐心研究;利用较为进步的自然科学所获得的经验;尽我们所能作出关于人类活动的倾向的深思熟虑的估计或暂时性的规律。

第四节　正常的这一用语的相对性

因此,"规律"这个名词的意义,不过是一种多少是可靠的和明确的一般命题或倾向的叙述而已。在每种科学之中,都有许多这样的叙述；但我们对这些叙述并不都给予一种形式上的性质，称它们为规律，其实我们也不能这样做。我们必须加以选择；这种选择决定于实际的便利较多，而决定于纯粹的科学研究较少。如果有任何的一般叙述，为我们常常要引用的，以致在需要的时候，我们详细引用它的麻烦，比在讨论时加上一种形式上的叙述，和加上一个新的名称的麻烦更大，那么，就给它一个特别的名称，否则，就不必如此。①

这样，一种社会科学的规律，即社会规律，是一种社会倾向的叙述；那就是说，我们可以期待的某一社会集团的成员在一定情况下所有的某种活动的趋向的叙述。

经济规律，即经济倾向的叙述，就是与某种行为有关的社会规律，而与这种行为有主要关系的动机的力量能用货币价格来衡量。

这样，在被当作是经济规律的社会规律，与不是被当作经济规律的社会规律之间，并没有严格和明显的区别。因为，从差不多完全能用价格来衡量的动机的社会规律，到这种动机不大重要的社会规律，其中的等级是不断划分的，所以，后一种社会规律远不及经济规律那样精密和正确，正像经济规律远不及较为精确的自然科学规律一样。

相当于"规律"这个名词的形容词是"合法的"。但这个形容词的使用，只有在把规律解释为政府命令的意义时才与它有关，而在

①　对"自然规律与经济规律"的关系，纽门曾有详尽的讨论（见 1892 年《一般社会科学杂志》），他得出结论说（第 464 页），除了规律这个字之外，没有别的字可以表明在自然科学和经济学中都占有重要地位的倾向的叙述。又参看瓦格纳：《经济学原理》，第 86—91 节。

把规律解释为因果关系的叙述时是与它无关的。用于后一目的的形容词源出于"典范"这个词,这是一个差不多与"规律"相等的名词,在科学讨论中用它来代替规律这个字也许是有利的。按照我们的经济规律的定义,我们可以说:我们可以期待的一个产业集团的成员在一定的条件下所有的某种活动,是与那种条件有关的那个集团的成员的正常活动。

正常的这个词的这种用法,曾被误解;说一点关于贯通这个字的各种不同用法的统一性,也许是有好处的。当我们说到一个善良的人或一个强壮的人时,我们是指上下文中所说的那些特殊的身体、精神和道德的特性的优越或力量。一个强壮的法官很少具有与一个强壮的船夫相同的特性;一个好的骑师并不常有极好的道德。同样的,正常的这个字的每种用法,含有某些在作用上好像多少是固定和持久的倾向,比那些较为例外和间断的倾向占有优势之意。疾病是人类的不正常的状态;但在漫长的一生中从不生病也是不正常的。在积雪融化的时候,莱茵河的水高出它的正常水平,但在寒冷而干燥的春天,河水不像平常那样高出正常的水平,我们可以说河水是不正常地低(以一年中的那个时候而论)。在这一切的事例上,正常的结果就是上下文所指的那些倾向的可以期待的结果;或者,换句话说,就是与适合于上下文的那些"倾向的叙述"、那些规律或典范相符合的结果。

根据上述这个观点,我们说正常的经济活动是,在一定的条件下(假定这些条件是持久的),一个产业集团的成员终于会发生的经济活动。英国大多数地方的瓦匠,愿意工作一小时拿十个便士,如果一小时七个便士的话,他就不肯工作了,这是正常的情况。约翰内斯堡地方的瓦匠,如果一天比一镑少得多才不肯工作,这也许是正常的情况。真正新鲜的鸡蛋的正常价格,如果不管是一年中的哪一季节的话,也许是一便士一个,但在正月里城市中鸡蛋的正常价格也许是三便士一个;如果那时的天气是"不合时令"地温暖,则两便士一个也许是一种不正常的低价。

另一种要加防止的误解,是由于下一概念发生的:认为只有那些由于自由竞争的作用没有受到阻碍而发生的经济结果才是正常的。但是,正常的这一用语往往必须应用于完全自由的竞争并不存在、甚至不能假定它存在的情况;即使在自由竞争最占优势的地方,每一事实和倾向的正常状况也包含并非竞争的一部分、甚至与竞争无关的重要因素在内。这样,例如零售和批发贸易以及证券和棉花交易所的许多交易的正常进行,是根据没有证人的口头契约将会公正地履行的这个假定;在不能合法地作出这种假定的国家里,西方的正常价值的学说有些部分就不适用了。其次,各证券交易所的证券价格,是"正常地"受到不但是普通的买主而且是经纪人自己的爱国情绪的影响,等等。

最后,有时有些人误将经济学中的正常活动当作道德上公正的活动。但是,只有当上下文含有从伦理的观点来判断活动之意的时候,才能这样理解。当我们考虑世界上种种事实,是从它们现在这样,而不是从它们应当怎样来考虑的时候,我们将不得不把我们应当尽力阻止的许多活动,当作对于我们所研究的情况是"正常的"。例如,一个大城市中的那些最穷困的居民的正常情况是缺乏进取心和不愿利用在别处可以得到较为健康和较少肮脏的生活之机会;他们没有摆脱悲惨的环境所必需的身体上、精神上和道德上的力量。愿意以很低的工资去做火柴盒的劳动有大量的供给，是正常的情况，正像四肢歪曲是服马钱素（Strychnine）的正常结果一样。这就是我们必须研究其规律的那些倾向的一种结果——一种可悲的结果。这说明了经济学与其他几种科学所共有的一个特点，就是它们的资料的性质能由人类的努力来改变。科学可以提示一种道德或实际的教训来改变那种性质，从而改变自然规律的作用。例如，经济学可以提出以有能力的工人代替那些只会做火柴盒的工人的实际方法；正像生理学可以提示改良牛种的方法，使牛可以早日长大和骨轻肉多一样。信用和价格变动的规律，已经因为预测能力的提高而大有改变了。

再者，当"正常的"价格与暂时的或市场的价格相比时，"正常的"这一用语是指在一定的条件下某些倾向终于占有优势而言。但这一点引起了一些困难问题，留待以后再来讨论。[①]

第五节　一切科学的学说无不暗含地采用条件的，但这种假设的因素在经济规律中特别显著；参看附录四

有时说到经济学的规律是"假设的"。当然，像其他各种科学一样，经济学从事研究某些原因将产生哪些结果，但这种因果关系不是绝对的，而是受到以下两个条件的限制：第一，假定其他情况不变，第二，这些原因能够不受阻碍地产生某些结果。差不多每种

---

①　在第五篇中，特别是第三、五章，讨论这些问题。

科学的学说,当它被仔细地和正式地说明的时候,无不包括某种附带条件在内,说明假定其他情况不变:假定所说的原因的作用是孤立的;这些原因会产生某些结果,但必先假设除了清楚说明的原因之外,别的原因是不能加进去的。然而,原因产生结果必须经过一定时间的这个条件,的确是经济学中重大困难的根源。因为,如果时间太长,原因所依据的材料,甚至原因的本身,都可发生变化;时间太短,则所说的倾向就没有足够长的时间,以充分发挥作用。这种困难以后我们再加研究。

一个规律所包含的假设的语句,并不是不断地重复说明,但读者的常识叫他自己注意这种假设的语句。在经济学中,比在别处需要更多重复说明这种语句,因为,经济学说此其他任何科学的学说,更容易为那些没有科学训练和也许只是间接听到而断章取义的人所引用。日常谈话在形式上较一篇科学论文为简单的一个原因,就是在谈话中我们能放心地省掉假设的语句,因为,如果听的人自己没有注意这种语句的话,我们很快就会发觉有了误会,而加以更正。亚当·斯密和许多往代的经济学作家,依照谈话的习惯,省掉了假设的语句,因而获得表面上的简捷。但这样却使他们不断地为人误解,并在无益的争论中引起了许多时间上的浪费和麻烦;他们获得了表面上的安心,却是得不偿失。[①]

经济分析和一般推论虽然应用很广,但每一时代和每个国家

---

① 参照第二篇第一章。

都有它自己的问题；社会情况每有变化，经济学说就需要有新的发展。①

---

① 经济学有些部分是比较抽象或纯粹的，因为它们主要是研究广泛的一般命题；因为，一个命题必须包含很少的细节问题，它才可广泛应用：它不能适应特殊的情况；如果它进行预测的话，那就必须受到强有力的假设语句的限制，其中"假定其他情况不变"这句话具有非常重大的意义。

其他部分是比较实用的，因为它们较为详细地研究较狭的问题；它们较多考虑局部和暂时的因素；它们研究经济情况与其他生活情况的较为全面和较为密切的关系。这样，从较为一般意义来讲的实用银行学，到一般银行实务的广泛规律或规则之间，不过只是一小步之差；而实用银行学中的某一局部问题，与银行实务中相当的实施细则或规则之间的距离也许更短了。

第四章　经济研究的次序与目的

第一节　第二章和第三章的大意

我们已经知道,经济学家必须贪求事实,而事实本身并不说明问题。历史是叙述继续发生和同时发生的事件;但只有推理才能解释这些事件并从中吸取教训。我们要做的工作是如此多种多样,以致有很多工作必须用专门的常识来研究,这种常识是每个实际问题的最后仲裁者。经济学不过是常识的运用,并助以有组织的分析和一般推理的方法,这种方法使得收集和整理特殊事实以及从中得出结论的工作易于进行。经济学的范围虽然总是有限制的,它的工作如果没有常识的帮助虽是徒然的,但它却使常识能被用来进一步说明困难问题,否则,就不能这样。

经济规律是关于在一定条件下人类活动的倾向的叙述。经济规律之为假设的,正与自然科学的规律之为假设的意义一样:因为自然科学的规律也包括或暗含种种条件的。可是,要弄清楚这些条件,在经济学中比在物理学中,困难较大,而且,如果不弄清楚的话,危险也较大。人类活动的规律,的确不像引力律那样简单、明确或者能被清楚地探知;但其中有许多规律可以与那些研究复杂主题的自然科学的规律并列。

　　经济学之作为一种独立的科学存在的理由，就是因为它主要是研究人类活动中最为可衡量的动机所支配的那一部分；因而这一部分的活动就比其他部分较能接受有系统的推理和分析。我们诚然不能衡量任何种类动机的本身，不论是高尚的还是低下的动机；我们所能衡量的只是动机的动力。货币从来不是衡量这种动力的完美的尺度；除非我们仔细考虑动力发生作用时的一般情况，尤其是他们的活动正在研究中的那些人的贫富情况，否则，货币甚至不是一种相当好的尺度。但是，如果谨慎小心的话，货币便可成为形成人类生活的大部分动机的动力之相当好的尺度。

　　理论的研究必须与事实的研究同时进行：对于大多数近代问题的研究，近代的事实是最有用处的。因为，古代的经济记载在有些方面是无关重要和不可靠的；古代的经济情况，与近代的自由企业、普通教育、真正的民主、蒸汽和廉价的印刷物及电报的经济情况是完全不同的。

第二节　科学的研究不是按照它所要达到的实际目的来排列，而是按照它所研究的课题的性质来排列的

　　因此，经济学的目的，第一是为求知识而求知识；第二是解释实际问题。我们在进行任何研究之前，虽然必须仔细考虑这种研究的种种用途，但我们却不应当直接根据这些用途来计划我们的工作。因为，如果这样做的话，一旦某种思想与我们当时心目中的

特殊目的没有直接关系时,我们就会打断这种思想:直接追求实际目的,会使我们将各种知识的点滴集合在一起,这些知识除为了当时研究的目的集合在一起外,彼此并无关系;它们也很少说明相互间的关系。我们的心力就消耗于从一种知识到另一种知识上面,没有彻底想出什么东西来,也没有得到真正的进步。

所以,为了科学的目的,最好的分类法就是把一切性质上相类似的事实和推论收集在一起的方法:这样,研究一种东西就可以明了与它有关的东西。对于某一类问题长期地这样研究,我们就逐渐了解被称为自然规律的那些基本统一性:我们首先探索这些规律单独发生的作用,然后探索它们合在一起发生的作用;这样,我们就慢慢地但确实地获得进步了。经济学家对于经济研究的实际用途,绝不应当不加注意,但是他的特殊工作是研究和解释种种事实,以及找出不同的原因单独地和合在一起地发生作用时的结果怎样。

第三节　经济研究的主要课题

列举一些经济学家自己所说的主要问题,可以说明这一点。他问道:

是什么原因,尤其是在近代,影响了财富的消费和生产、分配和交换;工业和贸易的组织,金融市场,批发和零售商业,对外贸易,以及雇主和雇工的关系? 这一切行动如何互相影响和互相反应? 它们最终的倾向与目前的倾向有何不同?

任何东西的价格作为要得到这样东西的愿望的尺度,受到哪些限制? 社会上任何一类人所有的财富如有一定的增加,表面上会造成福利的增加到怎样程度？任何一类人的收入不足，它的产业效率所受到的损害到怎样程度？任何一类人的收入的增加，如果一旦实现的话，因为提高他们的效率和赚钱能力的结果，这种增加会保持到怎样程度？

在任何地方、对社会上任何一等人，或是在任何特殊的工业部门，经济自由的影响实际上达到如何程度（或在某一时期它已达到如何程度）？此外，还有哪些影响最为有力；这一切影响合在一起的作用如何？尤其是，经济自由因它自己的作用，趋于建成联合和垄断的组织到如何程度，这种组织的结果怎样？社会上各种的人受到经济自由的作用的影响到底会怎样？当经济自由的最终结果正在实现时，它的中间的结果将是怎样？如果考虑这些结果将蔓延的时间，最终的和中间的这两种结果的相对重要性是什么？各种制度的赋税将归谁负担？赋税制度加于社会大众的负担怎样，以及它将为国家提供多少收入？

第四节　鼓励现在的英国经济学家进行研究的实际问题，虽然这些问题不是完全属于经济学的范围

以上所述是经济学必须直接研究的主要问题，经济学的主要工作——收集事实、分析事实和加以推论——应当根据上述主要问题来安排。实际问题虽然大部分是在经济学的范围之外，但对经济学家的工作却暗中提供一种主要的推动力。实际问题随时间和地点而不同，甚至此作为经济学家的研究的材料之经济事实和

经济情况的变化更大。下列问题现在在我们国家里似乎具有特别
的紧要性：

我们应当如何行动，以增加经济自由在它的最终结果上在它
进行的过程中的好的影响，并减少它的坏的影响？如果最终的结
果是好的，而中间的结果是坏的话，但那些受到害处的人却未得到
好处，他们应为别人的利益而受苦，如果是正确的话，正确到如何
程度？

姑且认为财富的较为平均的分配是适当的，那么，这一点就可
证明改变财产制度或是限制自由企业是合理的，即使财富的总数因
而会得减少也在所不顾，究竟合理到怎样程度？换句话说，我们如
果以增加穷人的收入和减少他们的工作为目的，即使这样会减少国
家的物质财富也在所不顾，则达到这个目的究竟应到怎样程度？如
果不会不公平，也不会松懈进步的领导者的努力，这样做究竟能达
到怎样程度？赋税的负担应当如何分配于社会上不同阶级的人？

我们是否应当满足于现有的分工形式？大部分的人专门从事
于没有升级机会的工作，是否必要？逐渐培养大多数工人从事较
高级的工作的新能力，尤其是培养他们合作地担任他们自己被雇
用的企业中管理工作的新能力，是否可能？

在像我们这样的文明阶段里，个人的和共同的活动间的适当
关系怎样？应听任各种形式的自愿组织的团体——新的和旧的，
为了共同活动具有特别利益起见，进行共同活动到怎样程度？哪
些营业事务应由社会本身——通过它的中央或地方政府——来进
行？例如，我们对空地、艺术品、教育和娱乐的手段以及必须采取
联合行动才能供给文明生活以物质必需品，如煤气、自来水和铁路

等等,实行共同所有和共同使用的计划,是否已经达到我们应当做的程度?

当政府自己不直接参与的时候,政府应容许个人和团体随他们之意去办理他们自己的事务到怎样程度? 政府应当限制铁路以及其他有点处于垄断地位的企业的经营到怎样程度? 以及应当限制土地与其他在数量上人类不能增加的东西的经营到怎样程度? 完全保留一切现行的财产权利,是否必要,或者是对于这种权利的原来的需要现在已经有点不存在了呢?

现在流行的使用财富的方法是否完全正当呢? 在有些经济关系上,政府对个人活动的干涉如果严厉和猛烈,会害多于利,于是就由社会舆论的道德上的压力来约束和指导个人的活动,但这种压力的范围又如何呢? 在哪一方面,一国在经济事务上对别国所负的责任,不同于一国之内人民相互之间所负的责任?

这样,经济学是指对于人类的政治、社会和私人生活的经济方面和经济情况的研究;但尤其着重的是社会生活方面的研究。这种研究的目的是为求知识而求知识,并且是为了获得生活上的,尤其是社会生活上的实际行为的指导。对这种指导的需要,从来没有像现在这样迫切,下一代的人也许会有此我们现在更多的空闲从事研究工作,以说明在抽象的思考中或往代历史中的模糊之点,但对于现在的困难却不能马上有所帮助。

但是,经济学虽是这样大大地受到实际需要的影响,但它却尽可能避免讨论党派组织的紧急问题,与对内对外的政治上的策略问题,这种策略问题是政治家必须考虑的,然后才能决定提出何种办法,使他最容易达到他要为他的国家所达到的目的。诚然,经济学目的在于帮助他决定,不但是应抱何种目的,而且是达到那个目的所采取的广泛政策的最好方法。但是,经济学却避免讨论有实际经验的人所不能忽视的许多政治问题:所以,它是一种纯粹的和实用的科学,而不是一种科学和方法。所以,用"经济学"这个有广泛意义的名词来说明它,比用"政治经济学"这个意义较狭的名词更好。

第五节 经济学家必须训练他的知觉、想象、推理、同情和谨慎的能力

经济学家需要有三种重大的智力:就是知觉、想象和推理,其中他最需要的是想象力,使他可以探索可见的事件之不显著即处于表面之下的那些原因,与可见的原因之不显著即处于表面之下的那些结果。

自然科学,尤其是其中的物理学,比一切研究人类活动的学问,作为一种锻炼,具有这种很大的优点:就是在自然科学中研究者必须得出正确的结论,这些结论能由以后的观察或实验来证实。他如果满足于表面上的那些原因和结果,或者他忽视自然的各种因素间的相互作用——在这种作用中,每一运动改变了它周围的一切因素,同时也为这一切因素所改变,那么,他的过失不久就会被发觉的。物理学的一丝不苟的学者也不是满足于仅仅是一般的分析;他不断地努力使这种分析成为定量的分析;并且对他的问题中的每一因素给予适当的比重。

在与人类有关的科学中,精确性是不像自然科学那样能获得

的。阻力最少的途径有时是唯一的公开道路,这条道路总是具有引诱力的,虽然它也总是不可靠的,即在能以坚决的工作打出一条较为彻底的途径时,要走这条道路的引诱力还是很大的。科学的历史学者因不能进行实验而受到妨碍,并且因为缺少估计历史事件的相对重要性所依据的客观标准,甚至受到更大的妨碍。这种估计差不多在他的论断的每一阶段中都是存在的:他不能得出结论说,一个原因或一类原因,已为另一个或另一类原因所胜过,如果他对这些原因的相对重要性没有作出某种暗示的估计的话。但是,只有通过巨大的努力,他才能了解他是怎样依赖他自己的主观印象。经济学家也受到这种困难的妨碍,不过在程度上比其他研究人类活动的学者较小而已;因为,给予物理学家的工作以准确性和客观性的那些优点,经济学家的确也享有一部分。至少,只要他是研究现行的和新近的事件,他的事实有许多就可归成不同的种类,关于这些种类能作出明确的叙述,这种叙述过去在数字上往往近于正确的。这样,他寻求在表面之下的和不易被看见的原因和结果,把复杂的情况分析成为各个因素,和把许多因素重新建成一个整体,就较为便利了。

对于较小的事情,简单的经验的确会把不显明的因果关系提示出来。例如,经验会使人们知道,对浪费成性的人的不加考虑的帮助,即使表面上所看到的差不多是完全有利,但对性格的坚强和家庭生活实有害处。但是,比方说,要探索提高就业的稳定性的许多似是而非的计划的真正结果,我们就要有较大的努力、较远的眼光和较为有力地运用想象力。为了这个目的,我们必须了解,信贷、对内贸易、对外贸易竞争、农作物收获和价格等各种变化怎样密切相关;以及这一切变化对就业稳定性的好的和坏的影响如何。我们必须观察西方世界任何一地的差不多每一重大经济事件,怎样影响差不多其他各地的至少某些行业的就业情况。如果我们只研究目前的失业原因,我们恐怕就不能治好我们所看到的害处,反会造成我们所看不到的害处。我们如果寻求那些不显著的原因,并权衡其轻重,则当前的工作对我们的心力,实是一种很好的锻炼。

其次,当任何行业的工资由于"标准规则"或其他方法保持得特别高的时候,在运用中的想象力就要探求因为这种标准规则而不能做他们能做的工作、获得人们愿意为这项工作所付的工资的那些人的生活情况。他们的生活究竟是提高了呢? 还是降低了呢? 如果有些人的生活提高了,有些人的生活降低了,如平常所发生的那样,是不是多数人的生活提高了,少数人的生活降低了,还是适得其反呢? 我们如果注意表面的结果,我们也许认为生活提高的是多数人。但是,如果我们科学地运用了想象力,想出一切禁止的方法——不论是得到工会还是其他方面的许可,而这些方法使人们不能尽其最大的力量和获得最多的收入,我们将往往得出结论说,生活已经降低的是多数人,而已经提高的却是少数人。一部分由于受到英国的影响,有些澳洲的殖民地正在进行大胆的冒险事业,这种事业使工人们具有较大的眼前舒适和安乐的似是而非的希望。澳洲在它的广大地产中的确蓄有巨大的借款力:如果这提出来的捷径会造成工业衰落的话,这种衰落也许是轻微的和暂时的。但是,现正有人主张英国也应当像澳洲殖民地那样做:英国如遇到这种衰落,就会较为严重了。在最近的将来我们所需要的,和我们可望出现的,就是对于这类计划有较为广博的研究,我们所用的心力要像用于判断一艘兵舰的新设计在恶劣气候中是否坚固那样的周密。

研究像这类的问题时,最需要的就是纯粹智力的、有时甚至是批判的能力。但是,经济研究需要和发展同情心的能力,尤其是使人们不但能为他们的同伴而且能为其他阶级的人设身处地着想的同情心。例如,这种阶级同情心因对以下各个问题的研究而强烈地发展起来——这种研究正变为日益紧要:性格和收入、就业方法和用钱的习惯彼此所发生的相互影响怎样;一个国家的效率为结合每一经济集团的成员——家人、同一行业中的雇主和雇工、一国的公民——的信任和情感所加强、同时它也加强了这种信任和情感的方法怎样;职业上的规则和工会的惯例中的个人的利人心和阶级的利己心所兼有的利弊怎样;以及尽量利用我们日益增长的财富和机会来增进现代和后代的福利的行动怎样等问题的研究。[①]

第六节　续前

经济学家为了可以发展他的理想起见,尤其需要想象力。但是,为了使他对理想的提倡不会超过他对未来的理解,他最需要的是谨慎和含蓄。

经过世世代代之后,我们现在的理想和方法也许似乎是属于

---

① 这一节是从 1902 年向剑桥大学提出的《在经济学和与政治学有关的学科中开设一门课程的请求》中节录的,这个请求在下一年就被采纳了。

人类幼稚时期而不是成年时期所有的。一种明确的进步现在已被获得了。我们已经知道，除非已被证明为极其懦弱或卑鄙的人之外，每一个人都值得享有充分的经济自由；但我们却不能断言这种已经开端的进步最终将达到什么目的。在中世纪后期，对于被看作包括全人类的产业组织的研究，已略见端倪了。以后各代都看到这种组织的进一步发展；但从没有像我们现在这样广大的发展。研究这种组织的热诚也随着它的发展而增大；前代对它的研究的努力从没有达到现在这样的广度和深度。但是，近来研究的主要结果，是使我们比前代更为充分地认识到，我们所知道的形成进步的原因是很少的，和我们所能预测的产业组织的最终命运也是很少的。

在前一世纪之初，有些冷酷的雇主和政客为独有的阶级特权辩护，他们觉得要使政治经济学的权威袒护他们是很容易的；而且他们往往自称为"经济学家"。即使在我们自己时代里，那些反对把大量费用化在大多数人的教育上面的人，也以这个头衔自称，虽然当代的经济学家一致主张这种费用是真正的节约，从国家观点来看，不这样做是错误的和不好的事情。但是，卡莱尔和拉斯金，以及其他许多没有他们两人那样辉煌和高尚的诗意的作家，不加研究就认为著名的经济学家们要对他们实在是反对的那些言行负责，因此，就产生了对他们的思想和性格的普遍误解。

事实上，近代经济学的创始者，差不多都是性情温和、富有同情心和为人道的热诚所感动的人。他们很少关心为自己谋取财富；他们却很关心财富在大多数人之中的广泛的分布情况。反社会的垄断，虽然是强有力的，但他们也是反对的。在几代之中，他们都支持反对阶级立法的运动，这种立法不许工会享有雇主团体所享有的那些特权；或者他们设法医治旧的救贫法灌输到农业及其他劳动者心中和他们的家庭的毒素；或者他们拥护工厂法案，而不顾有些政客和雇主假借他们的名义竭力反对。他们毫无例外地致力于这样的信念：全体人民的福利应当是一切私人努力和公共政策的最终目的。但是，在勇气和谨慎方面他们是坚强的，他们看起来是冷静的，因为他们不愿担负提倡向没有人走过的道路急速前进的责任，而对这种道路的安全的唯一保证就是人们的具有信心的希望，他们的想象力是丰富的，但既不受知识的限制，也不受艰苦思想的训练。

他们的谨慎也许有点过度：因为，即使当时伟大的有先见之明的人的眼界，在某些方面也比现在许多有学问的人狭窄；现在，一部分由于生物学研究的启发，环境对于形成人的性格的影响，一般被认为是社会科学中的重要事实。因此，经济学家现在对于人类进步的可能性，已经知道采取一种较为远大和较有希望的观点了。他们已经相信，人类的意志如用细心的思想来指导的话，能够改变环境，以致大大地改变性格；从而实现更有利于性格、因而也就更有利于大多数人的经济和道德的福利的新的生活状况。现在和过去一样，他们的责任是反对达到这一伟大目的之一切似是而非的捷径，因为这种捷径会毁坏人类的精力和创造力的源泉。

像现在这样的财产权利，并没有为建立经济学的那些大家所尊重；但是，有些硬把既得的权利说成是作为极端的和反社会之用的人，却是错误地以经济学的权威自居。所以，我们应当注意：细心的经济研究的倾向，并不是以任何抽象的原则作为私有财产权的根据,而是以这样的观察作为根据的:在过去私有财产权与切实的进步是分不开的;因此,谨慎地和尝试地进行废除或改变即使对社会生活的理想情况似乎是不适当的那些权利,是负责的人应做的事。

第 二 篇

若干基本概念

第一章 绪论

第一节 经济学将财富看作是满足欲望的东西和努力的结果

我们已经知道,经济学一方面是一门研究财富的科学;另一方面,也是研究人类在社会中的活动的社会科学的一部分,这一部分是研究人类满足欲望的种种努力,然只以这种努力和欲望能用财富或它的一般代表物——即货币——来衡量为限。在本书的大部分中,我们将要研究这种欲望和努力;并研究衡量欲望的价格与衡量努力的价格达于平衡的种种原因。为了达到这个目的,在第三篇中我们必须研究财富与它必须满足的各种人类欲望的关系;在第四篇中研究财富与生产财富的各种人类努力的关系。

但在本篇中,我们必须研究,在一切属于人类努力的结果并能满足人类欲望的东西中,有哪些被算作是财富,以及这些东西怎样分类的问题。因为,有一组名词,与财富本身和资本都有关系,研究了其中每个名词就可说明其他的名词;而对全部名词一起研究是我们以上刚进行过的关于经济学的范围和方法的研究之直接继续,且在某些方面是这种研究的完成。所以,立即研究这一类名词,而不是采取也许似乎是较为自然的途径,开始就作欲望和财富与欲望的直接关系的分析,大体上似乎最为妥当。

在这样做的时候,我们当然必须考虑各种不同的欲望和努力;但是,我们都不必考虑不明显的、且不属于常识问题的事情。我们工作的真正困难在于另一方面;就是因为在各种科学中只有经济学必须设法使用几个平常所用的名词来表明许多细微的差别。

第二节　对性质和用途有变化的东西加以分类的困难

正像穆勒所说:"如将研究的对象归入不同种类,关于这些种类能够作出许多一般的命题,而这些命题比这些对象也能归入的其他种类所能作的命题更为重要,则最可达到科学分类的目的。"①但是,我们一开始就遇到这样的困难:在经济发展的一个阶段中那些最重要的命题,在另一阶段中可能是最不重要的,如果它们确是适用的话。

在这一点上,经济学家必须从生物学的新近经验中学许多东西:达尔文对于这个问题②的渊博研究,有力地解释了我们当前的困难。他指出,决定自然组织中每个生物的生活习惯和一般地位的那些部分,通常不是它的构造中最足以说明它的起源的那些部分,而是最不足以说明它的起源的那些部分。一个饲养动物者或

---

① 见约翰·穆勒:《逻辑体系》,第四编,第七章。
② 见达尔文:《物种起源》,第十四章。

一个园丁认为的显著适合于使一种动物或植物能在它的环境中繁盛的品质,正因为这个理由,可能是在较近的时期中才发展起来的。同样,在一种经济制度的特性中,最能使它适合于它现在必须做的工作的那些特性,也正因为这个理由,可能在很大程度上是新近才发展起来的。

在雇主与雇工、中间人与生产者、银行家与他的两种顾客——借款给他的人和向他借款的人——之间的许多关系中,我们可以找到不少例证。"利息"这个名词代替了"高利贷",是符合于贷款性质的一般变化的,这种变化使我们对于商品的生产费用可以分为各种不同因素的分析和分类有了完全新的主题。再如把劳动分为熟练的和不熟练的两种劳动的一般办法也逐渐发生变化;"租金"这个名词的范围在某些方面正在扩大,而在另些方面正在缩小;等等。

但是,另一方面,我们必须常常记住我们所用的名词的历史。因为,首先,这种历史的本身是重要的;而且它间接地说明了社会经济发展的历史。其次,即使我们研究经济学的唯一目的,是要获得指导我们达到目前实际目的之知识,我们仍应尽量使我们的名词的用法符合过去的传统,以便迅速了解前人的经验所提供的间接暗示和细致温和的告诫,作为我们的教训。

第三节　经济学必须遵循日常生活的实践

我们的工作是艰难的。的确,在自然科学中,一旦我们看到一群东西具有某一类共同的特性,并往往把它们摆在一起说时,我们就可将这些东西归入一类,加上一个特殊的名称;而且,当一个新的概念发生时,我们马上就创造一个新的术语来代表它。但是,经济学却不敢这样做。经济学的理论必须用大家所明了的语言来表达;所以,经济学必须力求使它自己与日常生活中惯用的名词相合,而且在可能范围内必须像平常所用的那样来使用这些名词。

在普通用法中差不多每个字都有许多不同的意义,所以必须根据上下文来解释。正如白哲特所指出的那样,即便最注重形式的经济学著作家们也不得不这样做,否则他们所能使用的字就要不够了。不过,不幸的是,他们总不承认他们用字很随便,有时甚至他们自己也不觉得用字很随便。他们开始说明经济学时所用的大胆和严格的定义,换取了读者的安心。因为他们没有告诫读者必须常常从上下文里去找特殊的解释语句,读者从作品中就不能领会作者的原意;也许还对作者发生误解而错怪他们。①

_____

①　我们应当"更多写得像我们在日常生活中谈话那样,在日常生活中上下文是一种没有表明的'解释语句';只是因为在政治经济学里面,我们要说到的东西比在日常谈话中较为困难,我们如有改变必须更为谨慎小心,多加告诫;有时对书中某一页或某项讨论,我们必须写出'解释语句',否则就会发生错误。我知道这是困难而精细的工作,我之所以必须为这项工作辩护,就是因为实际上它比对固定不变的定义争论的办法较为可靠。任何人要想以少数具有固定意义的用语来表达复杂事物的各种意义,他将会感到他的文体变为累赘而不正确,他必须使用冗长的迂回语法来表达平常的思想,而且结果他还是没有做对,因为他有一半时间要回到那些最适合于目前情况的意义上去,而这些意义有时是这样,有时是那样,差不多总是与他的'固定不变'的意义不同。在这种讨论中,我们应当学会随时改变我们的定义,正如在不同的问题中,我们说'设 x、y、z 等于'有时这个,有时那个一样;这实在是最明白和最有效的作家们采用的办法,虽然他们常不承认这一点"。(引自白哲特:《英国政治经济学的条件》,第 78—79 页)凯恩斯也反对"一种定义所涉及的属性不应容许有程度上的差别的假设";并辩解说"容许程度上的差别是一切自然事实的特性"。(见凯恩斯:《政治经济学的逻辑方法》,第 6 讲)

其次,经济名词所表示的主要区别,大多数不是种类上的差别,而是程度上的差别。初看起来,这些区别似乎是种类上的差别,而且能被清楚地划出明显的轮廓;但较为仔细的研究表明,连续性并未真的破裂。经济学的进步没有发现过任何新的真正的种类上的差别,它是不断地将表面上的种类差别化为程度的差别,这是一个值得注意的事实。在自然本来没有以分界线来划出差别的东西之间,要想划出明显和严格的分界线,就会引起弊端,我们将会遇到许多这样的例子。

第四节　清楚地说明概念是必要的,但名词的用法固定不变却是不必要的

因此,我们必须仔细分析我们要研究的各种事物的真正特性;这样,我们一般将会感觉到,每个名词的某一用法比别的用法显然较有理由被称为它的主要用法,因为它所代表的那种特性,比其他符合于日常用法的特性,更为适合近代科学的目的。当上下文没有说明或暗示相反的意义时,这一用法就可作为这个名词的意义,如果这个名词要用作别的意义——不论是较广的还是较狭的意义,这种改变必须加以说明。

即使在最谨慎的思想家之中,对于至少是某些分界线应当划出的正确地方,也常有不同的意见。这种争论的问题一般必须以对于不同过程的实际便利的判断来解决;而这种判断不能常由科学的推论来建立或推翻:必须保留可以争论的余地。但是,在分析的本身却没有这种余地:如果两个人对分析有不同的意见,他们两

人不能都对。我们可以期望经济学的进步逐渐会将这种分析建立在坚固的基础上。①

---

① 当我们要缩小一个名词的意义时（用逻辑学的语言来说，就是增大它的内涵以缩小它的外延），加上一个限制的形容词通常就够了，但是对于名词意义的相反改变却不能这样简单地做。关于定义的争论常是这样：甲与乙是许多事物的共同特性，这些事物中有许多还有特性丙，又有许多有特性丁，而有些则兼有丙和丁。那么，就可这样辩解说：大体上最好对名词下这样一个定义，以包括一切有甲和乙两种特性的东西在内，或只包括那些有甲、乙、丙，或甲、乙、丁，或甲、乙、丙、丁各特性的东西。对这些不同途径，必须根据对实际便利的考虑来决定，但这种决定远不及对甲、乙、丙、丁各特性及其相互关系的仔细研究来得重要。但不幸的是，在英国的经济学中，这种研究所占的地位比对于定义的争论小得多；这种争论诚然有时也能间接地导致科学真理的发现，但却总是采取迂回的道路，而且浪费许多时间和劳动。

第二章　财富

第一节　财货这个名词的专门用法；物质的财货；个人的财货；外在的财货和内在的财货；可转让的财货和不可转让的财货；自由的财货；可交换的财货

一切财富是由人们要得到的东西构成的；那就是能直接或间接满足人类欲望的东西。但并不是一切人们要得到的东西都可算作财富。例如，友人的情感是幸福的一个重要因素，但除了在诗中的特殊用法外，它是不算作财富的。因此，让我们先对人们要得到的东西加以分类，然后考虑其中哪些应当算作构成财富的因素。

因为缺少一个简短的通用名词来代表一切人们要得到的东西，即满足人类欲望的东西，我们姑且用财货这个名词来代表它。

人们要得到的东西或者说财货，有物质的财货，或个人的和非物质的财货。物质的财货包括有用的有形东西，以及保有或使用这些东西，或从它们获得利益，或到将来再获得它们的一切权利。

这样,它们就包括自然的物质赠与,如土地和水、空气和气候;农产物、矿产品、渔产品和工业品;建筑物、机械和工具;抵押品和其他债券;公营和私营公司的股票、各种垄断权,专利权和版权;以及交通权和其他使用权。最后,旅行的机会,参观优美风景和博物院的机会等等,都是客观存在的物质便利的体现,虽然欣赏风景和艺术品的能力属于内在的和个人的财货。

人的非物质的财货分为两类。一类是由他自己的特性和活动及享乐的才能构成的,例如人的经营能力、专门技能,或从阅览或音乐中得到享受的能力,都属于这一类。这一切都在人身之内的,所以称为内在的财货。第二类称为外在的财货,因为这类财货是由有利于他与别人的关系构成的。例如,过去的统治阶级经常向农奴和其他下属索取的各种劳役和义务,就是属于这一类。但是,这些现在已经消灭了,现在这种有利于所有者的关系的主要例子,就是商人和自由职业者的信誉和营业关系。①

其次,财货可分为可转让的和不可转让的。属于后一类的财货,是一个人的特性和活动及享乐的能力(就是他的内在的财货),还有他的营业关系中依靠他的个人信用而不能转让的部分,也就是他的有价值的信誉的一部分,也属于这一类;又如气候、阳光、空气的利益,以及他的公民权利和使用公共财产的权利和机会,都属

---

① 因为,赫尔门在他对财富的精炼的分析中开始时这样说:"有些财货对于个人是外在的,而有些是内在的。内在的财货是天生的、存在于他本身之内的财货,或是他以自己的自由活动在本身之内培养出来的财货,如体力、健康、学识等。凡是外界所提供的以满足他的欲望的东西,对他而言都是外在的财货。"

于这一类①。

凡不作私人之用和由自然供给而不需要人类努力的财货，称为自由的财货。土地在原来的状态上是自然的赠与。但在固定的地方，从个人观点来看它就不是自由的财货了。在巴西的有些森林里，木材仍然是自由的财货。海里的鱼通常是自由的财货；但有些海上渔场被严密保护，专供某一国家的人民之用，这些渔场可列入国家财产一类。人工培养的牡蛎繁殖场在任何意义上都不是自由的财货；而自然生长的牡蛎繁殖场，如果没有拨作私人之用，绝对是自由的财货；即使是私有财产，从国家观点来看，仍然是自由的财货。但是，国家既已准许将它们的所有权归于私人，从私人观点来看，它们就不是自由的财货了；在河里捕鱼的私人权利也是如此。但是，在自由的土地上所种的小麦，和从自由的渔场里捕来的鱼，都不是自由的财货，因为它们是经过劳动而得到的。

---

① 上述财货的分类可列表如下：

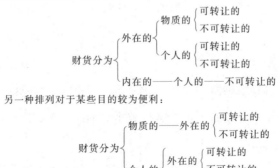

另一种排列对于某些目的较为便利：

第二节　一个人的财富是由他的外在的 财货中那些能用货币衡量的部分构成的

现在我们可以说到一个人的财货中哪些种类可算作他的财富的一部分的问题了。对于这个问题的意见是不一致的,但是,比较各家的学说,以下的答案似乎显然是适当的:

当我们光说到一个人的财富,而在上下文中没有任何解释语句时,就是指他所有的两种财货。

第一种财货是他具有私有财产权(根据法律或风俗)的那些物质财货,因为它们是可以转让和交换的。我们还可记得,这些财货不但包括像土地和房屋、家具和机器,以及其他可以单独私有的有形东西,而且包括公营公司的股票、债券、抵押品,以及其他他可持有的向别人索取货币或货物的契约在内。另一方面,他欠别人的债务可被看作是负财富;必须从他的财产总数中扣除,然后才能知道他的真正的净财富。

服务及其他随生随灭的财货,当然不属于财富数量的一部分。[①]

第二种财货是属于他所有的、在他之外存在的,而且直接作为使他能够获得物质财货的手段的那些非物质的财货。这样,这种财货就不包括一切他自己的个人特性和才能,即使是使他能谋生

---

① 一家贸易公司的股份的价值中,由于主持人的个人声誉和关系而产生的那一部分价值,应当列入第二种作为外在的个人财货。但这一点没有多大的实际重要性。

的才能也不包括在内,因为它们都是内在的财货。这种财货也不包括他的个人友谊在内,但以这种友谊没有直接的营业价值为限。但是,它包括他的营业和职业的联系,他的企业组织,以及——如果这种事情还存在的话——他的奴隶所有权、劳役所有权,等等。

　　财富这个名词这样用法,是符合于日常生活的用法的;同时,它包括那些——而且只是那些——显然属于经济学范围(如第一篇中所说明的范围)以内的财货;所以这种财货可以称为经济财货。因为,它包括一切客观存在的东西,这些东西(i)属于某一个人所有,而不是同样地属于他的邻人所有,因而显然是他的东西;(ii)是直接能用货币衡量的东西——这种衡量一方面代表生产这些东西的努力和牺牲;另一方面代表它们所满足的欲望。①

第三节　但是,有时广泛地使用财富这个名词以包括一切个人的财富在内较为妥当

　　为了某些目的,我们对于财富诚然可以采取一种较为广泛的

---

　　①　这并不暗含这样的意思:可转让的财货的所有者,如果他卖去了这些财货,常能获得它们对他所有的全部货币价值。例如,一件很合身的衣服,也许是值一个高价的裁缝向买这件衣服的人所要的价格,因为他需要这件衣服,如果出较低的价格就得不到它;但他如要卖出去,恐怕不能得到他所付的价格的一半。成功的金融家花了五万镑造一所房子和花园,以适应他自己的特殊爱好,从一种观点来看,在他的财产目录中按照原来造价计算房屋和花园的价值是对的,但是,如果他的营业失败了,在他的债权人看来,它们绝不会值那个价钱。

　　同样地,从一种观点来看,我们可以把律师或医生、商人或制造商的营业关系算作与他的收入——如果没有这种关系他就会失去的收入——完全相等;可是我们必须知道,营业关系的交换价值,就是卖去它时他能得到的价值,却比那个收入小得多了。

看法;不过,我们必须求助于特殊的解释语句,以免发生混淆。例如,木工的技能是使他能满足别人的物质欲望,因而能间接地满足他自己的欲望的一种直接手段,正如他工具篮中的工具一样;如有一个名词可以包括这种技能在内作为较为广义的财富的一部分,也许是便利的。依照亚当·斯密所说的、大多数欧陆经济学家所遵循的方针①,我们可以说,个人的财富包括一切直接有助于使人们获得产业效率的精力、才能和习惯在内;我们前已算作狭义的财富的一部分的各种营业联系和联合,也可列入个人的财富一类。产业的才能被看作是经济的另一理由,因为这种才能的价值通常能够加以某种间接的衡量。②

称这种才能为财富是否值得的问题,不过是一个便利与否的问题,虽然对于这个问题有过很多讨论,好像它是一个原则性的问题。

我们如要把一个人的产业才能包括在内而单独使用"财富"这个名词,当然会引起混淆。光是"财富"一个字应当总是只指外在的财富而言。但是,有时使用"物质的与个人的财富"这句话,似乎不会有多大害处,而且还会有一些好处。

第四节　共同的财货中个人应得的部分

但是我们仍然必须考虑一个人与其邻人共有的物质财货;因

---

① 参照《国民财富的性质和原因的研究》,第二篇,第二章。

② 十七世纪时达芬南说:"人的身体无疑地是一国最有价值的财富";每当政治发展的倾向使人们渴望人口迅速增加的时候,这一类的话就很流行了。

为是共有的,当比较他的财富与其邻人的财富时,就不必提起这种财货了;虽然为了某些目的,尤其是为了比较远的或远代之间的经济状况,它们也许是重要的。

这些共有的财货是由一个人在某时住在某地和是某一国家或社会的一分子所获得的利益构成的;它们包括公民的和军事的安全,使用各种公共财产和设备,如道路、煤气灯等等的权利和机会,以及法律保护和免费教育的权利。城市居民和乡村居民各有许多不花代价的利益,而是其他城市或乡村的人所不能得到的,或是花了很大费用才能得到的。如果其他情况相同,一个人住的地方,如有较好的气候、道路、用水和较为卫生的下水道;并有较好的报纸、书籍和娱乐及教育的场所,在财富的最广的意义上说来,他就比别人享有较多的真正财富。房屋、食物和衣着在天气寒冷时会有不足,而在天气温暖时也许充足;另一方面,炎热的气候虽然可减少人们的物质需要,虽使人们只要有少许物质财富的供给就会富足,却使他们获得财富的精力衰弱了。

这些东西有许多是共同的财货,就是说不是私人所有的财货。这样,就使我们从与个人观点相反的社会观点来研究财富。

第五节　国家的财富;世界的财富;财富所有权的法律根据

因此,让我们来研究,当我们估计构成一国财富的个人财富时,一国财富中那些通常被忽视的因素。这种财富的最明显的形态,就是一切种类的物质财产,如道路和运河、建筑物和公园、煤气厂和自来水厂；不过不幸的是，其中有许多不是用公共储蓄来建设的，而是用公共借款来建设的，因而计算这种财富时就要扣除大宗债务的巨大的"负"财富。

但是，泰晤士河增加英国的财富，大于英国所有一切的运河，甚至大于英国所有一切的铁路。泰晤士河虽然是大自然的赠与（它的已经改善的航运除外），而运河是人工开成的，但为了许多目的，我们应当将泰晤士河算作英国财富的一部分。

德国经济学家往往着重国家财富中的非物质因素；在关于国家财富的有些问题上这样做是对的，但却不能在一切问题上都这样做。科学的知识，不管在哪里发现，的确不久就会变成整个文明世界的财产，并且可以被认为是世界的财富，而不光是一国的财富。机械上的发明和其他许多生产方法上的改进都是这样；音乐也是这样。但是，那种因翻译不当而失去精彩的文学作品，在特殊的意义上可以被看作是用本国文字写成的那些国家的财富。一个自由的和有条不紊的国家组织，为了某些目的，可被看作是国家财富的一个重要因素。

但是，国家的财富包括个人的财产和国民的共同财产在内。在估计国民的个人财产的总和时，我们略上一国国民相互之间的一切债务和其他义务，就可省掉一些麻烦。例如，英国的国债以及英国铁路的债券只要是在国内为国民所持有，我们就能采用简单的办法，只计算铁路本身是国家财富的一部分，而不算铁路和政府的债券。但是，英国政府或英国人私人所发出的债券等，为外国人所持有的，我们仍要减去；外国债券等为英国人所持有的，也要加进去。①

世界的财富之不同于国家的财富，很像国家的财富之不同于个人的财富。在计算世界财富时，一国人民与别国人民之间的债务，可以从收支双方中略去，是很方便的。其次，正如河流是国家财富的重要因素一样，海洋是世界的最有价值的财产之一。世界财富的概念的确不过是扩大到整个地球的国家财富的概念而已。

财富的个人和国家的所有权，是以国内和国际的法律为根据的，或者至少是以具有法律效力的风俗为根据的。所以，研究任何

---

① 一个企业的价值也许在某种程度上因为它具有垄断权而产生的——或是因专利权而获得的完全垄断，或是因它的货品比其他其实同样良好的货品较为出名而获得的部分垄断；如果是这样的情况，这种营业并未增加国家的真正财富。如果垄断打破了，由于它的价值的消失而造成国民财富的减少，通常会得到补偿而有余，一部分因为竞争者的营业的价值增大了，一部分因为代表社会中其他的人的财富之货币购买力增大了。（然而，我们还要知道，在某些例外情况下，一种商品的价格会因它的生产获得垄断而降低，不过这种情况是很少的，现在可以不必管它。）

其次，营业关系和营业信誉之能增加国民财富，只以它们使买主和以一定价格最充分地满足买主的真正愿望的那些生产者发生关系为限；或换句话说，只以它们能使整个社会的努力满足整个社会的欲望为限。然而，当我们不是直接地而是间接地估计国家的财富作为个人财富的总和时，我们必须根据这些营业的全部价值来计算，即使这个价值一部分是由不是用作公共利益的垄断构成的。因为，这些营业对于与其竞争的生产者所造成的害处，在计算那些生产者的营业价值时，已被算过了；同时，由于产品价格的提高，它们对于购买这种产品的消费者所造成的害处，在计算消费者的财产的购买力时——就这种特殊商品而言，也被算过了。

关于这种情况的一个特殊事例，就是信贷组织。它增大一国的生产效率，从而增加国家的财富。获得信用贷款的能力是每个商人的宝贵的资产。然而，如有任何意外事件使他营业倒闭，国家的财富受到的损害小于这种资产的全部价值，因为他本来要做的营业，现在至少育一部分会由别人来做，而别人至少也可借助于他原来要借进的资本的一部分。

关于货币被算作国家财富的一部分到怎样程度的问题，也有类似的困难；但要彻底研究这一问题，我们就要预先知道许多关于货币的理论。

时间和地点的经济情况,就需要研究法律和风俗;经济学很得力于从事这种研究的那些学者。但是,经济学的范围已经很广了;而财产概念的历史和法律根据是广大的课题,最好能在另外的书中讨论。

第六节　价值;暂时用价格来代表一般购买力

价值的概念与财富的概念是密切相关的,关于价值在这里可以略为说一下。亚当·斯密说:"价值这个字有两种不同的意义,有时它是表示某一特殊物品的效用,有时则表示因占有这一物品而得到的购买他物的能力。"但是,经验已经表明,把价值这个字用作前一种意义是不妥当的。

一个东西的价值,也就是它的交换价值,在任何地点和时间用另一物来表现的,就是在那时那地能够得到的、并能与第一样东西交换的第二样东西的数量。因此,价值这个名词是相对的,表示在某一地点和时间的两样东西之间的关系。

文明国家通常采用黄金或白银作为货币,或是金银并用。我们不是用铅、锡、木材、谷物和其他东西来互相表示价值,而是首先用货币来表示它们的价值,并称这样表示的每样东西的价值为价格。我们如果知道,一吨铅在任何地点和时间可换十五镑,而一吨锡可换九十镑,我们说那时那地它们的价格各为十五镑和九十镑,我们并且知道,那时那地一吨锡的价值,如用铅来表示,等于六吨铅。

　　每样东西的价格随时随地都有涨落；如以这样东西而论，每有这种变化，货币购买力也随着发生变化。如果货币购买力对某些东西而言是提高了，同时对同样重要的东西而言有相等地下降，则它的一般购买力（或是它的购买一般物品的能力）保持不变。这句话包含一些困难在内，我们以后必须研究的。但是，同时我们可照普通的意义来理解这句话，这个意义是很清楚了；在本书中我们可以始终不问货币一般购买力可能发生的变化。这样，任何东西的价格就可被作为它与一般物品比较时的交换价值的代表，或换句话说，作为它的一般购买力的代表。①

　　但是，如果创造发明大大增加了人类对自然的控制力量，则为了某些目的，货币的实际价值用劳动来衡量比用商品来衡量较好。然而，这种困难不会很大影响我们在本书中的工作，因为本书不过是经济学的"基础"的研究而已。

---

　　①　正如古尔诺所指出的（见他所著《财富理论中数学原理的研究》，第二章），假定存在一律的购买力的标准，以衡量价值，我们所得到的便利，正像天文学家假定有一个"正中的太阳"，以一定的间隔时间越过子午线一样，因此时钟就能与这个太阳同时并进；其实，真正的太阳越过子午线，有时在时钟所指出的正午之前，而有时在它之后。

第三章　生产;消费;劳动;必需品

第一节　人类所能生产和消费的只是效用，
而不是物质本身

人类不能创造物质的东西。诚然,在精神和道德的领域内人可以产生新的思想;但是,当我们说他生产物质的东西时,他实在只是生产效用而已;或换句话说,他的努力和牺牲结果只是改变了物质的形态或排列,使它能较好地适合于欲望的满足。在自然界中,他所能做的只是整理物质,使它较为有用,如用木料做成一张桌子,或是设法使物质能被自然变得更为有用,如播种于自然的力量会使它生长的地方。①

有时据说商人是不生产的:制造家具的木工生产了家具,而家具商人只是出售已经生产出来的东西而已。但是,这种区别是没有科学根据的。他们都是生产效用的,而都不能生产别的东西:家

---

① 培根在他所著的《新工具》第四章中说:"人类在进行工作时只能把自然物拿拢或分开,其余的一切要自然物在内部进行。"(这句话是波拿《哲学与政治经济》,第 249 页所引用的)

具商人移动和重新整理物质,使它较前更为有用,而木工所做的也不过如此。在地上搬运煤的船员和铁路工人也是生产煤的,正如矿工在地下采煤一样;鱼贩帮助把鱼从需要比较不大的地方运到有较大需要的地方,而渔人所做的也不过如此。的确,商人的人数往往超过需要;一有这种情况,就是一种浪费。但是,一个人能够胜任的耕种工作,如有两个人去做,也是一种浪费。在这两种情况下,一切参加工作的人都是生产的,虽然他们也许生产得很少。有些作家重复了中世纪对贸易的攻击,理由就是贸易是不生产的。但是,他们弄错了目标。他们应当攻击的是贸易的不完善的组织,尤其是零售贸易的组织。①

　　消费可以被看作是负的生产。正如人所能生产的只是效用一样,人所能消费的也只是效用而已。他能生产服务及其他非物质的东西,他也能消费它们。但是,正像他生产物质产品实在不过是物质的重新整理,使它具有新的效用一样,他消费这些产品也不过是打乱了物质的排列,减少或破坏它的效用而已。的确,往往我们说到一个人消费东西时,他不过是持有这些东西以供他使用而已。同时,正如西尼尔所说,这些东西"是被我们统称为时间的那些许多渐进的力量所破坏。"②

　　另有一种区别,曾经颇为重要,但现在很含糊,而且恐怕没有多大实际用处,就是一方面是消费者财货,也称为消费财货或又称

---

　　①　从狭义来说,生产是改变了产品的形态和性质。贸易和运输是改变了产品的外部关系。

　　②　参阅西尼尔:《政治经济学大纲》,第54页。他喜欢以"使用"这个动词来代替"消费"这个动词。

为第一级财货,如食物、衣服等,都是直接满足欲望的东西;与另一方面是生产者财货,也称为生产财货或又称为工具的或中间的财货,如耕犁、织机和原棉等,都是有助于第一级财货的生产而间接满足欲望的东西之间的区别。①

第二节　生产的这个字易于误解,通常应当避免使用或加以解释

一切劳动都是用来产生某种结果的。因为,虽然有些努力只是为努力而努力,如为娱乐而作一种竞赛,但这些努力却不算是劳动。我们可以对劳动下这样的定义:劳动是任何心智或身体上的努力,部分地或全部地以获得某种好处为目的,而不是以直接从这种努力中获得愉快为目的。② 如果我们必须重新开始的话,除了那种不能有助于所要达到的目的因而不生产效用的劳动之外,我

---

① 　这样,要做糕饼的面粉,已经在消费者家中的,有些人当它是消费者财货,而在糖果商手中的,不但是面粉,就是糕饼本身也被当作是生产者财货。卡尔·门格尔说(见他所著《国民经济学原理》第一章第二节),面包属于第一级财货,面粉属于第二级财货,磨粉机属于第三级财货,等等。如果一节火车载有游客,也有若干铁罐饼干、磨粉机器和用来制造磨粉机的机器;则这节火车就似乎同时是第一级、第二级、第三级与第四级财货了。

② 　这是杰文斯的定义(见他所著《政治经济学理论》,第五章),不过他只包括痛苦的努力在内。但他自己又指出懒惰往往是怎样地痛苦。如果人们只考虑从工作中所得到的直接愉快的话,大多数人会比平常多做一点工作;但是,在健全的状况下,在大部分工作中——即使是被雇用的工作——愉快仍是胜于痛苦。这个定义当然是有伸缩性的;一个农业劳动者晚上在他的园子里工作,主要只想到他的劳动成果;一个技术工人在厂里坐着操作了一天后回到家里,从事园艺工作,得到绝对的喜悦,但他也很关心他的劳动成果;而在园中工作的一个富人,虽然在做得好的时候也许自鸣得意,却很可能不注意他由此得到的任何金钱上的节省。

们最好将一切劳动都看作是生产的。但是,在"生产的"这个字的意义所经历的许多变化之中,它的意义与积蓄起来的财富特别有关,而比较忽视眼前的和暂时的享乐,有时甚至不包括这种享乐在内。[①] 一种差不多是牢不可破的传统,迫使我们将这个字的中心概念看作是将来的而不是现在的欲望得到满足的意思。的确,一切有益的享乐,不论是否奢侈,都是公共和私人的活动的正当目的;而且奢侈的享乐的确对努力提供了动力,并在许多方面促进进步。但是,如果对产业的效率和精力没有影响的话,则放弃获得暂时奢侈的欲望,首先致力于那些较为坚固和持久的资源的获取,这些资源将有助于产业的将来工作并将从各方面使生活更为丰富,通常就可增进一国的真正利益。这种一般的观念,似乎在经济理论的一切阶段之中都经过研究;而且各著作家对这种观念分出了各种固定不变的区别,根据这种区别划分出某些行业是生产的,某些行业是不生产的。

例如,即使近代的许多作家也墨守亚当·斯密的方法,将家庭

---

① 重商主义者便是这样,他们认为贵金属最可称为财富———一部分因为贵金属是不会损坏的,而将一切不是用来生产货物作为输出以换取金银的劳动看作是不生产的或"徒劳无益的"。重农主义者以为一切劳动都是徒劳无益的,因它所消费的价值与它生产的价值相等;而将农民看作是唯一生产的劳动者,因为只有他的劳动(照他们所想)增大了积蓄起来的财富的纯剩余。亚当·斯密调和了重农主义的定义,但他仍然认为农业劳动比其他劳动是更为生产的。他的追随者抛弃了这种区别;但他们一般仍然坚持这样的概念:生产的劳动总会增加积蓄起来的财富,虽然在细节问题上还有许多不同意见;这个概念在《国民财富的性质和原因的研究》的著名的一章中是暗示的,而不是明说的,这一章的名称就是《论资本的积累,并论生产的和不生产的劳动》。(参照脱惠士:《政治经济学的进步》第六节,以及穆勒的论文和他的《政治经济学原理》中对于生产的这个字的讨论)

仆人的劳动归入不生产的一类。无疑地在许多大家庭中仆人是过多的，他们的精力有些如果用到别的地方，也许对于社会是有利的；但是，那些以蒸取威士忌酒为生的人大多数也是这样；却从无经济学家建议称他们为不生产的人。供给一个家庭的面包的烘面包者的工作，与烧马铃薯的厨师的工作，在性质上并无区别。这个烘面包者如果是一个糖果商，或是一个上等的烘面包者，他花在不生产的劳动——按照普通的意义是指供给不必要的享乐的劳动——上的时间，恐怕与家庭厨师所花的至少是一样多。

每当我们单独使用生产的这个字的时候，我们要知道它是指生产资料和耐久的享乐源泉的生产而言。但是它是一个难以捉摸的名词，在需要准确的地方，不应使用这个字。①

我们如果要把这个字用作不同的意义，我们必须加以说明：例如，我们可以说生产必需品的劳动，等等。

生产的消费，当作一个术语用的时候，通常解释为使用财富以生产更多的财富的意思。它所应当包括的并不是生产工人们的一切消费，而是维持他们的效率所必需的那种消费。在研究物质财富的积累时，这个名词也许是有用的。但它易于令人误解。因为

---

① 生产资料包括劳动的必需品，但不包括暂时的奢侈品；因此制冰者被列入不生产的一类，不论他是为糕饼厨师工作还是在乡村住宅中做私人的佣工。但从事建造一所戏院的瓦工是被列入生产的一类。毫无疑问，永久的和暂时的享乐源泉的区别是含糊的和不切实际的。但是，这种困难存在于事物的性质之中，不是用任何文字的方法所能完全避免的。我们可以说高人比矮人多，而不能决定是否五英尺九英寸以上的人都列入高人一类，或只是五英尺十英寸以上的人才算是高人。我们可以说生产的劳动是以牺牲不生产的劳动而增加的，而不能在它们之间确定任何严格的、因而也是武断的分界线。如果为了任何特殊目的需要这种人为的分界线，它就必须被清楚地划出来。但事实上这种情况是很少或从不会发生的。

消费是生产的目的;一切有益的消费都是产生利益的,而其中有许多最有价值的利益却都不直接有助于物质财富的生产。①

第三节　维持生活的必需品与维持效率的必需品

这样就使我们来考虑必需品这个名词。必需品,舒适品和奢侈品的区别是简单的;第一类包括满足必须满足的欲望所必需的一切东西,后两类包括满足不像第一类那样迫切的欲望的东西。但在这里又有一种麻烦的含糊不清了。当我们说到一种欲望必须满足时,如果得不到满足的话,我们心目中的结果怎样呢? 这种结果是不是包括死亡在内呢? 还是这种结果只是造成力量和精力的丧失呢? 换言之,必需品究竟是维持生活所必需的东西,还是维持效率所必需的东西?

---

①　在使用生产的这个字上的一切区别都是很空洞的,且有一种不真实的感觉。现在说明这些区别似乎是不值得的;但它们却有悠久的历史;让它们逐渐消灭,而不是突然废弃,恐怕较好。

在本来没有真正中断的地方,而要划出一条固定不变的分界线的企图,虽比有时对生产的这个名词所下的严格定义往往造成较大弊端,但也许从不会比这些定义导致更为离奇的结果。例如,有些定义导致这样的结论:歌剧中的歌唱者是不生产的,而歌剧入场券的印刷者是生产的;同时,引导人们入座的招待员是不生产的,除非他刚巧出售节目单,他就是生产的。西尼尔指出:“我们不说一个厨师‘制’(make)烤肉,而说他是‘煮’(dtess)烤肉;但我们说他是‘制’布丁……我们说一个裁缝用布‘制’一件衣服,我们不说一个染匠将未染之布‘制’成已染之布。染匠所造成的变化也许大于裁缝所造成的变化,但是经过裁缝的手的布改变了它的名称;而经过染匠的手的布却没有改变它的名称:染匠没有制造一个新的名字,因此也没有生产一样新的东西。”(见西尼尔:《政治经济学大纲》,第51—52页)

必需品这个名词，像生产的这个名词一样，是被省略地使用的，它所指的东西要由读者自己加上去的；这种暗含的东西既有不同，读者就往往加上一个不合作者原意的东西，因而误会了作者的用意。在这里，正像以上的情况一样，在每一紧要的地方，清楚地说明要使读者了解的东西，才能消除产生混淆的主要原因。

必需品这个名词的较老的用法，是限于足以使劳动者大体上能维持自己和家庭的生活的那些东西。亚当·斯密和他的追随者中较为谨慎的人，的确看到舒适和"高雅"的标准的不同；而且他们认识到，气候的不同，风俗的不同使得东西在有些情况下是必需的，而在别的情况下则是多余的。[①] 但是，亚当·斯密受到重农学者的理论的影响：这种理论是以十八世纪法国人民的情况为根据的，那时法国人大多数除了仅仅是为了生存所必需的东西外，就不知道还有什么必需品。然而，在较为幸福的时代，较为仔细的分析就使我们明了：在任何时间和地点，对于每一种产业，有一种多少是明白规定的收入，这个收入是仅仅维持这一产业中的人员的生活所必需的；同时，另有一种较大的收入，是维持这产业的充分效率所必需的。[②]

_____

① 参照卡佛：《政治经济学原理》，第474页；它使我注意到亚当·斯密的意见：惯常的高雅实在也是必需的东西。

② 好像在近百年中英国南部的人口增加相当快，移民尚未计算在内。但是，劳动效率从前是与英国北部一样高，而现在低于北部；因此南部的低工资劳动往往比北部的高工资劳动还要昂贵。这样，除非我们知道必需品这个字的使用是指这两种意义中的哪一种，否则，我们就不能说南部的劳动者是否已经获得了必需品。他们只有维持生活和人口增加的必需品，但显然没有维持效率的必需品。然而，我们必须记住：南部的最强壮的劳动者不断地移往北部；北部的劳动者的精力，因为具有较大的经济自由和地位提高的希望，已经增大了。参看马凯1891年2月在《慈善机关杂志》上的文章。

　　任何产业阶级的劳动者,如果能够十分明智地花费他们的工资,则他们的工资也许足够维持较高的效率,这样说也许是对的。但是,必需品的一切估计必须是与一定的地点和时间有关;除非有相反的特别解释语句,否则,我们可以假定,他们在花费工资上的明智、远见和无私的程度,恰与所说的产业阶级的实际流行的情况一样。明白了这一点,我们可以说,任何产业阶级的收入是在它的必需的水平以下的,劳动者的收入的增加经过相当时间会使他们的效率有超过按比例的提高。习惯的改变也许可以节省消费,但必需品的节省却是不经济的。①

第四节　当任何人所消费的东西少于维持效率所严格必需的时候,就有损失;习惯上的必需品

　　当我们研究决定有效劳动的供给的原因时,我们必须对维持各种工人的效率的必需品加以详细的研究。但是,我们如果在这里考虑一下什么是维持这一代中英国的普通农业劳动者或不熟练

---

　　①　如果我们所考虑的是一个具有非常能力的人,我们就必须考虑这样的事实:他对社会所做的工作的真正价值,与他由此而得的收入之间,恐怕不会像任何产业阶级中一个平常的人在这两者之间那样相符合。而且我们应当说,他的一切消费都是严格地生产的和必需的,因为只要他的消费减少一点,他的效率就会减少,而减少的这一部分效率,对于他或是世界上其余的人,比他从消费中所节省的,具有较大的真正价值。一个像牛顿或瓦特这样的人,他的个人费用如果加倍而能增加他的效率1%的话,他的消费的增加就是真正生产的。我们以后将可知道,这样的情况与出高昂地租的肥沃土地的耕种要多花费用是相似的;虽然它的报酬在比例上较以前的费用所得的报酬为少,但仍会是有利的。

的城市工人及其家庭的效率的必需品，就可使我们的观念得到明确。我们可以说，这种必需品是由以下的东西构成的：一所有几个房间和良好下水道的住宅、温暖的衣着以及一些调换的内衣、干净的水、供给丰足的和有适当补充的肉类和牛奶以及少量的茶，等等，一点教育和娱乐，最后，他的妻子在其他的工作之后有充分自由使她能适当地尽她做母亲和料理家务的职责。在任何地方不熟练的工人如果缺少其中任何一样东西，他的效率之将受到损害，正像一匹马饲养不良或一架蒸汽机没有充足的煤的供给一样。达到这种限度的一切消费都是严格地生产的消费：这种消费的任何节省，都是不经济的，而是会造成损失的。

此外，烟酒的若干消费，和喜欢穿着时髦的衣服，也许在许多地方成为习惯了，因此它们可以说是习惯上必需的，因为，为了得到这些东西，普通的男子和女子将要牺牲一些维持效率所必需的东西。所以，他们的工资就要少于实际上维持效率所必需的了，除非他们的工资不但可以满足严格必需的消费，而且还包括一定数量的习惯上的必需品在内。[1]

生产工人的习惯上的必需品的消费，通常列入生产的消费一类：但严格说来，它不应列入这类消费；在文章中紧要的地方，应当加上特别的解释语句来说明习惯上必需品是否包括在内。

然而，我们还应注意，许多被正确地称为多余的奢侈品的东西，在某种程度上也可视为必需品；在那种程度上，当这种奢侈品

---

① 参照詹姆斯·斯图亚特：《政治经济学原理之研究》(1767 年版)，第二篇，第二十一章关于"物质的必需品与政治的必需品"的区别。

是被生产者所消费的时候,它们的消费也是生产的。①

———————————

①　这样,三月里的一盘青豆也许花费十先令,就是一种多余的奢侈品;但它仍是有益的食物,也许和值三便士的卷心菜的功用一样;或是因为食物的变换花样无疑地有益于健康,甚至功用比卷心菜稍大。所以,也许可将四便士的价值列入必需品一类,而将其余九先令八便士的价值列入多余品一类;而它的消费可以被看作其中有四十分之一是严格地生产的。*在例外的情况下,例如当青豆是给病人吃的时候,则十先令的全部花费也许是值得的,而且重新生产了它们自己的价值。

为了使这个观念得到明确起见,试对必需品加以估计也许是适当的,虽然这种估计必然是粗略和杂乱的。或者按照现在的价格来算,一个普通的农民家庭的严格的必需品每星期有十五或十八先令就够了,习惯上的必需品大约有五先令多一点也够了。对于城市的熟练的劳动者,严格的必需品还要多几个先令。住在城市中的熟练工人的家庭,严格的必需品也许是二十五或三十先令,习惯上的必需品是十先令。对于一个不断紧张运用脑力的人,如果是未婚的,严格的必需品也许每年要二百或二百五十镑;但如果他有一个要花很多教育费用的家庭,就要这个数目的两倍以上。他的习惯上的必需品决定于他的职业的性质。

*　一先令是十二便士,十先令共一百二十便士,一盘青豆的功用以等于三便士的卷心菜计算,恰为四十分之一。——译者

第四章　收入;资本

第一节　货币收入与营业资本

在原始社会中,每个家庭差不多都是自给自足的,它自己的食物和衣服以至家具大部分都是自己供给的。家庭收入或进益只有极小部分是货币的形态;如果有人想到他们的收入,他计算他们从烹饪用具所得的利益,恰如他们从耕犁所得的利益一样。因此在他们的资本与包括烹饪用具和耕犁在内的他们其余积累起来的资产之间,他就看不出有什么区别。①

但是,随着货币经济的发展,就发生了将收入的概念限于那些货币形态的收入的强烈倾向:其中包括"实物工资"(如免费使用房屋、煤、煤气和水),它作为雇工的报酬的一部分,以代替货币工资。

符合于收入的这种意义,市场的用语通常是把一个人的资本看作是他的财富中用于获得货币形态的收入的那一部分;或较为

---

① 由于这个和类似的事实,有些人不但以为近代分配和交换的分析中某些部分不适用于原始社会;这是对的;而且认为这种分析的重要部分无一可以适用,这就不对了。这是以下这种危险的一个显著例子:如果自己甘于相信文字记载,而不肯进行发现贯通形式变化的实质的统一性所必需的艰苦工作,就要发生危险了。

一般地说，就是以营业的方法获得收入的那一部分。有时，称这一部分为他的营业资本，也许是便利的；这种资本可以说是由一个人用于他的营业的那些外在的货物构成的，他或是持有这些货物以便出售而换得货币，或是将它们用来生产可以出售以换取货币的东西。属于这种资本的显著要素是工厂和制造商的营业设备；就是他的机器、原料，和他可有的供他的雇工使用的食物、衣服和房屋，以及他的营业的信誉。

对他所有的东西还要加上那些属于他的权利和他由此获得收入的东西：包括他以抵押或其他方法所放的贷款，以及在近代"金融市场"的复杂形态下他可有的对资本的一切支配权。另一方面，他所欠的债务必须从他的资本中减除。

上述从个人或营业的观点来看的资本的这个定义，在日常用法中是牢固地建立起来了；每当我们讨论关于一般营业的问题，特别是关于在公开市场中出售的某一类的商品的供给问题时，本书始终都将采用这个定义。在本章的前一半，我们将从私人营业的观点来讨论收入和资本，然后将从社会的观点来考虑这个问题。

第二节　从日常营业观点来看的纯收入、利息和利润的定义；纯利益，经营收入，准地租

一个人如果从事营业，他必定要付出一些费用来购买原料，雇用工人，等等。在这种情况下，他的真正的收入或纯收入，是从他

的总收入中减去了"产生总收入的费用"而得的。①

一个人为了直接或间接获得货币报酬而做的任何事情,增大了他的名义收入;而他为自己所做的事情,通常是不算作增大他的名义收入。但是,如果它们是一些琐碎的事情,通常最好不加过问,不过,当它们是这样一种工作,就是人们要做这些事情通常是要付出代价的,那么,为了一致起见,应当考虑它们。这样,一个为自己做衣服的女子,或是一个在自己的园中掘地或修理自己的房屋的男子,都是获得收入的,正像雇用裁缝、园丁或木工来做这种工作能获得收入一样。

关于这一点,我们可以介绍一个我们以后将常用的名词。使用这个名词的需要是由以下的事实产生的:每种职业除了其中不能免的工作疲劳之外还有其他的不利,而每种职业除了货币工资的收入之外还有其他的利益。一种职业对劳动所提供的真正报酬,必须从它的一切利益的货币价值中减去了它的一切不利的货币价值,才能计算出来;我们对这种真正的报酬可称为这种职业的纯利益。

借款人为了使用贷款——比方说是一年——所付的报酬,表明了这种报酬与贷款的比率,称为利息。这个名词也较为广义地使用以代表从资本中得到的全部收入的货币等价。它通常表明对于贷款的"资本"额的某一百分比。每当这样的情况,我们不能将资本看作现有的一般东西,而必须将它看作是代表一般东西的现有的一种特殊东西,就是货币。这样,一百镑可以 4% 的利率贷

---

① 参看 1878 年英国科学协会委员会关于所得税的一篇报告。

出,就是每年有四镑的利息。又如,一个人如果用于营业的各种货物的资本额,估计共值十万镑;假定构成这资本额的货物的总货币价值没有变动,则我们可以说,一年四百镑就是代表这资本 4% 利率的利息。然而,除非他期望从这资本所得的全部纯利益会超过按现行利率计算的资本的利息,否则,他恐怕不愿意继续这种营业。这些利益就称为利润。

对于具有一定货币价值的货物的支配权,而能用于任何目的者,常称为"自由"或"流动"资本。①

当一个人从事营业的时候,一年中他的利润,就是同年中他从营业中所得的收入超过他为营业的支出之数。他现有的设备、材料等的价值在年终和年初的差额,依照价值的增减而成为他的收入或支出的一部分。从利润中减去按现行利率计算的他的资本利息(如有必要,还要减去保险费)之后,所剩下的通常就称为他的企业收入或经营收入。一年中他的利润与他的资本的比率,就称为他的利润率。但是,这样说法,像关于利息的那样说法一样,也是假定构成他的资本的种种东西的货币价值已经估定了:而这种估计往往含有很大的困难在内。

当任何特殊的东西,如一所房屋,一架钢琴,或一架缝纫机租出去的时候,为它所付的报酬常称为租金(Rent)。当经济学家们是从个别商人的观点来考虑收入的时候,他们也可依照这种习惯

---

① 克拉克教授曾经提出区别纯粹资本与资本货物的建议:前者相当于静止的瀑布,而资本货物则是出入于企业的特殊东西,像经过瀑布的点滴之水一样。他当然是把利息看作与纯粹资本而不是与资本货物有关。

而没有什么不便利。但是,正如现在所要论到的,每当营业事务的讨论从个人观点移转到社会全体观点的时候,将租金这个名词留作代表从自然的赠与中所得的收入之用,似乎比较有利。为了这个理由,从机器及其他人工所做的生产工具中所得的收入,在本书中将用准地租这个名词来代表。就是说,任何特殊的机器可以产生一种具有地租性质的收入,而有时也称为地租;虽然大体上称它为准地租似乎是有利的。但我们却不能说机器产生利息,这样说是不适当的。我们如果使用"利息"这个名词,它必然不是与机器本身有关,而是与机器的货币价值有关。例如,一架值一百镑的机器所做的工作如果一年净值四镑,那机器就产生四镑的准地租,它等于原来成本的 4% 的利息。但是,如果现在这机器只值八十镑了,则它就产生机器现在价值的 5% 的准地租。然而,这一点引起了原理上的一些困难问题,在第五篇中再加讨论。

第三节　从私人观点来看的资本分类

我们再来考虑关于资本的一些细节问题。资本曾被分为消费资本和辅助资本或工具资本两类:在这两类资本之间虽不能划出清楚的区别,但我们如了解它们的意义是含糊的,则使用这些名词有时也许是便利的。在需要明确的地方,我们应当避免使用这些名词,并应有明白的详细叙述。关于这些名词所要表达的区别的一般概念,能从以下近似的定义中得到。

消费资本是由具有直接满足欲望的形态的货物构成的;就是直接维持工人们的生活的货物,如食物、衣服、房屋等。

辅助资本或工具资本之所以如此称它,因为它是由在生产上帮助劳动的一切货物构成的。属于这一类的资本是工具、机器、工厂、铁路、码头、船舶等等,以及各种原料。

但是,一个人的衣服当然在他的工作上对他有所帮助,并且有助于使他温暖;他从他的工厂的劳动保护中所得的直接利益,与他从他的房屋的保护中所得的直接利益一样。①

我们可以遵循穆勒对流动资本与固定资本所作的区别,前者"经过一次使用,就完成了将它用于生产的全部任务",而后者"以耐久的形态存在,要经过相应的耐久的年限才能还原为资本。"②

第四节 从社会观点来看的资本和收入

当我们讨论为销售而生产货物,和支配货物的交换价值的原因时,商人的惯常的观点是经济学家最便于采取的观点。但是,当商人研究支配整个社会的物质福利的原因时,他和经济学家都必须采取一种较为广泛的观点。平常的谈话可以从一种观点转到另一种观点,而不须对这种转变作任何正式的说明:因为,一有误会发生,这种误会很快就会明白;提出一个问题或是一个自愿的解释,便可消除混乱。但是,经济学家却不可冒这种危险:他必须说

---

① 参看本篇第三章第一节。

② 亚当·斯密对于固定资本和流动资本的区别,取决于这样的问题:货物是否"产生利润而未改变它的所有者"。李嘉图认为这种区别应取决于货物是否"慢慢的消费还是需要常常再生产";但他的确认为这是"一种非本质的区别,且不能由此正确地划出分界线"。穆勒对这种区别的修正通常是为近代经济学家所接受的。

明他的观点或名词用法上的任何改变。他如果不加说明地从一种用法转到另一种用法,他走的道路也许一时似较平稳,但毕竟在每一可疑的场合,对每一名词加以清楚的说明,就会有较大的进步。[①]

因此,在本章以下各处,就让我们有意识地采取与个人观点对比的社会观点:让我们研究整个社会的生产,以及可用于一切目的的社会全部纯收入。这就是说,让我们几乎回到原始人民的观点,他们主要是关心希望得到的东西的生产,以及这些东西的直接用途,而很少注意交换和买卖。

从这个观点来看,收入被看作是包括人类从他们最好地利用自然资源的现在和过去的努力中在任何时间所得到的一切利益在内。从彩虹的美丽或是清晨的新鲜空气的芬芳中所得到的愉快,是不算作利益的,不是因为它们不重要,也不是因为把它们计算在内会使估计不准确,而只是因为将它们算作利益不会有好的结果,反会大大地使我们的文句冗长,讨论烦赘。为了同样的理由,我们也不值得去分别考虑几乎每个人都是为自己做的简单事情,如自己穿衣服等等;虽然也有一些人情愿花钱雇用别人来做这种事情。所以,把这种事情不算作利益并不是一个带有原则性的问题;有些喜欢争论的著作家讨论这个问题所花的时间实在是浪费的。把它们除外不过是遵照"法律不问小事情"的格言。一个驾车的人没有注意到路上的积水,因而溅到了一个行人的身上,在法律上并不认为他加害于人;虽然他的行为,与另一个人因为同样不注意对别人

---

①   参照本篇第一章第三节。

造成重大伤害的行为，在原则上并无区别。

　　一个人以他现在的劳动作为自己之用的时候，这劳动就直接为他产生收入；如果他以这种劳动作为服务别人之用，他可望由此获得某种形态的报酬。同样地，他过去制成或获得的任何有用的东西，或是由原来制成或获得的人根据现行财产制度遗留给他的任何有用的东西，通常直接地或间接地成为他的物质利益的源泉。他如果把这种东西用于营业的话，所得的收入通常表现为货币的形态。但是，收入这个名词的较广的用法有时是需要的，它包括一个人从他的财产所有权中所得到的各种利益的全部收入在内，而不论他的财产是怎样使用：例如，他使用自己的钢琴所得到的利益，与一个钢琴商人出租一架钢琴可得的利益同样包括在内。日常生活的用语，即使在讨论社会问题的时候，也与收入这个名词这样广义的用法不合，但习惯上却包括货币收入以外的若干形态的收入。

　　所得税委员们将房主自住的房屋也算作可课税的收入的源泉，虽然这房屋不过直接使房主得到舒适而已。他们之所以这样做，并非根据任何抽象的原理；而是一部分因为房屋的实际重要性，一部分因为房屋的所有权通常是以营业方式来看待的，并且一部分因为由此产生的实际收入能够易于分开和估计。对于包括在他们的课税条例之内的东西与条例之外的东西，他们并不要求建立任何种类上的绝对区别。

　　杰文斯从纯粹数学的观点来考虑这个问题，把在消费者手中的一切商品归入资本一类，是有道理的。但是，有些作家非常巧妙地发展了这种意见，已经将它当作是一个重要的原理；那就似乎是判断上的错误了。比例关系的真正意义不是要我们以不断列举次要的细节问题来加重我们的工作,这些细节问题在平常谈话中是不加考虑的,甚至叙述它们就要违反普通的惯例。

第五节　续前

这就使我们从研究整个社会的物质福利的观点来考虑资本这个名词的用法。亚当·斯密说过,一个人的资本是他从他的资产中期望获得收入的那一部分。历史上所知道的关于资本这个名词的差不多每种用法,与收入这个名词的相同的用法,多少是密切相当的:差不多在每种用法上,资本都是一个人从他的资产中期望获得收入的那一部分。

一般资本这个名词——即从社会观点来看的资本——的最重要的用途,是在于研究生产的三个要素:土地(即自然的要素)、劳动和资本怎样有助于产生国民收入(或以后称为国民总所得);以及国民收入怎样分配于这三个要素。这是使得资本和收入这两个名词从社会观点和从个人观点来看都是相互有关的另一理由。

因此,在本书中,对土地以外的一切东西,凡能产生在平常谈话中算作收入的那种收入;以及属于公有的类似的东西,如政府工厂等,从社会观点来看,都算作资本的一部分。土地这个名词则用来包括一切产生收入的自然赠与,如矿山、渔场等。

这样,资本就包括为营业目的所持有的一切东西在内,不论是机器、原料或制成品;戏院和旅馆;家庭农场和房屋;但使用者所有的家具或衣服是不包括在内的。因为前者是被世人通常看作是产生收入的东西，而后者却不如此，正如所得税委员们实行的办法所表明的那样。

这个名词的这样用法，是与经济学家们首先概略地研究社会问题，而将次要的细节问题留到以后研究的通常的实践相符的；它也与经济学家们把被看作是广义的收入的源泉的种种活动——只有这些活动——包括在劳动之内的通常的实践相符的。劳动和照这样解释的资本和土地是计算国民收入时通常被考虑的一切收入的源泉。①

第六节　续前

社会的收入可以把社会的个人收入加在一起来估计，不论它是一个国家或是任何集团。然而，我们绝不能把同一样东西计算两次。我们如果计算了一条毯子的全部价值，我们就已把制造毯子所用的纱线和劳动计算在内了；这些东西就绝不能再计算进去。而且，如果这毯子是用上年所存的羊毛制成的，则要求得这一年的纯收入，必须先将羊毛的价值从毯子的价值中减去；同时，用于制造毯子的机器及其他设备的损耗同样也要减去。我们之所以要这

①　为了实际的目的，我们不必费事来逐一列举一个人从早晨刷帽子的劳动中所得到的利益的那种"收入"，同样地，我们也不必过问投于他的刷子的资本的那种因素。但是，在只是抽象的讨论中，这种考虑是不会发生的。所以，杰文斯的在消费者手中的商品都是资本这样的意见的逻辑上的简明，对于用数学来解释经济学说，是有利无弊的。

样做,是根据我们开头提出的一般法则:就是,真正收入或纯收入是从总收入中减去产生总收入的费用而得到的。

但是,这毯子如果是由家中仆人或蒸汽洗涤厂洗干净了,则用于洗涤的劳动的价值必须分别计算进去;否则,这种劳动的结果就会从构成国家实际收入的那些新生产的商品和便利的目录中完全遗漏了。家庭仆人的工作在专门意义上常被归入"劳动"一类,因为这种工作能以他们所得的货币和实物报酬的价值来全部估定,不须逐一列举,所以将它包括在社会收入之内不会发生很大统计上的困难。然而,在不用仆人的地方,由家庭内妇女及其他的人所做的繁重的家庭工作如果漏计的话,就前后不一致了。

其次,假定一个地主每年有一万镑的收入,以五百镑的薪水雇用一个私人秘书,而后者又以五十镑的工资雇用一个仆人。这三个人的收入如果都计算进去作为国家纯收入的一部分,有些收入似乎要计算两次,有些似乎要算三次。但事实不是这样。地主把从土地的生产物中所得的购买力的一部分移转给他的秘书,作为他的帮助的报酬;而秘书又把其中的一部分移转给他的仆人,作为他的帮助的报酬。农产物(它的价值作为地租归于地主)、地主从秘书的工作所得的帮助,以及秘书从仆人的工作所得的帮助,都是国家的真正纯收入的独立部分;所以,一万镑、五百镑和五十镑是这三个部分的货币衡量,当我们计算国家的收入时,必须将它们都计算进去。但是,这地主如果每年给他儿子五百镑的津贴,那就绝不能算作独立的收入;因为对这五百镑并没有作出什么贡献,它也不会被征所得税。

因为一个人从利息或其他方面所得的纯收入——所谓纯就是

减去了他欠别人的款项之后的数额——是他的收入的一部分,所以一国从别国纯收进的货币和其他的东西,也是国家收入的一部分。

第七节　续前

财富的货币收入或财富的流入是对一国繁荣的衡量,这种衡量虽不可靠,但在有些方面仍然比一国现有的财富的货币价值所提供的衡量为佳。

因为,收入主要是由直接产生愉快的商品构成的,而国家财富则绝大部分是由生产资料构成的,生产资料只是在其有助于生产供消费用的商品范围内,才对国家有所贡献。而且,供消费用的商品较为轻便,比用来生产它们的东西,在全世界都有较为一律的价格,虽然这是不甚重要的一点。例如,在马尼托巴和肯特的上等土地每英亩价格的差别,大于这两地所生产的一蒲式耳小麦的价格的差别。

但是,如果我们主要是研究一国的收入,则我们必须减去产生收入的源泉的折旧。如果一所房屋是用木材建成的,则从它所产生的收入中所减去的折旧,必须比用石头建造的房屋大一点;因为石建的房屋比有同样优良设备的木建房屋,对于一国的真正富裕价值较大。又如,一座矿山一时可以产生大宗收入,但几年后也许就开采完了:在这种情况下,它必须被算作与年收入少得多、但却能永远产生收入的田地或渔场相等。

第八节　生产性和预见性在资本的需要和 供给上是资本的两个对等的属性

在纯粹抽象的、尤其是数学的推理上,资本和财富这两个名词差不多必然是作为同义语用的,除了固有的"土地"为了某些目的可以从资本中略去这一点之外。但是,有这样一种清楚的传统:当我们把东西作为生产要素来考虑的时候,我们应当说是资本;当我们把东西作为生产的结果、消费的对象和产生占有的愉快的源泉来考虑的时候,我们应当说是财富。这样,对于资本的主要需求,是由于资本的生产性和它所提供的服务而发生的,例如这种服务使羊毛的纺织能比用手工来做较为容易,或者使水在需要的地方能自由流出,而不必辛苦地用水桶来提送(虽然资本还有别的用途,如将它贷给一个浪费的人,但不能归入这一类)。另一方面,资本的供给是由下一事实所控制的:为了积累资本,人们必须未雨绸缪;他们必须"等待"和"节省",他们必须为将来而牺牲现在。

在本篇的开始我们已经说过:经济学家必须放弃求助于一整套的术语的想法。依靠限制形容词或上下文中其他说明的帮助,他必须使用普通所用的名词,以达到表达正确思想的目的。如果有一个在市场的用法上有几个多少是含糊的意义,而他对它武断地规定一种固定的正确用法,这样他不但使商人感到迷惑,而且他自己也有处于困境的危险。所以,对像收入和资本这样的名词选择一种正常的用法，必须经过在实际使用中对它的考验。①

----

① 在这里我们可对这种工作的某些部分作一简短的预测。以后我们将会知道，怎样需要从资本的使用中可得的利益所体现的总数，和从产生资本所需要花费的努力和节省所体现的总数两方面来考虑资本，我们还将表明：这两个总数怎样趋于平衡。因此在第五篇第四章中——在某种意义上这一章可看作是本章的继续——我们可以看得出来：在一个像鲁滨逊这样的人的测度中，这两个总数会直接平衡；在一个近代商人的测度中——至少大部分是这样——它们会以货币来表现平衡。不论是哪一种情况，计算上的两方面必须采取同一日期；在那日期之后的发生的要在计算中"减去"；在那日期之前所发生的要"积累"计算。

在资本的全部利益和费用上也有同样的平衡，这种平衡将是社会经济的主要基石：虽然由于财富的不平均的分配之结果，从社会观点所作的计算，的确不能得到像在个人的情况下——不论是一个像鲁滨逊这样的人还是一个近代商人——所能得到的那样清楚的轮廓。

在我们研究支配生产资源的积累与使用的各种原因时，这种研究的每一部分都表现出以下各点：采用迂回生产方法比直接生产方法更为有效，关于这一点是没有普遍的规律的；为获得机械和为将来的欲望作花费很大的准备所投下的努力，在某些条件下，毕竟是经济的，而在别的条件下，则不如此；资本的积累一方面与人的预见性成正比；另一方面与采用迂回生产方法有利的资本吸收成正比。特别参看第四篇第七章第八节；第五篇第四章；第六篇第一章第八节和第六篇第六章第一节。

支配产生一般资本和它对国民收入的贡献的较为广泛的各种因素，在第四篇第七章、第九章至第十一章中加以讨论；利益与费用的货币衡量与它们实际数量之间的不完全的调整，主要是在第三篇第三章至第五章；第四篇第七章和第六篇第三章至第八章中加以讨论；得到自然资源帮助的劳动和资本所产生的全部生产物中资本应占的部分，主要是在第六篇第一章、第二章、第六章至第八章、第十一章和第十二章中加以讨论。

资本定义的历史中的主要事件有些在附录五中述及。

第 三 篇

论欲望及其满足

第一章　绪论

第一节　本篇与以下三篇的关系

经济学较旧的定义说经济学是研究财富的生产、分配、交换和消费的科学。后来的经验表明，分配与交换的问题是如此密切相关，以致打算将它们分开研究是否有利，实属可疑。可是，关于需求与供给的关系的一般推论是很多的，这种推论是用来作为价值的实际问题的基础，并起着基本骨干的作用，使经济学推论的主体具有统一性和一致性。这种推论的广泛性和一般性，使它与它所说明的分配和交换的较为具体的问题截然不同，所以将它完全放在第五篇《需求与供给的一般理论》之中，而这一篇是为第六篇《分配与交换或价值》铺平道路。

但是，首先是现在的第三篇，研究欲望及其满足，就是需要与消费的研究；然后第四篇是生产要素的研究，就是用来作为满足欲望的手段的那些要素，包括人自己在内——人是生产的主要要素和唯一目标。在一般性质上，第四篇相当于过去两代中在差不多所有英国的关于一般经济学的著作中占重要地位的那种生产的研究，虽然它与需求和供给问题的关系没有被十分清楚地说明。

第二节　直到最近才对需要和消费加以
足够的注意

在最近之前,需要或消费这个问题是有些被忽视的。因为,如何最好地利用我们的资源的研究虽属重要,但就个人的费用而论,这种研究却不是一种适合于经济学的方法的研究。一个具有丰富的生活经验的人的常识,对于这种事情比他从精细的经济分析中所能得到的,会给他更多的指导;最近之前经济学家对这个问题说得很少,因为他们除了一切有常识的人共有的东西以外,也实在没有太多的话好说。但是,到了最近,由于下述几个原因合在一起,这个问题在经济研究中具有了较大的重要性。

第一个原因是由于经济学家日益相信:当分析那些决定交换价值的原因时,李嘉图的过于注重生产费用方面的习惯,实属有害。因为,他和他的主要追随者虽知道在决定价值上,需求的条件与供给的条件同样重要,但他们都没有十分清楚地表明这样的意思,于是,除了最细心的读者外,大家都对他们发生误解了。

第二,经济上精确的思考习惯的成长,使人们更为注意要明白叙述他们推论的前提。这种注意的增加,一部分是由于有些作家应用数学语言和数学的思考习惯。复杂的数学公式的使用究竟有多大好处,固然是可疑的;不过,数学的思考习惯的应用已有很大贡献,因为它使人们直到十分明了问题是怎样一回事时,才肯考虑这个问题;而且在进一步研究之前,一定要知道什么是要假定的,什么是不要假定的。

这又回过来使我们对于经济学的一切主要概念,尤其是对需求的概念,不得不作更为仔细的分析;因为单单是企图清楚地说明怎样衡量对一样东西的需要,就已开辟了经济学主要问题的新的方面。需求的理论虽然还在幼稚时期,但我们已能知道:收集和整理消费统计来解释对公共福利极为重要的困难问题,也许是可能的。

最后一个原因,时代的精神使我们对以下这个问题更为密切注意:我们日益增长的财富是否可用来比现在更进一步地增进一般的福利呢? 这个问题又迫使我们去研究:财富——不论是公共使用还是个人使用——的任何因素的交换价值,准确地代表它对幸福和福利的增加到怎样程度。

在这一篇中我们将从对各种人类欲望的简短研究开始,从它们与人类努力和活动的关系来考虑。因为人类的进步的本性是一个整体。为了便于研究,我们能够有利地把人类生活的经济方面孤立起来,但这不过是暂时的和临时的;我们应当仔细地总的来看这个方面的总体。正是现在我们特别需要坚持这一点,因为对李嘉图及其追随者之比较忽视欲望研究的反应,表现了走向相反极端的迹象。维护他们稍为偏重的重要真理仍然是重要的;这个真理就是:欲望在低等动物中是生活的主宰,但当我们探求人类历史的基本原则时,我们必须研究努力和活动的形式的变化。

第二章　欲望与活动的关系

第一节　多样化的欲望

人类的欲望和希望在数量上是无穷的,在种类上是多样的;但它们通常是有限的并能满足的。未开化的人的欲望的确比野兽多不了多少;但是,他向前进展的每一步都增加了他的需要的多样化,以及满足需要的方法的多样化。他不仅希望他惯常消费的东西有较大的数量,而且希望那些东西有较好的质量;他还希望东西有较多的花色可供选择,并且希望有满足他心中产生的新欲望的东西。

这样,野兽和野蛮人虽都同样喜欢精美的少量之物,但它们都不大注意为多样化而多样化。可是,随着人类的文化的提高,随着人类的智力的发达,甚至人类的性欲也开始与精神活动相结合了,人类的欲望就很快地变得更为精细和更为多种多样;在人类没有自觉地摆脱习惯的束缚之前很久的时候,对于生活上的细小事情,就已开始希望为变化而变化了。在这方面重要的第一步是随着火的发明而来的:人类渐渐习惯于用许多不同方法烹调各种不同的食物和饮料了;不久对于单调无变化就开始感到厌恶了,当意外的事情迫使人类长时间地以一两种食物维持生活，就觉得这是很大的困苦了。

当一个人的财富增大时，他的食物和饮料就变得更为多种多样和昂贵了；但他的食欲是受自然的限制的，当他花于食物的费用达到奢侈浪费的时候，满足款客和夸耀的欲望，比放纵他自己的感觉器官，次数更多。

这一点使我们注意到西尼尔所说的："多样化的欲望尽管是强烈的，但与优越感的欲望相比却是微弱的。如果我们考虑后一种欲望的普遍性和永久性，就是：它在一切时间影响一切的人，从我们生下地它就随之而来，直到我们进入坟墓它才会离开我们，则这种情感可以说是人类情感中最有力的了。"这个重要的半真理，从人类对精美和多样食物的欲望与对精美和多样衣服的欲望的比较中，便足以证明了。

第二节　自豪感的欲望

由于自然变化产生的对衣服的需要，是随着气候和季节而变化的，并随着人的职业性质而稍有不同。但在衣服方面，习惯上的欲望却胜过了自然的欲望。这样，在许多较早的文明时期中，法律和风俗的关于节俭的那些法令，曾经严格规定每一社会阶级或产业等级成员的衣服所必须达到的式样和费用标准，而且他们不可超过；这些法令的实质虽已有了急剧的变化，但有一部分现在还是保留的。例如，在苏格兰，在亚当·斯密的时代，许多人出门不穿鞋袜是风俗所许可的，而现在他们也许不会这样做了；但在苏格兰许多人也许仍然这样，而在英国恐怕就不会这样了。又如在英国，现在一个小康的工人星期天穿了黑色上装出去，而在有些地方，还戴了丝的帽子，都是意料之中的事；但在不久之前，这种装束就会使他遭人讥笑的。风俗所要求的作为最低限度的那种多样化和奢费，和风俗所容许的作为最高限度的那种多样化和奢费，都在不断的增大；要从衣服上得到自豪感的努力，正在英国社会的下层阶级中扩大。

但在上层阶级中，虽然女子的衣服仍是多种多样和昂贵的，但男子的衣服，如与不久以前欧洲的衣服和目前东方的衣服相比，是简单和价廉的。因为那些靠自己的本领而最真正出类拔萃的男子，自然不喜欢好像是以他们的衣服而受到别人的注意，因而他们就树立了这种风尚。①

第三节　续前

房屋满足遮蔽风雨的不可避免的需要；但这种需要在对房屋的有效需求上却不起什么作用。因为，一所小的而建筑良好的屋

---

① 一个女子可以用她的服装来炫耀富有，但她却不能单以服装来炫耀，否则她就达不到她的目的了。她必须还要以性格和财富来暗示某种优越感；因为，虽然她的服装也许归功于她的裁缝比她自己为多，但有一种传统的假定：妇女没有像男子那样忙于对对外事务，因而就能花较多的时间去研究她的服装。即使在摩登式样的势力下，"穿得好"——而不是"穿得贵"——对于那些要以才干和能力表现卓越的人，也是一种合理的细小目标；如果时式的想入非非的恶势力消灭的话，则将更是这种情况。因为，整理衣服使它美观、多样化而又很适合需要，是一个值得很大努力的目的，它与画一幅优美的画属于同一种类，虽然不属于同一种类中的同一等级。

子,虽然足可遮蔽风雨,但它的窒息的空气、必然地不清洁和缺少生活上的高雅和安静,都是很大的害处。这些害处不仅造成身体上的不舒适,而且势将阻碍才能的发展,并限制了人们较为高尚的活动。这些活动每有增加,较大房屋的需要就变得更为迫切。①

所以,比较宽敞而设备完善的房屋,即使对于最低的社会等级的人,也是一种"维持效率的必需品",②而且是在物质上求得社会声誉的最便利和最立竿见影的方法。即使在那些每人已有足供自己及家庭作较为高尚活动的房屋的社会阶级中,仍然希望房屋有进一步的、差不多是没有限制的增大,作为发挥许多更高的社会活动必不可少的东西。

第四节　为自豪感而求自豪感的欲望；消费理论在经济学中的地位

再者,还有一种发挥和发展活动的欲望,遍于社会中每一等级的人,这种欲望不但导致为科学、文学和艺术的本身而追求它们,而且导致作为职业而追求它们的那些人的工作的需要迅速增大。空闲被用来作为仅仅是休息的机会越来越少了;对于发育活动,如运动比赛和旅行,而不是放纵感觉器官的瘾癖的那些娱乐有一种

---

① 许多有积极精神的工人,宁愿住在城市中狭隘的寓所,而不愿住于乡村中宽敞的房屋,这是确实的;不过那是因为对于他们所酷嗜的那些活动,乡村生活提供很少机会。

② 参看第二篇第三章第三节。

日益增长的欲望。①

因为，为优越感而求优越感的欲望，在范围上的确与较低的自豪感的欲望差不多同样广泛。正如自豪感的欲望可分为等级那样：上自那些也许希望名垂后世和远方的人的大志，下迄乡下姑娘在复活节所戴的新缎带会受到邻人注意的希望；为优越感而求优越感的欲望也可分为等级：上自像牛顿或斯特拉迭凡立斯②那样的人和优越感的欲望，下迄渔夫的优越感的欲望——即使在没有人看见而他也不忙的时候，他对于巧妙地驾驭他的渔船，并对这船建造良好，很听从他的指挥，也感到高兴。这种欲望在最高的才能和最大的发明的供给方面，发生很大的影响，而在需求方面，它也是重要的。因为，对于最高度熟练的自由职业者的服务和技术工人的最优秀的工作的需要，大部分是发生于人们对他们自己才能的训练的爱好，和人们借助于最巧妙地适合和合用的工具以发挥这种才能的爱好。

所以，概括来说，在人类发展的最初阶段中，虽然是人类的欲望引起了人类的活动，但以后每向前进新的一步，都被认为是新的活动的发展引起了新的欲望，而不是新的欲望的发展引起了新的活动。

如果我们抛开新的活动不断发展的健全生活状态看到别处，我们就可清楚地看到这一点；我们看到西印度群岛的黑人不是使

---

①　我们可以注意一个细小的问题：那些刺激精神活动的饮料，正在大大地代替着那些仅仅满足感觉器官需要的饮料。茶的消费增加很快，而酒的消费却是静止不变；在社会的一切阶级之中，对于各种较浓的和较易麻醉的含酒精的饮料的需要，日益减少。

②　原文是 Stradivarious，意大利的提琴制造者。——译者

用新的自由和财富去获得满足新欲望的资料，而是用于并非休息的怠惰的停滞不前；或者我们再看一下英国工人阶级中迅速减少的那一部分人，他们没有大志，对他们才能和活动的发展也不感到自豪和高兴，而将他们的工资除供给污秽不洁的生活最低必需品之外所剩下的，都花于喝酒。

所以，"消费理论是经济学的科学基础"①这句话是不对的。因为，在研究欲望的学问中具有主要兴趣的东西，很多都是从研究努力与活动的学问中得来的。两者互相补充，缺一就不完全。但是，如果两者之中有可以称为人类历史——不论是经济方面还是任何其他方面——的解释者，它是研究活动的学问，而不是研究欲望的学问；麦卡洛克在研究"人类进步的本性"时②，说明了两者的真正关系，他说："一个欲望或希望的满足不过是向某一新的追求前进了一步而已。在人类进步的每一阶段中，人类注定是要设计和发明，从事新的事业；而在完成这些新事业之后，还要以新的精力从事其他新的事业。"

由此可知，在我们工作的目前阶段中所能做的关于需要的研

---

①　这个学说是班斐尔德创立的，而为杰文斯所采用作为他立论的要点。不幸的是，在这里也像在其他地方一样，杰文斯喜欢强调说明他自己的情况，以致使他所得出的结论，不但不正确，而且因为对前代经济学家的缺点含有言过其实之处，甚至产生流弊。班斐尔德说："消费理论的第一命题，就是在欲望等级上每一较低欲望的满足创造一种较高性质的欲望。"如果这是确实的话，则他以这一点作为根据的上述学说也是确实的了。但是，如杰文斯所指出的（见杰文斯：《政治经济学理论》，第2版，第59页），它是不确实的，他以这样的说明来代替它：一种较低的欲望的满足容许一种较高的欲望表现出来。这是一个真实的而实在是同样的命题；但它却不足以证明消费理论应居于首要地位。

②　见麦卡洛克：《政治经济学原理》，第二章。

究,必须限于差不多纯粹是一种形式上的初步分析。关于消费的比较高深的研究,须放在经济分析的主体之后,而不应在它之前;这种研究虽可在经济学固有的范围内开始,但却不能从那里得出结论,而必须远远超出那个范围之外。①

---

① 欲望的形式上的分类,不是没有趣味的工作,但为我们的目的这项工作却不需要。在这方面大多数近代工作的基础,见于赫尔曼:《国家经济学研究》第二章,在这一章中他将欲望分为以下各类:"绝对的与相对的,高级的与低级的,迫切的与可缓的,积极的与消极的,直接的与间接的,一般的与特殊的,经常的与中断的,永久的与暂时的,平常的与非常的,现在的与将来的,个人的与共同的,私人的与公共的。"

关于欲望和愿望的一些分析,即使在上一代的法国和其他大陆国家的大多数的经济学著作中也可看到;但英国作家将他们的经济学限于严格的范围,因而这种研究就被除外了。边沁在他的《政治经济学纲要》一书中没有提到欲望,虽然在他的《道德与立法原理导论》和《人类活动的起源表》两书中,他对欲望的深奥的分析曾有广泛的影响,这是一件独特的事实。赫尔曼曾经研究边沁;另一方面,班斐尔德的讲授恐怕是英国大学中首先所作的直接大大得力于德国经济思想的讲授,他也承认特别得力于赫尔曼。为杰文斯的关于欲望理论的优秀作品开辟道路的是边沁自己;还有就是西尼尔——他对这个问题的简短评论富于深邃的暗示——和班斐尔德,以及澳洲学者赫恩。赫恩的《经济学,或满足人类欲望的努力的理论》一书,是简明而深奥;它对以下这样的方法提供了绝佳的例子:详细的分析可被用来对青年人提供一种很高级的训练,使他们熟悉生活的经济状况,而不是强迫他们对那些他们尚不能作出独立判断的较为困难的问题,要加以任何具体的解决。大约在杰文斯的《政治经济学理论》一书出版的同时,卡尔·门格尔对奥国学派的经济学家所作的欲望与效用的精细和有趣的研究,给予很大的推动;这种研究已由屠能开端,这一点在本书的序文中说过了。

第三章　消费者需求的等级

第一节　欲望饱和律或效用递减律；全部效用；边际增加量；边际效用

当一个商人或制造商购买东西用于生产或转卖的时候,他的需要是以他预期由此所能获得的利润为依据的。这些利润在任何时间都要看投机的风险及其他种种原因而定,我们以后还得要考虑这些原因。但是,从长期看来,一个商人或制造商对一样东西所能付给的价格,毕竟要看消费者对这样东西,或用它所制成的东西肯付的价格而定。所以,一切需要的最终调节者是消费者的需要。本篇中我们差不多专门研究消费者需要。

效用是被当作与愿望或欲望相互有关的名词。我们已经说过:愿望是不能直接衡量的,而只能通过它们所引起的外部现象加以间接的衡量;而且在经济学主要研究的那些事例上,这种衡量是以一个人为了实现或满足他的愿望而愿付出的价格来表现的。他也许有一些不是有意识地要得到满足的愿望和抱负,但是,现在我们主要涉及的是想得到满足的愿望和抱负;我们认为,一般说来,由此而得的满足大体上相当于购买东西时所预期的满足。①

欲望是无止境的多种多样,但每一个别的欲望却是有其限度的。人类本性的这种平凡而基本的倾向,可用欲望饱和规律或效用递减规律来说明:一物对任何人的全部效用(即此物给他的全部愉快或其他利益),每随着他对此物所有量的增加而增加,但不及所有量的增加那样快。如果他对此物的所有量是以同一的比率增加,则由此而得的利益是以递减的比率增加。换句话说,一个人从一物的所有量有了一定的增加而得到的那部分新增加的利益,每随着他已有的数量的增加而递减。

在他要买进一件东西的时候,他刚刚被吸引购买的那一部分,可以称为他的边际购买量,因为是否值得花钱购买它,他还处于犹豫不决的边缘。他的边际购买量的效用,可以称为此物对他的边际效用。或者,如果他不购买此物,而自己制造它,那么,此物的边际效用,就是他以为刚刚值得他去制造的那一部分的效用。这样,

---

① 直接地或从本身来衡量欲望或是由于欲望的实现而产生的满足,即使不是不可想象的,也是不可能的,我们对这一点不能过于坚持。即使我们能够这样做的话,我们也应当从两方面来考虑,一方面是欲望,另一方面是已获得的满足。这两方面也许大不相同。因为,即便不说高尚的抱负,就是经济学主要研究的那些欲望,尤其是与好胜心有关的欲望,有些是由于一时的情感冲动;有许多是由于习惯的力量;有些是病态的,而且只会引起危害;还有许多是基于永远不会实现的期望(参看第一篇第二章第三、四两节)。当然,有许多满足并不是普通的愉快,而是属于人类的较高本性的发展,或是用一个很好的古字来说,属于人类的祝福;而有些满足也许甚至一部分是由于舍己为人而产生的(参看第一篇第二章第一节)。因此,这两方面的直接衡量是会不同的。但是,两方面的直接衡量既然都是不可能的,我们还是采用经济学所提供的对活动的动机或动力的衡量:这种衡量虽有种种缺点,我们仍可用它来衡量鼓舞活动的欲望,和这些欲望所产生的满足。(参照庇古教授在 1903 年 3 月号《经济杂志》上所著的《关于效用的一些评述》一文)

刚才所说的规律可说明如下：

一物对任何人的边际效用，是随着他已有此物数量的每一次增加而递减。①

可是，在这一规律之中有一个暗含的条件，应当加以说明。就是，我们假定，不容许这期间有时间使消费者自己在性格和爱好上发生任何变化。所以，这规律没有这些例外：一个人越多听优美的音乐，他对音乐的爱好就会越是强烈；贪婪和野心往往是不会有满足之时的；或者，整洁的美德和酗酒的恶习同样是愈演愈烈。因为，我们的观察及于若干时期；而且被观察的人在这个时期的开始与结束具有不同的性格或爱好。我们如果当一个人就是像他现在这样，而不容许有时间让他的性格发生任何变化，则一物对他的边际效用，就会随着这件东西的供给的每一次的增加而不断地递减下去。②

---

①　参看本书末数学附录中注 1。这一规律在地位上比土地的报酬递减律占先，虽然在时间上后者占先；因为具有半数学性质的严密的分析，首先用于前一规律。如果我们预先借用它的一些术语，我们可以说，一个人从一样商品每增加一剂所得到的愉快的增加是递减的，直到最后达到多要这种商品不再上算的边际。

边际效用这个名词最初用在这方面的是奥国学者维塞尔。威克斯提德教授曾经采用这个名词。它相当于杰文斯所用的最终效用这个名词。维塞尔在其序文中(英文版第 23 页)承认得力于杰文斯。1854 年，他提出的他的学说的先行者的名单，是以戈森为首。

②　在这里，我们可以注意以下这样一个事实，虽然它没有多大的实际重要性：一样商品数量很少，也许不足以满足某一特殊的欲望；因此，当消费者得到足够的数量，使他能达到所要达到的目的时，他的愉快就会超过比例的增加。例如，如果糊满房内的墙壁需要十二张糊壁纸，十张就不够，则任何人从十张糊壁纸所得的愉快，比从十二张糊壁纸所得的愉快在比例上为少。又如，一个很短的音乐会或一天的假期，恐怕不能达到慰藉和消遣的目的；而加倍长的音乐会或假期恐怕会有超过加倍的全部效用。这种情况相当于我们将研究的与报酬递减的倾向有关的下一事实：已经用于任何一块土地的资本和劳动，也许不足以发挥土地的全部力量，以致进一步把费用投于土地，即以现行的农业技术而论，也会产生超过比例的报酬；而且从农业技术的改良可以阻止报酬递减倾向的事实中，我们可以找到与正文中刚才说过的暗含在效用递减律中的条件相似的条件。

第二节　需求价格

现在让我们以价格来说明这个效用递减律。让我以茶这种商品为例，茶是经常需要的，而且能够小量购买。例如，假设某种品质的茶每磅二先令可以买到。一个人也许愿出十先令买一磅茶，每年一次，而不愿终年不喝茶；但是，如果他能不花代价而得到任何数量的茶，他也许一年之中不会耗用三十磅以上的茶。但是，实际上，他也许一年中只买了十磅；就是说，他买九磅所得的满足，与买十磅所得的满足之间的差额，足以使他愿付二先令的价格：同时，他不买第十一磅的茶，这一事实表明他不认为买第十一磅多花二先令对他是上算的。这就是说，一磅二先令衡量了处于他购买的边际或末端或终点上的茶对他的效用；这个价格衡量了茶对他的边际效用。如果他对任何一磅的茶刚好愿付的价格，称为他的需求价格，那么，二先令就是他的边际需求价格。这个规律可说明如下：

一个人所有的一物的数量越大，假定其他情况不变（就是货币购买力和在他支配下的货币数量不变），则他对此物稍多一点所愿付的价格就越小。换句话说，他对此物的边际需求价格是递减的。

只有当他愿出的价格达到别人愿意出售的价格时，他的需求才是有效的。

这最后一句话提醒我们：我们还没有考虑货币或一般购买力的边际效用。在同一时间中，如果一个人的物质资财不变，则货币的边际效用对他是一个固定的数量，因此，他对两样商品刚愿付出的价格的相互比率，是与那两样商品的效用的比率相同的。

第三节　对于货币效用的变化必须加以考虑

使一个人购买一物,对穷人比对富人要有较大的效用。我们已经知道,一年有一百镑收入的职员比一年有三百镑收入的职员,即使在雨下得更大的时候仍是走去办公。[①] 但是,虽然在穷人心目中,两便士所衡量的效用或利益,比在富人心目中,同样以两便士所衡量的效用或利益为大;不过,如果富人一年中乘车一百次,而穷人一年中乘车二十次,则刚好使富人乘第一百次车的效用,对富人衡量起来是两便士,而刚好使穷人乘第二十次车的效用,对穷人衡量起来也是两便士。对他们之中每一个人,边际效用衡量起来都是两便士;但这边际效用对穷人却比对富人为大。

换句话说,一个人越是富有,货币的边际效用对他就越小;他的资产每有增加,他对任何一定的利益所愿付的价格就随之增加。同样地,他的资产每有减少,货币对他的边际效用就随之增大,他对任何利益所愿付的价格也就随之减少。[②]

第四节　一个人的需求表;"需求增加"
这句话的意义

为了完全了解对于一物的需求,我们必须确定在此物可能被

---

① 　参看第一篇第二章第二节。

② 　参看数学附录中注2。

供应的每一价格上，一个人愿意购买多少。他对茶（比如说）的需求情况，能由他愿付的价格表——即他对不同数量的茶的几个需求价格——来最清楚地表明。这个表可称为他的需求表。

例如，我们可以看到，他会购买：

每磅 50 便士时——6 磅。每磅 24 便士时——10 磅。

每磅 40 便士时——7 磅。每磅 21 便士时——11 磅。

每磅 33 便士时——8 磅。每磅 19 便士时——12 磅。

每磅 28 便士时——9 磅。每磅 17 便士时——13 磅。

如果对上表中一切中间的购买数量加上了相应的价格，则我们对他的需要就得到了精确的说明。[1] 我们不能只用"他愿购买

---

① 这样一个需求表，根据现在惯用的办法，可以改为一条曲线，这条曲线可称为他的需求曲线。Ox 画成横线，Oy 画成直线。Ox 线的一时长代表茶十磅，Oy 线的一时长代表四十便士。

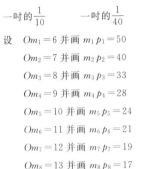

$$一时的\frac{1}{10} \qquad 一时的\frac{1}{40}$$

设　$Om_1=6$ 并画 $m_1 p_1=50$
　　$Om_2=7$ 并画 $m_2 p_2=40$
　　$Om_3=8$ 并画 $m_3 p_3=33$
　　$Om_4=9$ 并画 $m_4 p_4=28$
　　$Om_5=10$ 并画 $m_5 p_5=24$
　　$Om_6=11$ 并画 $m_6 p_6=21$
　　$Om_7=12$ 并画 $m_7 p_7=19$
　　$Om_8=13$ 并画 $m_8 p_8=17$

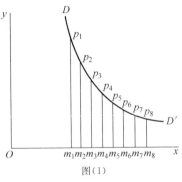

图（1）

m_1 在 Ox 线上，$m_1 p_1$ 是从 m_1 垂直画成的；以下都是如此。于是，$p_1 p_2 \cdots\cdots p_8$ 就是他对茶的需求曲线上的各点；或者我们可称之为需求点。如果我们对茶的每一可能购买的数量都能同样地找到需求点，我们就得到如图上这条完全连续的曲线 DD'。需求表和需求曲线的这种说明是暂时性的，与它有关的几种困难在第五章中再加说明。

的数量"或"他要购买某一数量的渴望强度"来表明一个人对一物的需要,而不说明他要购买这一数量和其他数量的各种价格。我们只有列举他愿购买一物不同数量的各种价格,才能正确表明他的需要。①

当我们说一个人对一物的需要时,我们是说:如果价格不变,他对此物会比以前多买一点,如果价格较高,他会像以前买的一样多。他的需要总的增加,就是他愿购买此物不同数量的全部价格

---

① 穆勒这样说,我们"对需要这个字,必须意指所需要的数量,而且要记住,这个需要量不是固定的数量,而通常是随着价值变动的"。(见穆勒著《政治经济学原理》第三篇第二章第四节)这个说明实质上是科学的;但是,它没有被清楚地说明,因而就被大大地误解了。凯恩斯喜欢这样解释:"需要作为对商品和服务的欲望,是以提供一般购买力而求达到目的,供给作为对一般购买力的欲望,是以提供特殊商品或服务而求达到目的。"他这样说,是为了他也许能说出需要与供给的比率或相等。但是,两个人的两种欲望的数量是不能直接比较的;对它们的衡量虽可加以比较,但它们本身是不能比较的。实际上,凯恩斯自己也不得不说到供给是"受到供出售的特殊商品数量的限制,而需要是受到为购买这些商品而提供的购买力数量的限制"。但是,卖者既不是不论他能得到什么价格,都把一定数量的商品无条件地卖出去;而买者也不是不论价格多少,都把一定数量的购买力用来购买这些特殊商品。因此,为了补充凯恩斯的说明,不论在哪一种情况下,我们必须考虑数量与价格的关系,当这样做的时候,我们就回到穆勒所采取的方法上去了。诚然,凯恩斯也说:"照穆勒所解释的需要,与我的定义所要求的不同,不是由支持对商品的欲望所提供的购买力的数量来衡量,而是由这种购买力所提供的商品数量来衡量。"在以下两种讲法之间的确有很大的不同:"我要买十二个鸡蛋"与"我要买一先令的鸡蛋"。但是,在这样两种讲法之间就没有实质上的不同了:"一便士一个鸡蛋,我要买十二个,但一便士半一个,我只要买六个"与"一便士一个鸡蛋,我要买一先令,但一便士半一个,我要买九便士。"但是,凯恩斯的说明经补充后实质上虽与穆勒的说明相同,而它现在的形式甚至更为令人迷惑了。(参看马歇尔:《穆勒的价值理论》,载《双周评论》,1876 年 4 月号)

的增加,而不仅仅是按现行价格他愿意多买。①

第五节　市场的需求;需求律

以上我们所研究的只不过是单独一个人的需求。在像茶这种东西的特殊情况下,单独一个人的需要颇能代表整个市场的总需要;因为对茶的需要是一种经常的需要;而且,茶既能小量购买,它的价格每有变动,就会影响一个人购买的数量。但是,即使在那些经常使用的东西之中,也有许多东西,个人对它们的需要是不会随着价格上每有小的变动而不断地改变,只有在价格大有变动时才会改变。例如,帽子或手表的价格稍有下跌,不会影响每个人的购买,但会使得对是否要买一顶新帽子或一只新手表还在犹豫不决的少数人,决定购买。

就任何一个人而言,他对许多种类的东西的需要是不经常的,而是偶有的和不规则的。对于结婚蛋糕或外科专家的服务,就不会有个人的需要价格表。但是,经济学家对于个人生活中的特殊偶然事件是不加过问的。他所研究的是"在某些条件下会有的一个产业集团的成员的活动过程",但以那种活动的动机能以货币价格衡量为限;而在这些广泛的结果之中,个人活动的多样性和易变性就在多数人的活动的比较有规则的总体之中消灭了。

---

①　有时我们也许觉得对这一点称为他的需求表的提高来得便利。在几何学上,用提高他的需求曲线来表明这一点,或者使它向右移动,将它的形状略加改变,也可同样表明这一点。

因此,在大的市场中——那里富人和穷人,老年人和青年人,男子和女子,各种不同嗜好、性情和职业的人都混合在一起——个人欲望上的特点,会在总的需要的比较有规则的等级之中互相抵消。如果其他情况不变,在一般使用中的一样商品的价格每有下跌,不论怎样轻微,也将增加它的总销售;正像有碍健康的秋季气候增加一个大城市的死亡人数一样,虽然有许多人并未遭受其害。所以,如果我们具有必要的了解,我们就能作出一张价格表,按照表上不同的价格,一样商品在一定的地方和一年(比如说)之中的每一数量,都能找到购买者。

在这个地方对茶(比如说)的全部需要,就是那个地方一切个人的需要的总和。有些人会比我们上面所记录的那样需要的个别消费者富有,而有些人则比他贫穷;有些人对茶的爱好比他强,有些人则比他弱。让我们假定这个地方有一百万购买茶的人,并假定他们的平均消费额在各种不同的价格上与他的消费额相等。那么,这个地方的需要就能以与上述相同的价格表来表明,只要把茶一磅改为一百万磅就行了。①

----

①　这个需要由与以前相同的曲线来表示,只是在 Ox 线上的一吋长现在不是代表十磅而是代表一千万磅。对于市场需求曲线的正式定义可说明如下:在一定的时间单位内市场中对任何商品的需求曲线,就是对这一商品的需要点的轨迹。就是说,它是这样一条曲线,如从这条曲线上任何一点 P,引一条直线 PM 与 Ox 垂直,PM 就代表购买者对 OM 所代表的商品数量将付给的价格。

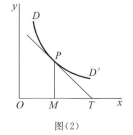

图(2)

　　因此,就可得出一个普遍的需求律:要出售的数量越大,为了找到购买者,这个数量的售价就必然越小;或者,换句话说,需要的数量随着价格的下跌而增大,并随着价格的上涨而减少。但在价格下跌与需要增加之间并没有什么一致的关系。价格下跌十分之一,也许会增加销售二十分之一或四分之一,或者会使销售加倍。不过,当需求表上左面一栏的数字增大时,右面一栏的数字总是减少的。①

　　价格可以衡量这商品个别地对每一购买者的边际效用;但我们却不能说价格可以衡量一般的边际效用,因为各人的欲望与环境是不同的。

第六节　对于竞争的商品的需要

　　在我们上述需求表中的需要价格,是在一定时期中和一定条件下市场中能够出售的一物不同数量的价格。如果任何方面的条

---

　　①　这就是说:如果一点从 Oy 沿着曲线向外移动,则它将不断地接近 Ox。所以,如果引一条直线 PT,在 P 与曲线相切,在 T 与 Ox 相交,则角 PTx 是一个钝角。如有简便方法用来表明这个事实将是便利的;我们如说 PT 是负倾向,便可达到这个目的。这样,需求曲线所遵循的一个普遍规律,就是这种曲线的全部长度都是负倾向的。*

　　"需求律"之不适用于投机者集团之间竞争时的需要,当然是不言而喻的。一个集团要想在市场上抛出大量货物,往往先公开地买进一点。当此物的价格因此抬高时,它就设法悄悄地和通过不熟悉的方面将货物大量卖出。参看陶西格教授在《经济季刊》(1921 年 5 月号第 402 页)上的一篇文章。

　　* 意即自左至右逐渐向下倾斜之曲线。——译者

件发生了变化,价格恐怕也要发生变化;当对一物的欲望,因风俗的改变,或因一种与之竞争的商品减价供应,或因一种新商品的发明而发生重大变化时,价格也不断地发生变化。例如,茶的需要价格表是在假定知道咖啡的价格下作出的;但如咖啡歉收就会提高茶的价格。对煤气的需要因电灯的改良就容易减少;同样地,某一种茶的价格之下跌,就可使它代替一种较劣但较廉的茶。①

我们下一步就要考虑在某些准备立即消费的重要商品方面,需要的一般性质。这样,我们将继续前一章之中关于欲望的多样化和饱和性的研究;但我们将从颇为不同的观点——即从价格统

---

① 一切种类的茶在价格上同时按比例的下跌,可以减少对某一种茶的需要,这种情况即使不是可发生的,也是可理解的;如果茶的价格的大跌造成以上等茶代替这种茶的人,多于以这种茶代替劣等茶的人,就会发生这种情况。不同商品之间的分界线应在何处划分的问题,必须以具体研究的便利来解决。为了某些目的,也许最好是把中国茶和印度茶,甚至把一种品质精良的红茶和香红茶,当作不同的商品;每种商品各有单独的需要价格表。同时,为了另些目的,也许最好是把不同的商品,如牛肉和羊肉,甚至如茶和咖啡,归入一类,以一张需求表来代表合在一起的两种商品的需要;但在这种情况下,关于茶若干两等于一磅咖啡,当然必须要有规定。

再者,一种商品可因几种用途而同时需要。例如,为了制造鞋子和行囊,对于皮革就有"复合需要";并且对一物的需要也许以另一物的供给为条件,没有后者,前者就没有多大用处,如对棉花和纺纱工人的劳动,就有"联合需要"。其次,商人购买一样商品只是为了转卖出去,他对这样商品的需要,虽然受背后最终的消费者需要的支配,但这种需要也有它自己的某些特性。不过,上述各点最好到以后再加研究。

计的观点——来研究这个问题。①

────────────────

①　当代在经济思想方法上发生了一种很大的变化，是由于以下两个事实：第一，
普遍采用半数学的用语，来表明一方面是一样商品的小量增加，与另一方面是对这样
商品所付的合计价格的小量增加之间的关系；第二，在形式上把价格的这些小量增加
说成是衡量愉快的相应的小量增加。前一步骤——也是重要得多的步骤——是古尔
诺所采取的（见古尔诺：《财富理论中数学原理的研究》1838 年出版）；后一步骤是杜波
伊（见他所著的一篇文章《公共工程的效用的衡量》1844 年发表）和戈森（见他所著《人
类交换法则及由此而生的人类行为标准的发展》，1854 年版）所采取的。但是，他们的
工作却被遗忘了，这种工作的一部分由瓦尔拉、杰文斯和门格尔在 1871 年差不多同时
加以重做、发展和出版，稍后瓦尔拉也进行同样的工作。杰文斯以他的美妙的畅达和
有趣的文体差不多马上引起公众的注意。他应用最终效用这个新的名称如此地巧妙，
以致使得完全不懂数学的人，对于在因果关系上逐渐互相变化的两样东西的小量增加
之间的一般关系，也能获得清楚的概念。甚至他的缺点也帮助了他的成功。因为，他
确实相信李嘉图及其追随者因不注重欲望饱和律而使得他们关于决定价值的原因的
说明极端错误，他使许多人认为他是在改正极大的错误；而其实他只是加上了很重要
的解释而已。他的杰出的工作是在于坚持以下的事实：市场中所需要的一物的数量之
减少，表明个别消费者在他的欲望达到饱和点之后对于此物的欲望强度之减低；他的
前辈学者，甚至是古尔诺，都以为这个事实非常明白而不必加以清楚说明，其实它并不
因此而不重要。但是，由于杰文斯夸大了他喜爱的辞句的应用，不加限制地说（见他所
著《政治经济学理论》第 2 版，第 105 页）一物的价格不但可以衡量此物对个人的最终效
用，而且可以衡量它对"一个贸易团体"的最终效用，前者是能做到的，而后者却是不能
做到的，因而就使得他的读者之中，有许多对论义务和快乐关系的伦理学的范围与经
济学的范围弄不清楚了。以上各点以后在附录九关于李嘉图的价值理论中再加研究。
应当附带说明一下，塞利格曼教授曾经指出（见 1903 年《经济杂志》第 356 及 363 页），
劳埃德教授 1833 年在牛津大学所作的一篇久已为人遗忘的演讲，已经预料到现在效
用学说的许多中心概念了。

费希尔教授所作的关于数理经济学的一个杰出的书目，放在古尔诺的《财富理论
中数学理论的研究》一书的培根的英译本中作为附录，关于较早的数理经济学的著作，
以及埃杰沃斯，帕累托，威克斯提德，奥斯皮茨，利本和其他学者的著作的较为详细的
叙述，读者可参考那个书目。庞塔勒奥尼所著的《纯粹经济学》一书有很多长处，其中
之一就是首先使得高孙的极其富于创造性的和有力的、而略为抽象的推论一般地易于
了解。

第四章　欲望的弹性

第一节　需求弹性的定义

我们已经知道,关于一个人对一样商品的唯一的普遍规律就是:如果其他情况不变,这种欲望每随他对这商品的所有量的增加而递减。但是,这种递减也许是缓慢的,也许是迅速的。如果它是缓慢的,则他对这商品所出的价格,就不会因为他对这商品的所有量的大量增加而下降很大;而且价格的小跌会使他的购买量有较大的增加。但是,这种递减如果是迅速的,价格的小跌使他的购买量只有很小的增加。在前一种情况下,他愿意购买此物的心理在一个小的引诱的作用下而大大扩展:我们可以说,他的欲望的弹性大。在后一种情况下,由于价格的下跌所造成的额外引诱,没有使他的购买欲望有任何扩大:也就是他的需求弹性小。如果每磅茶的价格,假定从十六便士跌到十五便士,会大大增加他的购买量,那么,价格从十五便士涨到十六便士,也会大大减少他的购买量。这就是说,当价格下跌时需求是有弹性的,价格上涨时需求也是有弹性的。

一个人的需要是如此,整个市场的需要也是如此。我们可以一般地说:市场中需求弹性(或感应性)的大小,是随着需要量在价格的一定程度的下跌时增加的多寡,和在价格的一定程度的上涨时减少的多寡而定的。[①]

第二节   对富人相对地低的价格,对穷人也许是相对地高

对穷人是如此相对地高,以致差不多无力购买的价格,对富人也许是毫不在乎;例如,穷人从未尝过葡萄酒的滋味,但

---

①   我们可以说,如果价格的小跌会使需要量有相同的按比例的增加,则需求弹性是一;或者我们可以概略地说,如果价格下跌 1% 会增加销售 1%,则需求弹性是 1;如果价格下跌 1% 使需要量分别增加 2% 或 0.5,则需求弹性是 2 或 0.5,以此类推。(这个说明是概略的,因为 98 对 100 和 100 对 102 的比例,不是恰好相同的)借助于以下的法则,我们最能在需求曲线上找出需求弹性。引一直线与曲线上的任何一点 P 相切,在 T 与 Ox 相交,在 t 与 Oy 相交,那么,在 P 点的弹性的测量就是 PT 与 Pt 的比率。

如果 PT 是 Pt 的两倍,则价格下跌 1%,会使需要量增加 2%,需求弹性就是 2。如果 PT 是 Pt 的三分之一,则价格下跌 1% 会使需要量增加百分之 $\frac{1}{3}$;需求弹性就是三分之一;以此类推。使用另一方法也可达到同样的结果:在 P 点的弹性是以 PT 与 Pt 的比率来测量,也就是以 MT 与 MO 的比率来测量(因为 PM 与 OM 是垂直的);所以,当角 TPM 与角 OPM 相等的时候,弹性就等于 1;当角 TPM 比角 OPM 加大的时候,弹性也总是加大,在相反的时候也是如此。参看数学附录中注 2。

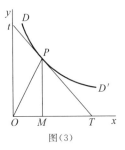

图(3)

非常富有的人也许随意纵饮，毫不想到它的代价。所以，我们一次考虑社会上一个阶级，我们就会得到关于需求弹性规律的最清楚的概念。当然，即在富人之中，也有许多不同程度的富有，穷人之中也有不同程度的贫穷；但目前我们可不问这些细小的区别。

当一物的价格对任何阶级的人都是相对地非常高的时候，他们将只购买此物的很少数量；而在某些情况下，即在它的价格大大下跌之后，风俗和习惯也会使他们不是随便地使用此物。此物也许仍然留作少的特殊场合之用，或是在重病时刻使用，等等。但是，这种情况虽不是罕见的，却没有成为一般法则；总之，在此物一旦成为日常用品时，它的价格的大跌就会使它的需要有很大增加。需求弹性对高价的东西是大的，而对中等价格的东西也是大的，至少是相当大的；但是，需求弹性随着价格的低落而下降，而且如果价格的下跌达到顶点，需求弹性就逐渐消失了。

这个法则对于几乎一切商品与每个阶级的人的需要似乎都是有效的；只有遇到以下两种情况才是例外：第一，高价终点和低价起点的水平对不同阶级的人是不同的；第二，低价终点和更低价起点对不同阶级的人也是不同的。可是，在细节问题上有许多变化，主要是由于以下这个事实引起的：有些商品是人们容易达到饱和点的，而有些商品——主要是用作炫耀的东西——人们对它们的欲望是无穷的。对于后者，不论价格怎样下跌，需求弹性仍是相当大的，而对前者，一旦达到低价时，需要几乎完全失去弹性了。①

① 在一个镇市中假定一切蔬菜都在一个市场里进行买卖，让我们以这个镇市的青豆（比如说）的需要为例来说明。在季节之初，也许每天有一百磅青豆运入市场，每磅售价一先令，以后每天有五百磅上市，每磅售价六便士，再后有一千磅，售价四便士，后来又有五千磅，售价二便士，最后达到一万磅，只售一便士半。这样，需要就由图（4）来表示，Ox 线上的一时代表五磅，Oy 线上的一时代表十便士。于是，像上图所表示的那样，经过 $P_1 P_2 \cdots\cdots P_5$ 的这条曲线，就是全部需要曲线。但是，这个全部需要是由富人、中等阶级和穷人的需要所构成的。他们各自需要的数量也许也可由下表来表示：

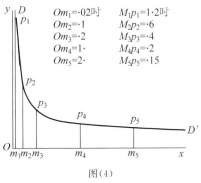

$Om_1 = \cdot 02$吋 $M_1 p_1 = 1 \cdot 2$吋
$Om_2 = \cdot 1$ $M_2 p_2 = \cdot 6$
$Om_3 = \cdot 2$ $M_3 p_3 = \cdot 4$
$Om_4 = 1 \cdot$ $M_4 p_4 = \cdot 2$
$Om_5 = 2 \cdot$ $M_5 p_5 = \cdot 15$

图（4）

购买磅数

每磅价格（便士）	富人	中等阶级	穷人	总计
12	100	0	0	100
6	300	200	0	500
4	500	400	100	1,000
2	800	2,500	1,700	5,000
1.5	1,000	4,000	5,000	10,000

我们可把上表化为图（5）、图（6）、图（7）的曲线，表示富人、中等阶级和穷人的需要，与图（4）的尺度相同。这样，例如 AH、BK、CL 各代表二便士的价格，长度是 0.2 吋；则 $OH = 0.16$吋代表八百磅，$OK = 0.5$ 吋代表二千五百磅，$OL = 0.34$ 吋代表一千七百磅，同时，$OH + OK + OL = 1$ 吋，即等于图（4）中的 Om_4，它们正应当是这样。这可作为以下这个方法的一个例子：依照同一尺度的几条部分的需求曲线能够互相横地叠在一起，以使全部需要曲线代表部分需要的总和。

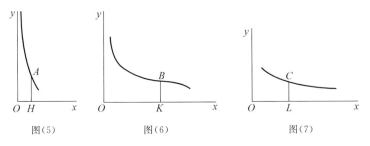

图（5）   图（6）   图（7）

第三节　续前

在英国某些东西的现行价格，即对较穷的人也是相对地很低，例如，食盐、许多种的香料和廉价的药品就是如此。这些东西的价格下跌是否会引起消费的大量增加，实是疑问。

以肉类、牛奶和牛油、羊毛织品、烟草、进口水果以及普通医疗用品的现行价格而论：价格每有变动就使得工人阶级和下层中等阶级对这些商品的消费发生很大变化；但不论它们怎样价廉，富人却不会大量增加他们自己的个人消费。换句话说，工人阶级和下层中等阶级对这些商品的直接需要，是很有弹性的，虽然富人并不如此。但是，工人阶级为数如此之多，以致他们对这些商品力所能及的消费，比富人的消费要大得多；所以，对于所有这一类东西的总需要是很有弹性的。不久之前，食糖也属于这一类商品；但现在糖的价格在英国已经跌得很多，以致对工人阶级也是相对的低了，因此对糖的需要就没有弹性了。[①]

以放在温室里的水果、上等的鱼类以及其他颇为昂贵的奢侈

---

① 然而，我们必须记住：任何商品的需求表的性质在很大程度上要看它的竞争品的价格是被当作固定的还是随之变动的而定。我们如把对牛肉的需要和对羊肉的需要分开，并假定牛肉的价格上涨时羊肉的价格是固定的，则牛肉的需要会变成非常有弹性。因为，牛肉的价格稍有下跌，就会使它大大地被用来代替羊肉，从而导致它的消费量有很大增加；而另一方面，价格即使稍为上涨，也会使许多人差不多完全不吃牛肉而改吃羊肉。但是，以包括一切种类鲜肉在内的整个需求表而言，假定它们的价格彼此总是保持大约相同的关系，而与现在英国一般的价格没有很大差别，则这个需求表不过表示适中的弹性而已。这种解释同样适用于甜菜根和蔗糖的关系。参照本书第119页注。

品的现行价格而论：价格每有下跌，就使得中等阶级的人对这些东西的消费量有很大增加；换句话说，中等阶级对于它们的需要是很有弹性的；而富人和工人阶级对这些东西的需要都没有什么弹性，对富人而言，因为需要已经几乎达到饱和了，而对工人阶级而言，因为价格仍然太高。

像名贵的酒类、过时令的水果、高度熟练的医疗和法律服务等事物的现行价格是如此之高，以致除了富人之外，对于它们差不多没有什么需要；但是，如果有需要的话，这种需要往往具有很大的弹性。对于较为昂贵的食品的需要，其中有一部分实在是一种对获得社会声誉的手段的需要，而且这种需要差不多是不会达到饱和的。①

第四节　影响弹性的一般原因

必需品的情况是例外的。当小麦的价格是很高或是很低的时候，需要差不多没有弹性；至少如果我们假定：即在缺少的时候，小麦也是人的最廉价的食物；即在最丰富的时候，小麦也不会用于其他的消费，就会是这种情况。我们知道，四磅重的面包的价格从六便士跌到四便士，对于增加面包的消费没有什么影响。至于相反的情况，就较难断定了，因为自从谷物条例废止以来，英国的小麦

---

① 参看本篇第二章第一节。例如：在 1894 年 4 月，这个季节中最早上市的六千个鸟蛋在伦敦每个售价是十先令六便士。第二天，蛋的供应多了，售价跌到五先令；再过一天跌到每个三先令；一星期后跌到四便士。

从未发生不足。但是，按照较不繁荣时代的经验来看，我们可以假定，供给缺少十分之一，会使价格上涨十分之三，供给缺少十分之二、三、四或五，会使价格上涨十分之八、十六、二十八或四十五。[①]的确，比这个大得多的价格变化，也不是罕见的。如 1335 年伦敦的小麦每蒲式耳售十先令，而在下一年就跌到十便士。[②]

如果不是必需品，而是易腐坏的和对它的需要是没有弹性的东西，则它的价格的变动甚至会比上述的更为剧烈：如鱼的价格在某一天也许很贵，而两三天后就会当肥料出售了。

还有少数东西，我们能在各种价格上观察其消费——从最高的价格到完全没有代价，水便是其中之一。在适中的价格上，对水的需要是很有弹性的。但是，水的各种用途是能够得到完全满足的：因为水的价格降到近于零，对水的需要就失去弹性了。食盐差不多也是同样的情况。英国食盐的价格是如此之低，以致作为一

---

① 这个估计通常认为是格雷戈里·金所作的。关于它和需求律的关系，罗德戴尔勋爵所作的研究是令人钦佩的（见他所著《公共财富的性质及其增加的方法和原因之研究》第 51—53 页）。图（8）中 DD' 这条曲线是代表它的，A 点相当于普通的价格。我们如果考虑以下的事实：在小麦价格很低的地方，例如 1834 年的情况那样，小麦也许用作牛羊和猪的饲料，和作为酿酒之用，则这曲线的下段会成为图中虚线的下段那样形状。如果我们假定：当小麦的价格很高时，而能有较为廉价的代用品，则这曲线的上段会与图中上段虚线那样的形状相同。

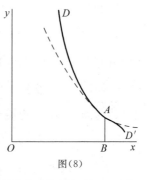
图（8）

② 据白莱西奥圣（1745）说：1336 年伦敦的小麦价格低到每夸特（等于一吨的四分之一。——译者）二先令，而在莱司脱某一个星期六的小麦售价是四十先令，下一个星期五只售十四先令。

种食物对它的需要是非常没有弹性的;但在印度食盐价格比较高,需要也是比较有弹性的。

另一方面,住屋的价格,除了在居民自己放弃的地方之外,从来没有跌得很低的。在社会情况良好、对于一般繁荣没有阻碍的地方,住屋的需要似乎总是有弹性的,因为住屋对人们提供了真正便利和社会地位。对于不是用于炫耀目的的那种衣服的欲望,是能达到饱和的:当这种衣服的价格低廉的时候,对它的需要是没有什么弹性的。

对于高等品质的东西的需要大部分要看感觉而定:有些人如能得到大量的酒,就不管它的香味如何了;有些人渴望得到高等品质的东西,但容易达到饱和。在普通工人阶级的区域里,次等的和上等的肉片的售价几乎是相同的;但是英国北部的一些高工资的技术工人已经养成要吃最好的肉的嗜好,而且会以与伦敦西端几乎同样高的价格购买最好的肉,在伦敦的西端,由于次等的肉片必须运往他处出售,价格人为地抬得很高。习惯也引起了后天养成的厌恶和爱好。一本书上的插图使许多读者觉得这本书是有吸引力的,但会使那些看惯较好的作品而不喜欢插图的人感到厌恶。一个具有高度音乐欣赏力的人在大城市中不会去听不好的音乐演奏,他如住在一个小城市中也许高兴地去听了,在小城市里不会听到好的音乐演奏,因为愿意付出高价作为音乐演奏所需的费用的人是不多的。以第一流音乐的有效需求只有在大城市里才有弹性,而对第二流音乐的有效需求则在大小城市里都是有弹性的。

一般地说来,那些能用于许多不同用途的东西的需要,是最有弹性的。例如,水首先是作为饮料而为人所需要的,其次在烹饪上是需要的，又在各种洗涤上是需要的，等等。在没有特别的干旱，而水是一桶一桶地出售的时候，价格也许低到使较穷的人也能尽量多喝，而在烹饪上他们有时一桶水要分两次用，在洗涤上他们用得很少。中等阶级的人在烹饪上也许不会一桶水分两次用；但他们将一桶水用于洗涤比他们如能无限制地用水要省得多了。当水是以水管供给并照水表以很低的比率收费的时候，许多人即在洗涤时也会任意尽量使用；当水不是照水表计算收费而每年的水费是固定的时候，并且在需要的地方都装了水管，则为一切用途的水的使用，就达到完全饱和的限度了。①

另一方面，一般地说来，第一，对于绝对必需品（与常规必需品和维持效率的必需品是不同的）的需要，第二，对于富人所用的奢侈品中有些花费他们收入不多的东西的需要，都是非常没有弹性的。

第五节　与时间因素有关的种种困难

直到这里为止我们还未考虑作出精确的需要价格表和正确地

---

① 这样，任何一个人对于像水这样东西的总需要，是他对水每一用途的需要的总和（或复合，参看第五篇第六章第三节）；正像有不同等级的财富的一群人对只能用于一种用途的商品的需要，是这一群人之中每个人的需要的总和一样。再者，正像富人对豌豆的需要，即在价格很高时也是相当大的，但到了价格对于穷人的消费仍然相对地高时，就完全失去弹性那样；个人对于作为饮料用的水的需要，即在价格很高时也是相当大的，但到了价格对他打扫房屋用水的需要仍然相对地高时，就完全失去弹性了。正像不同阶级的人对于豌豆的许多需要的总和，在较大的价格变动幅度内，比任何个人的需要都能保持弹性那样，个人对水的许多用途的需要，在较大的价格变动幅度内，比他对水的任何一种用途的需要都能保持弹性。参照克拉克在《哈佛经济学杂志》第8卷上所著的一篇论文：《经济变化的普遍规律》。

解释这些价格表的种种困难。我们必须考虑的第一个困难是由于时间因素而引起的,时间因素是经济学上许多最大的困难的根源。

一个需求价格表——假定其他情况不变——就是代表一样商品能被出售的价格上的变化,而这种变化是因为该商品被提供出售的数量上的变化而引起的;但事实上,经过足以收集完全和可靠的统计的很长时间,其他情况不会没有变化的。妨碍的原因常常发生,这些原因的结果,与我们所要分开的那个特殊原因的结果,混合在一起而不易区分出来。这种困难由于以下的事实而加大:在经济学上,一个原因的全部结果很少立即发生,而往往在这个原因已经消灭之后才表现出来。

首先,货币购买力是不断地起着变化,我们从货币保持一律的价值这个假定中所得到的结果,就有改正的必要。然而,我们既能相当正确地知道货币购买力的较为广泛的变化,我们就能相当妥善地克服这种困难。

其次就是一般繁荣和整个社会所支配的全部购买力的变化。这些变化的影响是重要的,但没有一般想象的那样重要。因为,当繁荣的波浪下落的时候,价格下跌,这样就增加了那些有固定收入的人的资财,而以那些依靠营业利润作为收入的人为牺牲。繁荣的向下的波动,一般地差不多完全是以后一种人所遭受的显著损失来衡量的;但是,像茶、食糖、牛油、毛织品这些商品的全部消费量的统计,证明人们的全部购买力并不是同时很快地下降。下降仍然是有的,但我们必须比较尽可能多的东西的价格和消费量,才能确知这种下降的程度。

再次就是由于人口和财富的逐步增长所引起的变化。对于这些变化,如果知道事实的话,我们就能很容易作出数字的改正。[①]

第六节　风尚的变化

其次,我们必须考虑风尚、爱好和习惯上的变化[②],而对一样商品的新用途的产生,以及能代替它的其他东西的发现、改进或跌价都要加以考虑。在这一切情况上,对经济原因与其结果之间所经过的时间的考虑,具有很大的困难。因为,一样商品的价格上涨要能对消费发挥它的全部影响,是需要时间的。消费者对于能够代用的代替品感到习惯,是需要时间的,而生产者养成生产大量代

---

① 当一张统计表表明一样商品的消费量在多年中逐渐增长时,我们就可以比较它历年增长的百分比。只要稍加练习我们就能容易地作出这种比较。但是,当数字是以统计图的形式表明的时候,如果不将这种图重新写成数字,就不能容易地作出这种比较;这就是许多统计学家不赞成图解方法的一个原因。但是,如果知道一个简单的法则,图解方法——以这一点而论——就能变为有利了。这个法则如下:假定所消费的商品(或所进行的贸易,或所征收的赋税等等)的数量,是以图(9)中与 Ox 平行的横线来测量,而相应的年数则照平常一样以 Oy 上依次向下的相同距离来表示。为了测量 P 的任何一点的增长率,用尺画一条线在 P 点与曲线相交。这条线在 t 与 Oy 相交,而 N 是 Oy 线上的一点,其垂直的高度与 P 相同:那么,在 Oy 线上由 Nt 的距离所表明的年数,就是每年消费增加的分数的反量。这就是说,如果 Nt 是二十年,则消费额是以二十分之一的比率——就是 5% 的比率——增长的;如果 Nt 是二十五年,则增长率是每年二十五分之一,或 4%;以此类推。参看作者在 1885 年 6 月《伦敦统计学会杂志》纪念号所发表的一篇论文;以及数学附录中的注四。

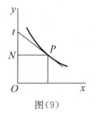

图(9)

② 关于风尚的影响的例证,参看福莱女士在《经济杂志》第 3 卷上的文章,和毕克女士在《第十九世纪》第 23 卷上的文章。

替品的习惯,恐怕也是需要时间的。熟悉新商品的习惯的成长,和节省使用这些新商品的方法的发现,也都是需要时间的。

　　例如,当木材和炭的价格在英国变为昂贵的时候,用煤作为燃料的习惯就慢慢地成长了,而火炉之适应煤的使用却是缓慢的,即在水运便利的地方,煤的有组织的贸易也没有迅速地发生:工业上用煤作为炭的代替品的方法的发明甚至更为缓慢,的确到现在还没有完成。其次,近年中当煤的价格变得很贵的时候,节省用煤的发明得到很大的刺激,在铁和蒸汽的生产方面尤其如此;但一直到煤的高价已成过去之后,这些发明之中有些才获得很大的实际效果。又如,当新的电车路或郊区铁路开办的时候,即使住在靠近这条路线的人也不会马上养成尽量利用它的习惯,而在工作场所靠近这条路线的一端的那些人之中,有许多人为了要住在靠近这条路线的另一端而搬家,更要经过长得多的时间。再如,当火油最初供应很多的时候,愿意随便使用它的人很少;渐渐地社会上一切阶级的人对火油与火油灯都觉得习惯了,所以,如果把消费的增加全归功于那时以来所发生的价格下跌,那就过于着重价格下跌的影响了。

　　还有属于同一种类的另一困难是由于以下事实所造成的:有许多要购买的东西能够容易地短时间延缓,但却不能长时期延缓下去。关于衣服及其他逐渐损坏、而在高价的压力下能设法比平常用得长久一点的东西,往往是这种情况。例如,在棉荒开始的时候,英国棉花的有记录的消费量是很小的。这是部分地因为零售商减少了他们的存货,但主要地是因为人们一般地都设法尽可能长久维持而不买新的棉制品。然而到了 1864 年,许多人觉得不能再等下去了;虽然那时的价格比以前任何一年都高的多,那一年国内消费的棉花增加很多。以这类商品而论,突然的缺少不会写上使价格上涨完全达到相当于供给减少的水平。同样地,美国1873年商业大萧条之后,我们看到制靴业比一般服装业先恢复;因为在衣服和帽子方面,在繁荣时间被当作损坏而丢在一旁的还有许多留着,但在靴子方面,却没有保留得这样多。

第七节　在获得必要的统计方面的困难

以上的困难是基本的:但还有其他种种困难,这些困难与我们的统计表上多少是不能避免的缺点同样明显。

如果可能的话,我们希望得到一系列的价格,而在这一系列的价格上一样商品的不同数量,在一个市场的一定时间内能够找到买主。一个完全的市场就是一个大的或小的区域,在这区域里有许多买者和卖者都是如此密切注意和如此熟悉彼此的情况,以致一样商品的价格在整个区域中实际上总是相同的。但是,那些为自己的消费而不是以贸易为目的而购买的人,常常不留心市场中的每一变化,我们姑且不管这个事实,但也没有方法正确地知道在许多交易中付给什么价格。而且,一个市场的地理上的界限,除了以海洋或以海关边界划分的场合外,不是很清楚地划分的;没有一个国家对于本国生产供本国消费的商品,具有正确的统计。

其次,即在现有的统计中通常也有模糊之处。一当货物入于商人之手,这些统计就把货物记入消费额内;因此商人存货的增加,与消费的增加就不能容易地区别开来。但是,这两种增加是受不同原因支配的。价格的上涨势将遏制消费;但这种上涨如果可望继续的话,则如前所述,它大概会使商人增加存货。[①]

　　再次,保证所说到的商品总是具有相同的品质也是困难的。经过一个干燥的夏季之后,小麦依然是小麦,但品质却特别优良;下一收获年度的小麦价格就似乎比应有的价格高了。对这一点加以考虑是可能的,特别是因为现在干燥的加利福尼亚的小麦已经成为标准的小麦。但是,对许多种类的工业品的品质的变化加以适当的考虑,差不多是不可能的。即对像茶这类东西,也发生这种困难:近年中较浓的印度茶代替了较淡的中国茶,已经使得消费量的实际增加大于统计所表示的增加了。

第八节　消费统计的说明;商人的账册;
消费者的预算表

　　许多国家的政府发表关于某些种类商品的一般消费统计。但是,一部分因为上述的理由,这些统计差不多不能帮助我们探求价格变化与人们将购买的数量的变化之间的因果关系,或者与社会不同阶级中各种消费的分配上的变化之间的因果关系。

　　关于这两个目的中的第一个目的——就是价格的变化所引起的消费的变化的规律之发现,我们如果明了杰文斯(见他所著《政

---

　　① 在检查课税的结果时,惯常是比较刚在增税前后列入消费的数额。但这是不可靠的。因为,商人预料税将增加,恰在增税之前购进大量存货,而且在以后的一些时间内不必再购进什么了。并且当减税的时候,正是相反的情况。其次,重税导致不可靠的报告。例如,1776年罗金汉内阁将糖汁的税从每加仑六便士减到一便士,结果波士顿的糖汁进口额名义上增加了五十倍。但是,这主要是因为在减税之后付一便士的关税比走私还便宜的缘故。

治经济理论》第 11、12 页）提出的关于店主的账册的暗示，似乎会有很大益处。在一个工业城市中的工人区域里，一个店主或合作商店的经理，常有办法相当正确地知道他的大多数顾客的经济情况。他能知道有多少工厂在开工，一周中工作多少小时，而且他能详细打听到工资率的重要变化；事实上他以打听这种事情当作他的业务了。他的顾客照例是很快地知道他们日常使用的东西的价格上的变化。所以，他往往会知道，一样商品的消费之增加是因为它的价格下跌所造成的，这个原因迅速发生作用，而且单独发生作用并无其他妨碍的原因合在一起。即在妨碍的原因存在的场合，他也往往能够考虑这些原因的影响。例如，他会知道：当冬季到来的时候，牛油和蔬菜的价格上涨；但寒冷的天气使人们比以前要有较多的牛油和较少的蔬菜；所以，在冬季蔬菜与牛油的价格都上涨的时候，他会料到蔬菜消费的减少将大于仅仅由于价格上涨所造成的减少，但牛油消费的减少则不会这样大。然而，在接连两年的冬天里，如果他的顾客的人数大约相同，而且他们的工资收入也大约相同；如果一个冬天的牛油价格比另一个冬天高得很多，则对两个冬天中他的账册加以比较，就可得到价格变化对消费的影响之很正确的说明。供应社会其他阶级的人的店主有时必定也能提供关于他们的顾客的消费之相同事实。

我们如能获得足够多的社会各个部分的人的需要表，这些表就可提供间接衡量价格有极大变化时所引起的全部需要变化的方法，从而达到其他方法所不能达到的目的。因为，一样商品的价格通常只是在狭小的限度内变动；所以，如果它的价格是它原来价格的五倍或五分之一，统计就不能给予我们推测它的消费会变成怎样的直接方法。但是，我们知道：如果它的价格非常高，则它的消费差不多完全限于富人，如果它的价格很低，则就大多数情况而论，它的消费大部分在于工人阶级。因此，如果现在的价格对于中等阶级或工人阶级都是相对地很高，我们就能从现在价格上他们的需求律来推测：如果价格上涨到即使对富人而言也是相对地很高时，富人的需要会是怎样。另一方面，如果现在的价格对富人而言是相对地适中，我们就能从富人的需要来推测：如果价格下跌到对工人阶级而言也是相对地适中的水平，工人阶级的需要会是怎样。只有这样将不完全的需求律结合在一起，我们才能有希望得到关于差别很大的价格的接近正确的规律。（这就是说，直到我们能将社会上各种阶级的人之片断的需求曲线结合成为总的需求曲线，我们才能根据接近现行价格的价格，可靠地划出一样商品的总需求曲线。参看本章第 2 节。）

在对于用作直接消费的商品的需要之化为明确规律的工作上，如已获得某些进步，则这时——而且非到这时不行——对于那些依赖这种商品的那些次要的需要，进行同样的工作，会有用处的——次要的需要就是：对参加为销售用的东西的生产之技术工人和其他工人的劳动的需要；以及对机器、工厂、铁道材料和其他生产工具的需要。对医务人员、家庭仆人以及直接对消费者服务的一切人的工作的需要，在性质上是与对直接消费的商品的需要相同的，这种需要的规律也可用同样的方法来研究。

要确知社会上各种阶级的人在必需品、舒适品和奢侈品之间，在光是提供目前愉快的东西与增进身体的和道德的力量的东西之间，以及最后在满足低级欲望的东西与鼓励和培养高级欲望的东西之间按照什么比例分配的支出，是一项很重要而又很困难的工作。过去五十年之中，在欧洲大陆对于这方面的研究曾作了种种努力；近来不但在欧洲大陆，而且在英美两国，已经以日见增长的努力来研究这个问题了。①

---

①　这里我们可以引用伟大的统计学家安格尔在1857年对萨克森地方的下层阶级、中等阶级和工人阶级的消费所作的一张表；因为这张表已经成为以后这方面研究的指南和对比的标准了。这表如下：

支出项目	三类家庭支出的比例		
	1 每年有45—60镑 收入的工人	2 每年有90—120镑 收入的工人	3 每年有150—200镑 收入的中等阶级的人
1.食物一项	62.0%	55.0%	50.0%
2.衣着	16.0%	18.0%	18.0%
3.居住	12.0%	12.0%	12.0%
4.灯火与燃料	5.0%	5.0%	5.0%
5.教育	2.0%	3.5%	5.5%
6.法律保护	1.0%	2.0%	3.0%
7.保健	1.0%	2.0%	3.0%
8.舒适与娱乐	1.0%	2.5%	3.5%
合　计	100%	100%	100%

工人的预算表屡经收集和比较。但是，这种预算表，与同类的其他数字一样，因以下的事实而受到影响：那些不怕麻烦而自愿作这种报告的人不是普通的人，那些记有详细账目的人也不是普通的人；而且当账目必须靠回忆来补充的时候，这种回忆容易偏于金钱应当怎样花费的想法——尤其当这些账目记在一起是专门给别人看的时候。介于家庭经济范围与公共经济范围两可之间的境地，就是许多不愿从事较为一般和抽象的思考的人可做出工作的境地。

关于这个问题的资料，很久之前已由哈里逊、配第、坎惵恩（在他的已散失的《补遗》中似已包括一些工人的预算表）、杨格、马尔萨斯和其他作家加以收集了。在十八世纪之末，工人的预算表已由伊登收集；而在其后关于救贫、工厂等委员会的报告中，有很多关于工人阶级的支出的各种资料。的确，我们从公共或私人方面得到的关于这些问题的重要资料，差不多每年都有增加。

我们可注意的是：娄帕雷的伟大作品《欧洲劳动者》所用的方法，是对经过仔细选择的几个家庭的家庭生活的一切细节问题加以深入的研究。这个方法要用得好，需要兼有选择事例的判断力和解释这些事例的见识和同情的非凡的才能。如果用得好的话，它是最好的方法；但是在平常人的手中，这个方法所提示的一般结论，可能比采用广博的方法所得到的一般结论较不可靠，广博的方法就是较快地收集很多的观察资料，尽可能将这些从观察中得来的资料化为统计形式，并获得广泛的平均数，在这些平均数之中，我们深信，不正确和个人特性在某种程度上可以互相抵消。

第五章　一物不同用途的选择；立即使用与延缓使用

第一节　一个人的财产分配于不同欲望的满足，因此同一价格在各种购买量的边际上就测量出相等的效用

原始时代的家庭主妇知道当年的羊毛收获只够打很少几卷毛线之后，就考虑全家对于衣着的一切欲望，并设法将这一点毛线分配于这些不同的欲望，以求尽量有助于家庭福利，如果在分配之后，她有理由懊悔她没有多用一点毛线做（比如说）袜子，而少用一点做背心，她会认为她是失败了。这个意思是说，她算错了袜子和背心的制造各应停止之处；她在背心的制造上用得太多了，而在袜子的制造上用得不够；所以在她实际停止之处，制成袜子的毛线的效用，是大于制成背心的毛线的效用。但是，另一方面，如果她刚好停止在适当之处，那么，她就刚好制成了这么多的袜子和背心，以致她用于袜子的最后一卷毛线和用于背心的最后一卷毛线得到了同额的利益。这说明了一个一般的原理，这个原理可表明如下：

如果一个人有一样东西而能充作几种用途，他会把它如此地分配

于这些用途，以使它在一切用途上具有相同的边际效用。因为，如果这样东西在一种用途上比别种用途具有较大的边际效用，他会在从前一种用途上取出此物的一部分用于后一用途，因而获得利益。[①]

差不多没有自由交换的原始经济之一大缺点，就是一个人所有的某一样东西，比如说羊毛，也许很容易如此之多，以致当他将它用于每一可能的用途时，在每种用途上它的边际效用是低的；同时，他所有的另一样东西，比如说木材，也许如此之少，以致它的边际效用对他是很高的。同时，他的邻人中有些也许非常需要羊毛，而他们所有的木材则比他们能充分利用的还要多。如果各人放弃对他是效用较低的东西，而接受效用较高的东西，则每人都将因交换而得到利益。但是，以物物交换的办法来进行这样的调节，不免麻烦和困难。

在只有几样简单商品，而每样商品能以家庭作业来适应几种用途的地方，物物交换的困难诚然是不很大的；会织布的妻子和会纺纱的女儿适当地调整羊毛各种用途的边际效用，同时，丈夫和儿子对木材的各种用途也可同样调整。

第二节　续前

但是，当商品变为非常多而且高度专门化的时候，对货币或一般购买力的自由使用就有迫切的需要了；因为只有货币才便于在

[①]　我们的例证诚然是属于家庭生产，而不是属于家庭消费。但这是差不多不可避免的，因为可充许多不同用途的直接消费的东西是很少的。财产分配于不同用途的学说之应用，在需求的研究上没有像在供给的研究上那样重要和有趣。参看，例如，第五篇第三章第三节。

无限多种多样的购买行为上使用。在货币经济中,良好的支配表现于如此调整每种支出上的停止边际,以致在每种支出上值一先令的货物的边际效用都是相同的。每个人都可获得这种结果,只要经常注意他是否花于某一样东西的费用是如此之多,以致从一种支出中取出一点用于别种支出他就会得到好处。

　　例如,职员对坐车进城,还是步行而午饭稍为丰富一点犹豫不决,这就是他正在权衡两种不同花钱方法相互之间的(边际)效用。又如,当一个有经验的主妇对一对年轻夫妇力说仔细记账的重要性时,这个劝告的一个主要动机,在于使他们可以避免不假思索地把许多钱花于购买家具和其他东西;因为,虽然这些东西的一定数量实在是必需的,但如买得太多,则这些东西就不能按照购买它们的费用的比例产生很高的(边际)效用。这对年轻夫妇年终时看一下他们一年的预算表,也许发现在某些地方必须节省他们的支出,他们会比较各项支出的(边际)效用,对从这里节省一镑支出所造成效用的损失,与从那里节省一镑支出所造成效用的损失权衡轻重:他们努力调整他们的减少额,以使总的效用损失可达最低限度,而他们所保留的效用总体可达最高限度。[①]

----

　　① 第四章第八节中所说的工人阶级的预算表,在帮助明智地分配他们的财产于不同用途方面最为有用,从而使得为每一目的之边际效用都可相同。但是,家庭经济的重要问题与明智的行动有关正与它同明智的花费有关一样。英美的家庭主妇在使用很少的财产来满足欲望方面赶不上法国的主妇,这并不是因为她们不知道怎样购买,而是因为她们不能像法国主妇那样以廉价的肉片、蔬菜等原料做出优美的成品。家庭经济往往被说成是属于消费的研究,但这样说只有一半是对的。家庭经济的最大缺点——至少在英国工人阶级中饮酒有节制的人是这样——与其说是消费上的缺点,还不如说是生产上的缺点。

第三节　现在的需要与未来的需要之间的分配;未来的利益是要打折扣的

一种商品被分配于各种不同的用途,而这些用途不一定完全是现在的用途;有些也许是现在的,而有些也许是将来的。一个谨慎的人会努力把他的财产分配于一切不同的用途——现在的和将来的,以使他的财产在每一用途上都有相同的边际效用。但是,在估计愉快的遥远源泉之现在的边际效用方面,必须要有双重考虑:第一,考虑它的不确定性(这是一切有见识的人都会同样估计的一种客观的特性);第二,考虑遥远的愉快如与现在的愉快比较在价值上对他们的差别(这是不同的人会依照他们不同的个性和他们当时的环境以不同的方法来估计的一种主观的特性)。

如果人们认为未来的利益与现在类似的利益同样需要,他们大概会在他们一生中平均地分配他们的愉快和其他满足。所以,如果他们能有把握得到未来同样的愉快,他们通常会为了这种愉快而愿意放弃现在的愉快。但事实上,人类本性是如此构成的,以致大多数人在估计一种未来的利益之"现在价值"上,通常是以我们可称为"折扣"的形式从它的未来价值中再加减少,利益延缓的时期越长,这种折扣就越大。一个人会把一种遥远的利益当作与现在的利益一样对他差不多有相同的价值;而另一个人由于想象未来的能力较低,耐心和自制力也较小,对于不是眼前的利益就比较不很关心。即使同一个人的心情也会发生变化,有时急躁而贪图眼前的享乐;有时他的心情又寄望于未来,对一切能方便地等待的享乐,他都愿意延缓。有时他的心情对其他事情都不关心,有时他像从糕饼中拣出梅子马上就吃的孩子一样,有时又像将梅子留到最后吃的孩子一样。不论在哪种情况下,当计算未来利益的折扣率时,我们必须仔细考虑期待的愉快。

　　不同的人对于未来之折扣率,不但影响他们节省的倾向——照这个名词平常的含义来说,而且影响他们购买具有持久的愉快源泉的东西、而不购买那些提供较强但较为短暂的享乐的东西的倾向;例如,宁愿买一件新衣服而不沉湎于一次狂饮,或是宁愿选择耐用的简单家具,而不选择很快就会损坏的漂亮家具。

　　特别与这些事情有关的,就是占有的愉快的表现。许多人从只是所有权的感觉中,比从狭义的普通愉快中得到更大的满足:例如,占有土地的愉快往往使人们为土地付出高价,而这价格对他们的投资只产生很低的报酬。有一种占有的愉快是为了占有而占有;还有一种占有的愉快是因为占有可产生自豪感。有时后者比前者强,有时比前者弱;恐怕没有人会知道他自己或别人如此清楚,以致能在这两者之间十分肯定地划分界限。

第四节　要打折扣的未来愉快与要打折扣的未来可得愉快的事件之区别

　　前面已经说过,即使同一个人在不同时间所享受的两种利益的数量,我们也不能加以比较。当一个人延缓可得愉快的事件时,他并不是延缓愉快；他不过是放弃现在的愉快而代之以另一愉快，或代之以将来可以得到另一愉快的期望；我们不能说他所期望的未来愉快是否大于他所放弃的愉快，除非我们知道这件事的一切情况。所以，即使我们知道他对将来可得愉快的事件之折扣率——例如从他花费一镑以获得立即的满足所知道的，我们也不知道他对未来愉快的折扣率。①

　　然而，我们如作两个假定，就能获得他对未来利益的折扣率的一种人为的衡量。第一个假定就是他期望在将来和在现在大约是同样地富有；第二个假定是他从货币可购买的东西中可以得到的利益的能力，虽在有些方面会有增加，有些方面会有减少，但大体上保持不变。在这两个假定下，如果他确信一年后会有一个金币（一个金币值二十一先令——译者）的收入（为他自己或他的后嗣

――――――

　　①　在分类上将某些愉快列入比别种愉快迫切的一类时，往往忘却以下的情况：一个可得愉快的事件之延缓，可以改变这个事件发生时的环境，因而改变愉快本身的性质。例如，我们可以说，一个青年希望在发财后自己能有力量作一次阿尔卑斯山的旅行，他对这旅行的折扣率是很高的。他宁愿现在就能有这个旅行，一部分因为现在这旅行会给他大得多的愉快。

　　其次，也许会发生这样的事：可得愉快的事件之延缓引起某样东西在时间上不平均的分配，而且对于这样东西，边际效用递减律发生强烈的作用。例如，有时我们说吃东西的愉快是特别迫切；如果一个人一星期中六天没有吃晚饭，而在第七天吃了七顿晚饭，他损失很大，这无疑是确实的；因为当他不吃六顿晚饭时，他并不是延缓吃六顿晚饭的愉快，而是代之以一天过度的饱餐的愉快。又如，一个人将鸡蛋留到冬天吃的时候，他并不是期望这些鸡蛋到冬天时会比现在好吃，而是预料到冬天鸡蛋会缺少，因而鸡蛋的效用会比现在大。这表明了在对未来的愉快打折扣，与对从一样商品的一定数量的未来享乐中所得到的愉快打折扣之间划分清楚区别的重要性。因为，在后一情况，我们必须分别考虑这样商品在两个时间中边际效用之间的差别；但在前一情况，在估计愉快的多寡时这种差别已被考虑，因而不必再加考虑了。

的使用），而愿意——不过只是愿意而已——从他现在的支出中节省一镑，则我们就可说，他对完全有保障的（只受死亡条件的限制）未来利益的折扣率是每年 5％。而且在这两个假定下，他对未来的（确定的）利益的折扣率就是在金融市场上他对货币会打的贴现率。[①]

以上我们已经单独地考虑了各种愉快；但人们所购买的东西中有许多是耐用的，就是说，不是一次使用就消耗掉的东西；一样

---

　　① 除了在这两个假定下之外，在货币贷款的贴现率与未来愉快的折扣率之间是没有直接关系的，记住这一点很重要。一个人也许对延缓如此没有耐心，以致十年后某种愉快的可靠希望也不能使他放弃他认为只有未来愉快四分之一的眼前愉快。但是，如果他担心十年后他也许会缺少金钱（因而钱的边际效用就高了），以致到那时半个皇冠币*会比现在一镑给他更大的愉快或使他免除更多的痛苦，即使是要把货币埋藏起来他也会节省一些以供将来之用，这个道理同他储藏鸡蛋到冬天吃的道理是一样的。但在这里我们却走向与供给比与需要更为密切相关的问题上去了。在说到关于财富的积累和以后关于决定利率的原因时，我们再从不同的观点来考虑这些问题。

　　然而，假定我们知道：（1）未来愉快的多寡，（2）它会到来的日期——如果它的确到来的话，（3）它会到来的机会以及（4）所说到的这个人对未来愉快的折扣率，在这里我们就可考虑怎样在数字上衡量未来愉快的现在价值。

　　如果可被享受的一种愉快的可能性是三对一，因而四个机会中有三个是对这种愉快有利的，它的期待的价值是它可有的价值——如果它是可靠的话——的四分之三，如果这种愉快被享受的可能性只有七对五，因而十二个机会中只有七个是有利的，则它的期待的价值只是它可有的价值——如果它是可靠的话——的十二分之七，以此类推。（这是它的保险会计上的价值，但我们还要考虑以下的事实：不确定的利益对任何人的真正价值通常是小于它的保险会计上的价值）如果预料的愉快既不确定又很遥远，我们就要对这种愉快的全部价值打两重折扣。例如，我们假定，一个人愿对一种满足付给十先令，如果它是眼前的和确定的，但是这种满足却是一年之后的，而且一年后它的实现的可能性是三对一。再假定他对未来的折扣率是每年 20％。那么，这一满足的期待对他的价值是四分之三乘百分之八十乘十先令，就是六先令。参照杰文斯的《政治经济学理论》的绪论一章。

　　* 一种英国货币。上面印有皇冠，每个值五先令。——译者

耐用的东西,如一架钢琴,可能成为或多或少是遥远的许多愉
快的源泉;它对购买者的价值,是使用或所有这些愉快对他的
价值的总体,但对这些愉快的不能确定和非常遥远的问题却要
加以考虑。①

---

① 当然,这个估计是根据草率的直觉作出的;如果要使它达到数字上的正确(参
看数学附录中注 5),我们必须记住本节及前节中所说的关于不是同时发生的愉快或其
他满足要正确比较是不可能的;以及在认为对未来愉快的折扣要服从指数法则这一点
上所包含的一致性的假定。

第六章　价值与效用

第一节　价格与效用;消费者剩余;时机

我们现在可以进而考虑,对一物实际支付的价格代表占有此物所产生的利益到怎样程度。这是一个广泛的问题,经济学对这个问题可说的很少,但那很少的一部分却具有相当的重要性。

我们已经知道,一个人对一物所付的价格,绝不会超过,而且也很少达到他宁愿支付而不愿得不到此物的价格。因此,他从购买此物所得的满足,通常超过他因付出此物的代价而放弃的满足;这样,他就从这购买中得到一种满足的剩余。他宁愿付出而不愿得不到此物的价格,超过他实际付出的价格的部分,是这种剩余满足的经济衡量。这个部分可称为消费者剩余。

从某些商品中所得的消费者剩余比从另些商品所得到的大得多,这是很明显的。许多舒适品和奢侈品的价格,比许多人宁愿支付而不愿完全得不到这些东西的价格低得多;因而这些东西提供了很大的消费者剩余。火柴、食盐、售一便士的报纸或一张邮票都是很好的例子。

他从以低价购买他宁愿支付高价而不愿得不到的东西中得到

的利益,可以称为他从他的机会或环境,或者借用几代前常用的一个字,从他的时机中得到的利益。本章中我们的目的是要应用消费者剩余这个概念,来帮助我们约略估计一个人从他的环境或时机中得到的某些利益。[①]

第二节　消费者剩余与个人需要的关系

为了使我们的概念明确起见,让我们考虑供家庭消费之用而购买的茶的情况。让我们以个人为例,如果茶的价格是二十先令一磅,这个价格刚好使他每年购买一磅;如果价格是十四先令,刚好使他买两磅,如价格是十先令则买三磅,如价格是六先令则买四磅,如价格是四先令则买五磅,如价格是三先令则买六磅,而实际上价格是二先令,他的确买了七磅。我们必须研究他从以每磅二先令的价格购买茶的能力中所得到的消费者剩余。

价格如为二十先令刚好使他购买一磅,这个事实证明他从那一磅所得的全部享乐或满足与他把这二十先令用于购买其他东西所能得到的全部享乐或满足是一样大。当价格跌到十四先令时,他如愿意的话,仍可只买一磅。于是他就以十四先令得到对他至

---

① 这个名词是德国经济学中一个常用的名词,它适应了英国经济学所深切感觉到的那种需要。因为,唯一可用的代替语"机会"和"环境"有时相当令人误解。据瓦格纳说(见他所著《政治经济学原理》第 3 版第 387 页),时机"就是技术、经济、社会和法律的条件之总和;这些条件在基于分工和私有财产——尤其是在土地和其他物质的生产资料方面的私有财产——的国民经济之下,决定货物的需要和供给,从而决定货物的交换价值:这种决定通常或至少大体上,是与货物所有者的意志、活动和疏忽无关的"。

少值二十先令的东西；他将得到对他至少值六先令的剩余满足，或换句话说，至少是六先令的消费者剩余。但事实上，由于他自己的自由选择他买了第二磅，这样就表明他认为第二磅茶对他至少值十四先令，这一点代表第二磅茶对他所增加的效用。他以二十八先令得到对他至少值二十先令加十四先令，即三十四先令的东西。无论如何他的剩余满足不会因购买第二磅茶而减少，这种满足对他至少仍值六先令。这两磅茶的全部效用至少是值三十四先令，而他的消费者剩余至少是六先令。① 每次增加的购买量对他以前

---

① 对于这个说明可再加一些解释；虽然事实上这种解释不外是用其他的话重复一下已经说过的事情。正文中有一个条件，就是他买第三磅是由于他自己的自由选择，这个条件的重要性可由以下的理由来说明：如果以他买两磅作为向他开价十四先令的条件，则他必须在以二十先令买一磅与以二十八先令买两磅之间加以选择：于是他买了两磅，这个事实不能证明他以为第二磅对他值八先令以上。但是，实际上他无条件地付出十四先令买了第二磅，这就证明第二磅对他至少值十四先令。（倘使他能以每个一便士的价格购买甜面包，而六便士可买七个；他情愿购买七个，因而我们知道，他为了购买第六个和第七个甜面包愿意花费他的第六个便士；但是，我们却不知道他宁愿付多少钱而不愿得不到仅仅是那第七个甜面包）

有时有这样的反对意见：因为他的购买量增加了，他对以前各次购买的需要之迫切程度就递减了，各次购买量的效用也随着降低了，所以，当我们向需要价格表中较低的价格前进时，我们应当不断地把表中以前购买的部分重新画在需求曲线的较低水平上（这就是说，当我们沿需求曲线向右前进时，应当把这条曲线重新画在较低的水平上）。但是，这种意见却误解了作出价格表所依据的办法。倘使对茶的各磅所定的需要价格是代表各磅的平均效用，这种意见也许是对的。因为，如果他买一磅刚好付二十先令，买第二磅刚好付十四先令，则他买两磅刚好付三十四先令，即每磅平均十七先令，这是对的。如果我们的价格表与他所付的平均价格有关，并对第二磅的价格定为十七先令；则当我们继续趋向低价时，无疑地应当重画需求曲线。因为，当他买第三磅时，这三磅中每磅对他的平均效用将小于十七先令的平均效用；如照我们以前假定的那样。倘使他对第三磅只付十先令，则事实上平均效用是十先令八便士。但是，根据这里我们采用的作出需要价格的办法，这种困难就可完全避免了；依照这个办法，他的第二磅不是因为代表两磅中每磅的平均价格之十七先令而购买的，而是因为代表第二磅对他增加的效用之十四先令而购买的。因为当他买第三磅时，这种增加的效用保持不变，而第三磅所增加的效用是以十先令来衡量的。第一磅对他也许值（接下页注释）

所决定的购买量的效用发生相反的作用，这个事实在作出需求表时已被考虑，因而不能重复计算。

当价格跌到十先令时，他如愿意的话，仍可只买两磅；而以二十先令得到对他至少值三十四先令的东西，并且得到至少值十四先令的剩余满足。但事实上，他宁愿购买第三磅：因为他毫不在乎地这样做了，我们就知道他买第三磅并未减少他的剩余满足。他现在以三十先令买了三磅；其中第一磅对他至少值二十先令，第二磅至少值十四先令，第三磅至少值十先令。三磅的全部效用至少是值四十四先令，以此类推。

最后价格跌到二先令时，他买了七磅，这七磅对他的价值不会少于二十、十四、十、六、四、三和二先令，或者总计是五十九先令。这个总数测量出这七磅对他的全部效用，而他的消费者剩余（至少）是这个总数超过他实际为这七磅所付的十四先令之数——即四十五先令。这四十五先令就是他从购买茶所得的满足，超过他花这十四先令多买一点其他商品所能得到的满足之价值，因为他认为以其他商品的现行价格多买一点这些商品是不上算的；如果以现行价格多买其他商品就不会使他得到消费者剩余。换言之，

（接上页注释） 二十先令以上。我们所知道的只是第一磅对他的价值不少于二十先令而已。即以二十先令而论，恐旧他也得到一点剩余满足。其次，第二磅对他也许值十四先令以上。我们所知道的只是第二磅对他至少值十四先令，而不会值二十先令。因此，他在这个阶段会得到至少六先令的剩余满足，也许更多一点。当我们注意像从每磅二十先令跌到十四先令那样大的变化之效果时，这种出入总是存在的，这一点数学家是了解的。如果我们从很高的价格开始，而实际上价格是以每磅相差一个小铜币*极小的变化下跌，并注意在他的消费上每次只有相差一磅几分之几的极小变化，则这种出入就会消灭了。

　　* 英文是 farthing，值一便士的四分之一。——译者

从他的时机和从在茶这样东西上环境适应他的欲望，他得到了值四十五先令的剩余享乐。如果没有这种适应，他无论出什么价格也不能得到茶，则他就会遭受得不到满足的损失，这种满足至少等于他多花四十五先令购买其他东西所能得到的满足，而这些东西对他刚好只值他所付出的价格。①

第三节　消费者剩余与市场的关系；当我们考虑大多数人的平均数时，个人性格上的差别可以不加过问；如果这大多数人包括相同比重的富人和穷人在内，则价格就变成对效用的一种正确的衡量

同样，我们如果暂且不管以下这个事实：同额货币对不同的人代表不同数量的愉快，则我们同样地可以根据对茶的全部需要价

---

① 尼科尔森教授（见他所著《政治经济学原理》第 1 卷和《经济杂志》第 4 卷）对消费者剩余这个概念曾经提出反对意见，艾奇华斯教授在《经济杂志》上已经做了答复。尼科尔森教授说："说一年收入（比方说）一百镑的效用值（比方说）一千镑一年，究竟有什么用处呢？"这样的说法也许没有什么用处。但是，当我们对中非的生活与英国的生活加以比较时，这样的说法也许是有用处的，在中非货币所能买到的东西平均虽像在英国同样价廉，但在中非有许多东西完全买不到，因此在中非一个人有一千镑收入就不及在英国有三四百镑收入的人那样舒适。如果一个人付了一便士的过桥税而能节省多花一先令的车费，我们不是说这一便士值一先令，而是说这一便士和这桥给他的利益（这桥在他的时机中所起的作用）合在一起在那一天是值一先令。倘使在他需要的那一天这桥被水冲毁了，他就会处于至少与失去十一便士同样坏的地位。

格表中所表明的价格,超过茶的销售价格的合计的总额,来衡量(比方说)在伦敦市场中茶的销售所提供的剩余满足。①

①　那么,就让我们考虑在任何大的市场中对茶的需求曲线 DD' 吧。

我们以一年作为时间单位,假定 OH 是这市场在 AH 价格上茶每年销售的数量,在 OH 线上取任何一点 M,向上画直线 MP,在 P 点与曲线相交,另画一条横线通过 A 和 R。我们假定购买的磅数是依照各购买者的需要程度来排列的:任何一磅的购买者的需要程度是以他对那一磅所愿支付的价格来衡量的。上图告诉我们:在 PM 的价格上,能售出 OM 这么多的数量,但如价格高于 PM,则不能售出这么多的数量。因此,一定有一个人在 PM 的价格上比在较高的价格上买得多;我们就可认为第 OM 磅是卖给这个人的数量。例如,假定 PM 代表四先令,OM 代表一百万磅。正文中所说的购买者在价格四先令时,只愿购买第五磅茶,我们可以说第 OM 磅或第一百万磅是要卖给他的数量。如果 AH——因而也是 RM——代表二先令,则他从第 OM 磅所得的消费者剩余,就是 PM 或四先令——购买者本来愿意支付的价格——超过 RM 或二先令——他实际付出的价格——之数。假定画一个垂直的平行四边形,其高度为 PM,其底面是 Ox 线上衡量一个单位或一磅茶的距离。则以后价格不是以像 PM 那样没有厚度的数学上的直线来衡量,而是以一个很细的平行四边形——或者可称为有厚度的直线——来衡量,这样就会便利了,它的阔度在任何情况下都是等于 Ox 线上衡量一个单位或一磅茶的距离。这样,我们可以说,从第 OM 磅茶所得的全部满足是以有厚度的直线 MP 来代表的(或者根据正文的最后一段中所作的假定,是用它来衡量的);对这一磅所付的价格是以有厚度的直线 MR 来代表的,而从这一磅所得到的消费者剩余是以有厚度的直线 RP 来代表的。现在让我们假定这种细的平行四边形或有厚度的直线,从 O 到 H 之间所有 M 的位置上都画出来,每条线代表各磅茶。像 MP 那样,从 Ox 向上到需求曲线所画出来的有厚度的各条直线,各代表从一磅茶所得的满足的总数;这些直线合起来就占据了和刚刚填满了 $DOHA$ 的全部面积。所以,我们可以说,面积 $DOHA$ 代表从茶的消费所得的满足之总体。其次,像 MR 那样,从 Ox 向上到 AC 为止所画出来的各条直线,代表对一磅茶实际付出的价格。这些直线合在一起就构成 $COHA$ 的面积;因此这个面积代表对茶所支付的全部价格。最后,像 RP 那样,从 AC 向上到需求曲线为止所画出来的各条直线,代表从相应的各磅茶所得的消费者剩余,这些直线合在一起就构成了面积 DCA;当价格是 AH 时,这个面积就代表从茶所得的全部消费者剩余。但必须重复说一下,除了正文中所作的假定之外,这种几何学的测量不过是测量利益的总体,而这些利益不是完全按照同一尺度来测量的。除非作了那个假定,这面积不过是代表满足的总体,而对满足的个别数量却未加以正确的测量。只有在那个假定之下,这个面积才能测量各购买者从茶所得的全部纯满足的数量。

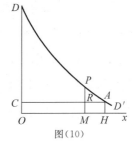

图(10)

　　这个分析连同它的新名称和精细的方法,初看起来似乎是费事的和不真实的。但经仔细研究之后,我们就可知道它并未带来新的困难,也没有作出新的假定;不过是对市场日常用语中潜在的困难和假定加以说明罢了。因为,在这种情况下,像在其他情况一样,日常用语的表面上的单纯掩盖了真正的复杂,学术研究的义务就是要揭露这种潜在的复杂,面对这种复杂;并尽量减少这种复杂,因此在以后的阶段中,我们就可坚决地处理日常生活中模糊的思想和言语所不能彻底了解的种种困难。

　　在日常生活中通常有这样的说法:各种东西对一个人的真正价值,不是以他对这些东西所付的价格来衡量的:例如。他对茶比对盐所花的费用虽然大得多,但盐对他却有较大的真正价值;如果他完全得不到盐的话,这一点就可清楚地看出来了。在说到我们不能相信一样商品的边际效用可表明它的全部效用时,不过是把这种说法变为精密的专门形式罢了。假定有些乘船遇难的人,预料要等待一年后才会被救,有几磅茶和几磅盐要在他们之中分派,盐就会被看得较为贵重,当一个人预料在一年中只能得到少许盐的时候,一两盐的边际效用比在同样情况下茶的边际效用大。但是,在平常的情况下,盐的价格是低廉的,各人都买了那么多盐,以致再多买一磅对他不会增加什么满足:盐对他的全部效用诚然是很大的,但是盐的边际效用却是低的。另一方面,因为茶的价格是昂贵的,大多数人用茶叶较少,而用水泡茶的时间较长,如果茶的价格差不多能像盐那样低廉的话,他们就不会这样节省了。他们对茶的欲望还未达到饱和,它的边际效用是高的,他们对多买一两茶与多买一两盐也许愿意支付同样的价格。我们开头所说的日常生活中的通常说法提示了这一切的道理,但却不是以一种精密和明确的形式来表达的——像以后工作中我们常用的叙述所需要的那种形式。一开始就使用专门名词不会增加知识,但却可使我们熟悉的知识具有稳定的简洁形式,作为进一步研究的基础。[①]

或者,一物的真正价值不是以它与个别的人的关系来研究,而是以它与一般人的关系来研究;这样自然就会假定,"第一点",对一个英国人值一先令的满足可当作与对另一个英国人的一先令的价值相等,和"直到出现相反的原因为止"。但是,每个人都会知道,只有假定茶的消费者和盐的消费者都是属于同一等级的人,而且包括各种性情的人在内,这样说才是合理的。[②]

这样说也包含以下的考虑:值一镑的满足对一个普通的穷人,比对一个普通的富人值一镑的满足大得多;如果我们不是比较一切等级的人所大量使用的茶和盐,而将其中之一与香槟酒或菠萝

---

① 海里士1775年在《货币论》一书中说:"一般东西的价值,不是依照这些东西在供给人们必需品方面的真正用途来估计的,而是依照生产它们所需要的土地、劳动和技能的比例来估计的。东西或商品的互相交换差不多就是依照这个比例;大多数东西的真正价值主要就是根据上述的标准来估计的。水有很大的用途,但通常价值很少或完全没有价值;因为在大多数地方,水是天然地大量流出,以致不能放在私有财产的范围之内;大家都可有足够的水,除了在需要管理和运送水的时候支付费用外,没有其他费用。钻石是稀有的东西,尽管没有什么用处,因稀少之故却有很大价值。"

② 可以想象得到高度敏感的人也许是有的,这些人对缺乏盐或茶会感到特别痛苦;或者有些人一般是敏感的,对失去他们收入的一部分会比同等地位的人更感痛苦。但是,不论在哪一种情况下,我们既是考虑大多数人的平均数,我们就可假定,对个人之间的这些差异可以不加过问;如果我们相信(比方说)那些极其重视茶的人确是一种特别敏感的人,当然要去考虑是否有什么特别理由。如果能这样做的话,则在把经济分析应用于伦理学或政治学的实际问题之前,我们就要对这一点另加考虑了。

比较,则为此而作的改正就重要得多了:它会改变这种估计的全部性质。在前几代中,许多政治家,甚至有些经济学家,都没有注意对这种原因加以充分的考虑,在制订课税计划时尤其如此;他们的言行似乎对穷人的痛苦缺乏同情心,虽然较多的时候他们只是由于缺乏思想才会如此。

然而,大体说来,在经济学所研究的大多数事件,是以大约相同的比例影响社会上一切不同等级的人的事件,因此,由两个事件所造成的幸福的货币衡量如果相等的话,则这两个事件的幸福的多寡一般说就没有什么很大的差异。因为这个缘故,在一个市场中对消费者剩余的正确衡量才有很大的理论上的兴趣,而且会有很大的实际重要性。

不过,我们要注意的是:我们对各样商品的全部效用和消费者剩余的估计是根据它的需要价格,当这商品的价格上涨到罕见的价值时,是在其他情况不变的假定下有了这种需要价格:当用于同一目的之两样商品的全部效用根据这个办法来计算时,我们不能说,两样商品合在一起的全部效用等于每样商品个别地全部效用的总和。①

---

① 在本书的前几版中,某些含糊的语句似乎对有些读者提示了相反的意见。但是,将一切商品的全部效用加在一起以便获得一切财富的全部效用之总和的工作,除了采用最精密的数学公式之外,是无法做好的。几年之前,以数学公式来做好这项工作的打算使作者相信:即使这项工作在理论上是可以做到的,其结果也会为许多假定所妨碍,以致实际上毫无用处。

我们对以下的事实已加注意(见第三篇第三章第六节和第四章第三节):为了某些目的,像茶和咖啡这种东西必须合在一起当作一样商品;如果得不到茶,人们就会增加咖啡的消费,反之则增加茶的消费,这是很明显的。人们从得不到茶和咖啡两样东西所遭受的损失,比只是得不到其中一样所遭受的损失的总和更大。　　　(接下页注释)

第四节　续前

如果我们考虑以下的事实,我们论断的实质也不会受到影响:一个人花于一物的钱愈多,他多买此物或他物的能力就愈小,而货币对他的价值就愈大(用专门语言来说,就是每一新的支出增加货币对他的边际价值)。但是,它的实质虽然不变,它的形式却因而变得较为复杂而没有相应的收获;因为,在这个题目下所作的改正方面具有重要性的实际问题是很少的。[①]

可是,也有一些例外。例如,像吉芬爵士所指出的那样,面包价格的上涨使得贫穷的劳动者家庭的财源如此枯竭,并且提高货币对他们的边际效用如此之大,以致他们不得不节省肉类和较贵的淀粉

(接上页注释)　所以,茶和咖啡的全部效用,比在人们能得到咖啡的假定下所计算的茶的全部效用的总和,以及在人们能得到茶的假定下所计算的咖啡的全部效用的总和更大。如把这两样"竞争的"商品合在一个共同的需求表之中,这种困难在理论上就能避免了。另一方面,如果我们考虑没有燃料就不能得到开水以把茶叶泡成茶的事实而计算了燃料的全部效用,如果我们再把根据同样考虑的茶叶的全部效用加到燃料的全部效用中去,则我们就是把一物计算两次了。又如,农产品的全部效用包括犁的全部效用在内;尽管研究犁的全部效用也许与某一个问题有关,而研究小麦的全部效用也许与另一个问题有关,但这两种效用却不可加在一起。这两种困难的其他方面在第五篇第六章中再加研究。

裴登教授在有些含有深意的杰作中曾经竭力主张上面两个问题中的后一个问题。但是他要表明一切形式的财富的总效用的打算,似乎忽视许多困难。

①　用数学的语言来说,被忽视的因素通常是属于小量的第二阶;如果不是尼科尔森教授有反对的意见,忽视这些因素的常用的科学方法之妥当,似乎是不成问题的。艾奈华斯教授在 1894 年 3 月的《经济杂志》上对尼科尔森教授已作了简短的答复;巴罗奈教授在 1894 年 9 月的《经济刊物》(Giornale degli Economisti)上也有较为详细的答复,赛格先生在 1895 年 3 月的《经济杂志》上对这篇答复曾有说明。

像数学附录中注 6 所说明的那样,我们能对货币的边际效用的变化加以形式上的考虑,如果是希望这样做的话。倘使我们打算将一切商品的全部效用加在一起,我们就非这样做不可;可是这一工作到底是难以实行的。

性食物的消费；而面包仍是他们所能得到和要购买的最廉价的食物，他们消费面包不是较少，而是较多了。但是，这种情况是罕见的；如果遇到这种场合，我们必须根据各种场合的实际情况来研究。

前面已经说过，我们完全不能正确地推测：如果任何一物的价格与人们惯常为它支付的价格相差很大时，人们会买多少；或换句话说，如果销售量与它平常销售的数量相差很大时，此物的需要价格会是怎样。所以，我们的需要价格表除了接近平常的价格之外，是很有推测性的；对于任何一物的效用的全部数量，我们所能作出的最好估计也难免有很大差错。但是，这种困难实际上是不重要的。因为，消费者剩余学说的主要应用，是关于随着我们所说到的商品的价格在接近平常价格的变化上而发生的消费者剩余的变化：这就是说，这种应用使我们只要使用我们很容易获得的资料。这些话用之于必需品特别有力。①

---

①　消费者剩余这一概念现在可对我们稍有帮助：当我们的统计知识更有进步时，这个概念可以大大地帮助我们决定：每磅茶增税六便士或运费增加十分之一对公众会造成多大损害；虽然这个概念不大能帮助我们估计每磅茶课税三十先令或运费上涨十倍时所造成的损失，但它的价值并不因此减少。

我们再看一下图（10），可用以下的话来说明这个问题：如果 A 是曲线上的一点，相当于这市场上经常销售的数量，则我们就能获得足够的资料，在 A 点两边的不远之处相当正确地画一曲线；虽然我们不能相当正确地将这曲线向上画到 D 为止。但是，实际上这一点是不重要的，因为，在价值理论的主要实际应用方面，即使我们了解需求曲线的完全形状，我们也很少加以利用。我们需要的只是我们所能得到的资料，就是对靠近 A 点的需求曲线的形状有相当正确的了解。我们不需要知道 DCA 的全部面积；为了大多数的目的，我们只要知道由于 A 点在曲线的任何一面有短距离的移动而在这个面积内所引起的变化就够了。虽然如此，如果我们暂时假定——在纯理论中我们可以这样做——这条曲线是完全画出来的，则可省掉麻烦。

然而，在估计某些商品——它们的一部分的供应是生活上必需的——的效用之总和时，却有特殊的困难。如果我们打算这样做的话，最好的办法也许是把那一必需供应的部分当作没有问题，而只估计超过这个数量的那一部分商品之全部效用。但是，我们必须记住：对任何一物的愿望在很大程度上要看获得此物的代用品的困难而定（参看数学附录中注 6）。

第五节 以上两节所说是假定共同财富的问题已被考虑

在估计福利要依靠物质财富时，还有另一种考虑易被忽视。不但一个人的幸福往往要依靠他自己身心和道德的健康，比依靠他的外在条件更大，而且即在这些条件之中，有许多对他的真正幸福极关重要的条件也易于从他的财富目录中遗漏。有些条件是大自然的惠赠；如果它们对每个人都是一样的话，则诚然可以不加过问而不会有很大害处；但事实上它们是随地而大不相同的。然而，这些条件中还有更多是属于共同财富的因素，在计算个人的财富时这种共同的财富常被遗漏未算；但当我们比较近代文明世界的各个部分时，共同的财富就变为重要，而当我们把我们自己的时代与前代比较时，甚至更为重要。

在我们的研究之末，我们将对为了保证共同福利的共同活动——例如街道的灯光和洒水——加以详细研究。为个人消费而购买东西的合作社，在英国比在别处更有进步；但为贸易目的而购买为农民及其他人所需要的东西的合作社，直到最近在英国才不落后。两种合作社有时都称为消费者的组织；但它们其实是为了在某些企业部门中省力的组织，与其说它们是属于消费的问题，不如说是属于生产的问题。

第六节 贝诺意的意见;财富效用之较为广泛的方面

当我们说到福利要依靠物质财富时,我们是指以收进的财富与由此而产生的使用和消费这种财富的能力之源源流入来衡量的福利之源源流入。一个人现有的财富,由于对它的使用和其他方法,产生了幸福所得,占有的愉快当然也计算在内。但是,在他现有的财富总额与总的幸福之间没有什么直接关系。因为这个缘故,我们在这一章和前几章中说到富人、中等阶级和穷人时,都是说他们各有大的、中的和小的收入——而不是财产。①

依照丹尼尔·贝诺意所提出的意见,我们可以认为,一个人从他的收入中所得的满足,在他的收入足以维持生活时就开始了,以后他的收入每以陆续相等的比例增加时,满足也随着有同额的增加,在收入减少时,满足也随着相应减少。②

---

① 参看数学附录中注 7。

② 这就是说,假定三十镑代表必需品,则一个人从他的收入中所得的满足就从这一点开始;当他的收入达到四十镑时,再增加一镑就是对代表产生幸福的那十镑收入增加十分之一。但是,他的收入倘然是一百镑,就是超过必需品水平七十镑,在收入四十镑时再增加一镑所得的幸福,现在需要再增加七镑才能得到,同时,如果他的收入是一万镑,就需要再增加一千镑才能产生同样的结果(参看数学附录中注 8)。当然,这种估计是非常随便的,也不能适应个人生活的种种不同情况。以后我们会知道:现在最通行的赋税制度,一般是遵循贝诺意的意见中的方针。以前的赋税制度向穷人所征收的赋税,比按照贝诺意的办法所计算的大得多;同时,累进税制度在几个国家中已有被采用的预兆,即在贝诺意对必需品已经作了了修正之后,这个制度在某种程度上还是基于以下的假定:有巨大收入的人如增加 1% 的收入,他因此而增加的幸福,不及收入较小的人增加 1% 收入所增加的幸福那样多。我们可以顺便说一下:增加 (接下页注释)

但是,过了相当时候,新的财富往往失去它的吸引力的大部分。一部分,这是习以为常的结果;习以为常之后就使人们从惯用的舒适品和奢侈品之中不再会得到很多的愉快,虽然他们如果失去了这些东西,就会感到更大的痛苦。一部分这是由于以下的事实:财富的增加往往与年老厌倦或至少是神经紧张的增加一同而来;甚至随着财富的增加,还会养成降低身体的活力和减少对愉快的享受能力之生活习惯。

在各文明国家里都有一些佛教信徒,佛教的教义认为:淡泊宁静是最高尚的生活理想;智者应做之事是要尽量从本性中根除一切欲念和愿望;真正的财富不是在于多财,而是在于寡欲。另些人的意见则极端相反,他们主张:新的欲念和愿望的发生总是有益的,因为它鼓励人们加大努力。像斯班塞所说的那样,这些人似乎错误地以为生活是为了工作,而不是工作为了生活。[①]

实情似乎是这样:照人类本性的构成来看,除非人有某些艰

(接上页注释) 一镑对任何人的效用是随着他已有的镑数而递减的,从这个一般规律中得出了两个重要的实际原理。第一,即使在完全公正和平等的条件下进行的赌博,也会有经济上的损失。例如,一个有六百镑的人,公正平等地与人赌一百镑,这时他所期望的幸福,等于从七百镑所得的幸福之一半和从五百镑所得的幸福之一半,而这幸福是少于他期望从六百镑所得的幸福,因为,根据上述的假定,从六百镑和五百镑所得的幸福之间的差异,是大于从七百镑和六百镑所得的幸福之间的差异(参照数学附录中注 9 与杰文斯的《政治经济学理论》第四章)。第二个原理与第一个刚刚相反,就是:对风险的理论上是公正的保险,常有经济上的利益。但是,各保险公司计算了理论上是公正的保险费之后,除了保险的费用之外当然必须分出足够的款项,以支付它自己资本的利润和它自己的营业费用,而往往将广告费和诈欺损失的巨额支出也算在营业费用之内。所以,支付保险公司实际所收的保险费是否适宜的问题,是一个必须根据各种情况的真相来决定的问题。

① 参看他的作品《养生之道》。

苦的工作要做,某些困难要克服,否则就会迅速堕落;而且发奋努力对身体和道德的健康也是必要的。生活的富裕有赖于尽可能多的和高尚的才能之发展和活动。在对任何目标——不论这目标是经营的成功,艺术和科学的进步,还是人类状况的改善——的热烈追求中都有强烈的愉快。各种最高尚的建设性工作必然往往在过度紧张时期和在疲惫及停滞时期中交集;但是,以平常人和没有雄心大志(不论是高等还是低等的雄心大志)的人而论,从适中和相当稳定的工作中所获得的适中的收入,对身心和精神的习惯之养成提供了最好的机会,只有在这些习惯之中才有真正的幸福。

在社会上一切等级的人之中,对财富都有某种误用的情况。一般地说,我们虽然可以说,工人阶级的财富每有增加,使人类生活的富裕和高尚随着增大,因为所增加的财富主要是用于满足真正的欲望;但是,即在英国的技术工人之中——在新的国家中恐怕更是如此,以财富作为炫耀手段的有害的欲望已有增长的迹象,这种欲望早已成为各文明国家中小康阶级的主要祸根了。禁止奢侈的法律是无效的;但是,如果社会上道德的情绪能使人免去对个人财富的各种炫耀的话,那就有利了。诚然,从得当的豪华中能得到真正的和可贵的愉快;但是,只在一方面没有个人虚荣和另方面没有别人妒忌的色彩时,这种愉快才会达到最大限度;像集中在公共建筑物、公园、公共收藏的美术品和公共竞赛及娱乐上的愉快,就是这样。只要财富是用来对每个家庭供给生活和文化上的必需品,以及为共同用途的许多高尚形式的娱乐,对财富的追求就是高尚的目的;而这种追求所带来的愉快,就可随着我们用财富所促进的那些高尚活动之增长而加大。

　　一旦有了生活必需品之后，每人就应设法增加他现有的种种东西的美观，而不应增加它们的数量或华丽。家具和衣着的艺术性的改进，训练了制成它们的人的高等才能，而且对使用的人是一种日见增长的幸福之源泉。但是，如果我们不去寻求较高的美观标准，而把我们增长的资源用来增加家庭用品的复杂性和错综性，则我们就不能由此得到真正的益处和持久的幸福。如果每人购买的东西数量少些而且简单一些，为了真正的美观情愿费点事来选择这些东西，当然要留心得到很好的价值以抵偿他的支出，但他愿购买少数由高工资劳动者精工制造的东西，而不愿购买由低工资劳动者粗制滥造的东西，这样，世界就会好得多了。

　　但是，我们已超出本篇应有的范围了；各人花费其收入的方法对于一般福利的影响之研究，是把经济学应用于生活艺术中的一种较为重要的应用之研究。

第 四 篇

生产要素——土地、劳动、资本和组织

第一章　绪论

第一节　生产要素

生产要素通常分为土地、劳动和资本三类。土地是指大自然为了帮助人类,在陆地、海上、空气、光和热各方面所赠与的物质和力量。劳动是指人类的经济工作——不论是用手的还是用脑的[①]。资本是指为了生产物质货物,和为了获取通常被算作收入一部分的利益而储备的一切设备。资本是财富的主要资料,与其将它看作是满足欲望的直接源泉,不如将它看作是生产的一个要素。

资本大部分是由知识和组织构成的,其中有一部分是私人所有,而其他部分则不是私人所有。知识是我们最有力的生产动力;它使我们能够征服自然,并迫使自然满足我们的欲望。组织则有

[①] 当劳动"是部分地或全部分为了获得直接从劳动中所获得的愉快以外的某种利益而进行"时,劳动就可列入经济工作一类。参看第二篇第三章第二节及脚注。我们所研究的生产是只限于以平常意义解释的生产,因此,凡是不能直接或间接促进物质生产的那一类劳动,例如学生的课业,我们都不加以研究。从某些观点——但不是从一切观点——来看,倘使把劳动解释为劳动者——也就是人类——的意思,则土地、劳动、资本这三个字就较为对称了。参看华尔拉斯所著的《纯政治经济学》第17讲和费希尔教授在《经济杂志》上的文章(第6卷第529页)。

助于知识,它有许多形式,例如单一企业的组织,同一行业中各种企业的组织,相互有关的各种行业的组织,以及对公众保障安全和对许多人提供帮助的国家组织。知识和组织的公有和私有的区别,具有很大的和日益增长的重要性;在某些方面,甚至比有形东西的公有和私有的区别更为重要;一部分为了这个理由,有时把组织分开来算作是一个独立的生产要素,似乎最为妥当。要到我们研究的很后的阶段,我们才能对组织这个要素加以仔细研究,但在本篇中也必须说到一点。

在某种意义上,生产要素只有两个,就是自然与人类。资本与组织是人类在自然的帮助下,在人类预测将来的能力和甘愿为将来作准备的心理之指导下,进行工作的结果。倘使自然和人类的本性和力量是固定不变的话,则财富、知识和组织的成长就随之发生,正如原因产生结果一样。但是,另一方面,人类自己在很大程度上是由其环境形成的,而在环境中自然发生很大的作用:因而不论从哪一个观点来看,人类是生产问题的中心,也是消费问题的中心;而且进一步又是生产与消费之间的关系的问题——也称为分配与交换的问题——之中心。

人类在数目上,在健康和强壮上,在知识和能力上,以及在性格丰富上的发展,是我们一切研究的目的;但对这个目的,经济学所能研究的不外是贡献一些重要的因素而已。所以,从经济学的广泛方面来看,这种发展的研究如果属于经济学著作的一部分,应当放在最后:不过即使放在最后也是不适当的。同时,我们不能不考虑人类在生产上的直接作用,和决定人类——作为生产者——的效率之各种条件。因此,大体上把关于人类在数目和性格上发展的一些说明，包括在关于生产的一般研究之内作为它的一部分，恐怕是最便利的办法，而且确是最符合英国经济学传统的办法。

第二节 边际反效用；工作有时虽然就是它自己的报酬，但在某些假定下，我们可以认为，工作的供给是受对工作所能获得的价格之支配；供给价格

在目前这个阶段中，我们只能略为说明需求与供给的一般关系和消费与生产的一般关系。但是，当效用和价值的研究在我们心目中记忆犹新时，略为说一下价值与反效用或负商品的关系，也未尝无益。为了得到具有价值的货物——这种货物之所以具有价值因为既是需要的又是不易得到的，我们必须克服这种反效用或负商品。现在我们所能说的一切必然是暂时性的；甚至似乎是引起困难而不是解决困难；但在我们面前，能有一个研究范围的轮廓——即使是不充分和不完全的——也有好处。

需要是基于获得商品的欲望，而供给主要是决定于克服不愿遭受"负商品"的心理。这种负商品通常可分为两类：劳动和暂缓消费所引起的牺牲。这里只要大概说明普通劳动在供给方面所发生的作用就够了。关于经营管理工作和由于积累生产资料所造成的等待而引起的牺牲（有时如此但不总是这样），以后也会加以类似的——虽然不是完全相同的——论述。

劳动的负商品之发生也许由于身体或精神的疲劳，或是由于

在有碍健康的环境中继续劳动,或是由于与不受欢迎的同事一同工作,或是由于占用了娱乐、社会或智力活动所需的时间。但是,不论这种负商品的形态如何,它的强度差不多总是随着劳动的紧张和持续而增大的。

当然,有很多努力是为了工作的本身而进行的,例如登山、竞赛以及从事文学、艺术和科学的活动就是如此;但有很多艰难的工作是在使别人获益的欲望之影响下进行的。[1] 但是,以我们使用劳动这个名词而言,大部分劳动的主要动机都是要得到某种物质利益的欲望;这种利益在世界的现状下一般表现为获得一定数额的货币。即使一个人是受雇佣而工作时,他也往往从工作中得到愉快,这是确实的。但是,在做完工作之前他通常感到如此疲乏,以致停工时他就觉得高兴了。也许他失业了一些时候之后,以他直接的舒适而论,他宁愿工作而无报酬,不愿没有工作;不过,恐怕他还是不愿以比正常价格低得多的价格出卖力气,以破坏他的市场,正像一个制造商所做的那样。关于这一点在另一册书中将加详述。

以学术用语来说,这可称为劳动的边际反效用。因为一样商

---

[1]　我们已经知道(见第三篇第六章第一节),倘使一个人以他对最后购买的数量只愿支付的价格,购买了全部东西,则他从以前的购买量中得到了剩余满足;因为他购买全部东西所付的价格,是低于他宁愿支付的而不愿得不到这些东西的价格。同样地,如果付给他的任何工作的价格,是他最不愿做的工作之充分的报酬;而且,如平常发生的那样,如果对他比较愿做的、和对他自己实际用力较少的那种工作,也付给同样的价格,从这种工作中他就得到生产者剩余。关于生产者剩余这个概念的一些困难在附录十一中加以考虑。

工人不愿以低于正常价格的价格出卖力气,与制造商不愿以低价出售货物以破坏市场是一样的,虽然以特殊的交易而论,制造商宁愿接受低价而不愿让工厂停工。

品的数量每有增加,其边际效用随之下降;需要每有减少,不光是
对这商品的最后部分而且对其全部所能得到的价格就随之下跌;
同样地,劳动的边际反效用总是随着劳动量的增加而增大。

任何已经有了职业的人不愿更加努力的心理,在一般情况下
要看关于人类本性的基本原理而定,经济学家必须承认这种原理
是最终的事实。像杰文斯所说的那样①,在开始工作前,往往有一
些阻力要加以克服。开始工作时往往要作一点令人感到痛苦的努
力,但这种令人痛苦的努力逐渐减少到零,而且继之以愉快;这种
愉快在短时间是增加的,直至达到某种低的最大限度;然后又减少
到零,而且继之以日见增大的疲劳和对休息与变化的渴望。然而,
在智力工作方面,愉快和兴奋一旦产生之后,往往不断增大,直到
必要时或因为谨慎之故才会停止。每个健康的人都储有一定的精
力可以使用出来,但只有经过休息之后精力才能得到恢复;因此,
如果他长期地用力多休息少,他的健康就要破产了。雇主往往知
道,在有很大的需要时,暂时增加工资会使工人多做工作,但不论
报酬多少,工人也不能长久保持做这样多的工作。关于这个问题
的一个理由是:超过一定限度的劳动时间每有增加,对休息的需要
就随之更为迫切。对工作增加部分的厌恶之所以加大,一部分因
为,当留作休息与其他活动的时间减少时,对空间时间的增加部分
之喜爱就增大了。

由于上述及其他一些限制,无论哪一类工人所作的努力,是随

① 见杰文斯所著《政治经济学理论》第五章。这个学说已为奥国和美国的经济学
家加以强调和大大地发展了。

着给他的报酬之增减而增减，这一点大体上是确实的。正像吸引购买者去购买一定数量的某种商品所需的价格，称为那个数量在一年或一定的时期中的需要价格一样，对生产一定数量的某种商品必需作出的努力所需的价格，可称为在同一时期中对那个数量的供给价格。如果我们暂时假定，生产完全依靠已经存在的和经过训练的一定数目的工人之努力，则我们就可得到一张供给价格表，相当于我们以前考虑过的需要价格表。在理论上，供给价格表在一面的数字栏内表明各种工作量，也就是生产量，而在另一面的数字栏内表明诱使可用的工人供给各种工作量所必须支付的各种价格。[1]

但是，这种研究任何一种工作之供给，并从而研究由这种工作所制成的货物之供给的简单方法，是假定胜任这种工作的人数是固定的；但这个假定只能在短期内采用。因为人口总数在许多原因的影响下是有变化的。在这些原因中只有一部分是经济原因，而在经济原因中平均劳动收入占有突出的地位；虽然它对人口增长的影响是不固定和不规则的。

但是，人口在各种行业间的分布，却更加受到经济原因的影响。任何行业的劳动供给毕竟或多或少是密切适应劳动的需要：深谋远虑的父母培养子弟能得到最有利的职业，这就是说，使他们得到劳动在数量和性质上不太剧烈、所需的技能不太难学、而在工资及其他利益上都有最好报酬的职业。然而，劳动的供求之间的适应是绝不会这样完美的；需要的变动可使这种报酬暂时——甚

---

　　[1]　参看第三篇第三章第四节。

至许多年——比刚足以使父母为子弟选择某一行业而不选择同类的其他行业的那种报酬高得多或低得多。所以,任何时间中任何一种工作可得的报酬,虽与学到必需的技能之难易,以及工作本身所包含的强度、乏味、缺少空闲等问题的确有一些关系;但这种适应容易受到很大的妨碍。这种妨碍的研究是一项困难的工作;在我们研究的以后阶段中对这个问题将再详述。但本篇是以叙述为主,并没有提出什么困难的问题。

第二章　土地的肥力

第一节　土地是大自然的赠与,而土地的
产物是人类工作的结果,这个概念
是不完全正确的,但却含有真理在内

　　我们通常说生产要素有土地、劳动和资本三类:凡依靠人类劳动而成为有用的有形之物归入资本一类,不依靠人类劳动而成为有用的有形之物则归入土地一类。这个区别显然是不精确的:因为,砖头不过是略为加工的泥土而已;而久已有人居住的地方之土壤大部分经过人类多次的耕作,其现在的状态实归功于人类劳动。可是,这个区别却包含科学的原理在内。人类没有创造物质的力量,只是把东西变为有用的形态而创造了效用①;如果这种效用的需要有了增加,人类所创造的效用在供给上也能增加:这种效用就有了供给价格。但是,还有别的效用,其供给是人类不能控制的;这种效用是由自然以固定的数量供给的,因此就没有供给价格。"土地"这个名词已由经济学家加以扩大使用,以包括这种效用的

――――――――――

　　① 　参看第二篇第三章。

永久源泉在内①,不论它是发生于土地——按照普通使用这个名词的意义——还是发生于海洋与河流、日光与雨水以及风力和瀑布。

如果我们研究了什么是土地与我们看作是土地产物的那些有形的东西的区别,我们就可知道,土地的基本属性就是它的广袤性。使用一块土地的权利就是对一定的空间——地面的某一部分——之支配权。地球的面积是固定的,地球上任何一个部分与其他部分的几何学的关系也是固定的。人类无法控制这种关系,而这种关系也丝毫不受需要的影响,它没有生产费用,也没有能够生产它的供给价格。

使用地球上的一定面积,是人所能做的任何事情之初步条件;这种使用使他有了他自己活动的场所,享受自然给与这个场所的热和光、空气和雨水,并决定了他与其他东西和其他人的距离,而在很大程度上决定了他与其他东西和其他人的关系。我们将会知道,土地的这一特性,虽还没有受到十分重视,但它却是所有经济学的作家对于土地与其他东西不得不加以区别的最后原因。这个特性是经济学中许多最有兴趣和最为困难的问题之基础。

地面上某些部分之有助于生产,主要是由于对航海者所提供的服务;某些部分则对开矿者具有主要价值,还有一部分——虽然

---

① 用李嘉图的名言来说,就是"土壤的固有和不灭的力量"。屠能对地租理论之根据,以及对亚当·斯密和李嘉图关于地租理论所采取的立场的研究是值得注意的,在这研究中他说到"土地本身"(Der Boden an sich),不幸这句话无法用英文翻译出来,意思是说,土地如果没有人类活动加以改变的话,它还是原来的样子。(见屠能所著《孤立国》第一篇第一章第五节)

这种选择是人类而不是自然作出的——对建筑者具有主要价值。但是,说到土地之有生产力时,我们首先想到的就是它在农业上的用途。

第二节　土地肥力之机械的和化学的条件

在农业家看来,一定面积的土地是维持一定数量的植物生命——也许最终是动物生命——的手段。为了这个目的,土壤必须具有某些机械的和化学的性质。

以机械的条件而论,土壤必须如此松软,以致植物的细根能在土中自由伸展;但它又必须坚实,足以很好地支撑植物。它不可失之太松,像砂土那样,会使水在土中流得太快,因为这样土壤往往就会干燥,而植物的养料在土中一经形成或是被投入土中,差不多马上就随着水流去了。土壤又不可失之太硬,像坚硬的黏土那样,会使水在土中不能相当自由地延伸。因为,新鲜的水之不断流入土中,以及因水在土中的延伸而不断注入的空气,都是不可缺少的:水和空气把矿物和气体变为植物的养料,否则它们就会变为无用,甚至有毒。新鲜空气、水和霜的作用,是大自然对土地的耕作;即使没有其他帮助,它们也可及时使地面的任何部分相当肥沃,只要它们所形成的土壤能停留在原来的地方,而不是一经形成马上就被大雨和洪水向下冲掉。但是,对于土壤的这种机械的形成,人类给予很大的帮助。人类耕作的主要目的,就是帮助自然使土壤能够松软地而又坚实地支持植物根部,并使空气和水能在土中自由地延伸。绿肥使黏性土壤分化而变为松软,对于砂性土壤,绿肥给它一种构造上非常需要的坚实性,并从机械和化学上帮助它保持作为植物养料的物质,否则这种物质就会迅速地从土中流出。

以化学的条件而论,土壤必须具有植物需要的、并处于适合它吸收状态的无机成分;在某些情况下,人类只要花一点劳动就能使土壤发生很大变化。因为,人类只要加进一点正是它需要的东西,就可使不毛之地变为非常肥沃的土壤;在大多数情况下,人类或是使用石灰的许多形态中的某些形态的石灰,或是使用近代化学所提供的各种各样的人造肥料,也可使不毛之地变为肥沃;人类现在还利用细菌来帮助农业工作。

第三节　人类改变土壤性质的力量

靠了所有这些方法,就能把土壤的肥力置于人类的控制之下。靠了充分的劳动,人类能使差不多任何土地生长大量作物。人类能从机械上和化学上使土壤适合于下一次要种植的任何作物。人类也能使作物适应土壤的性质,并使作物互相适应;选择这样一种轮种的方法:每次耕作会使土地处于这样一种状态和这样一个季节,以致土地能被容易地耕作成为下一作物的适宜的苗床。人类甚至采用排水的方法,或是混合两种土壤以补充成分不足的方法,就能永远改变土壤的性质。迄今为止,这不过是小规模地进行;白垩和石灰、黏土和泥灰石只是薄薄地撒在田地上;除了园圃和其他得到优待的地方之外,完全新的土壤是很少做成的。但是,大规模地应用建造铁道和其他大的土木工程所用的机械动作,以混合两种具有相反缺点的贫瘠土壤来创造肥沃的土壤，到将来是可能的，甚至有些人认为这是会实现的。

这一切变革到将来可能比过去更为普遍地和彻底地实行。但是，即在现在，古老国家里大部分土壤的性质非常得力于人类的活动；刚好在地面之下的一切土壤，其中有很大的资本因素——人类过去劳动的产物。被李嘉图归入土壤之"固有的"和"不灭的"特性一类中的那些自然的赠与，已经大有改变了；一部分由于人类世世代代的操作而荒瘠，一部分则因而肥沃了。

但是，地面上的东西却不相同。自然对每亩土地的地面每年给予热和光、空气和湿气，而人类对于它们却没有什么控制的办法。诚然，人类可用大规模的排水工程的方法，或是植林，或是森林采伐的方法略为改变气候。但是，大体上，太阳和风雨的活动是由自然每年对每块土地确定的。土地所有权就是每年给予土地以这种活动，并对植物和动物的生活和活动提供了所需要的场所；这场所的价值很受它的地理位置的影响。

因此，我们可以继续采用土地从自然界所获得的原来或固有的特性，与土地得力于人类活动的人为特性之间的这种普通的区别，只要我们记住以下一点：第一种特性包括所论的地方之空间关系，和自然每年给它的日光、空气和雨水；而且在许多情况下，这些东西是土地固有特性中的主要特性。田地所有权之具有它的特殊意义和地租理论之具有它的特征，主要就是从这些东西中得来的。

第四节　在任何情况下,因资本和劳动的增加而增加的报酬,迟早是要递减的

关于任何土壤的肥力由于自然所赋与的固有特性的缘故到怎样程度,和由于人类对土壤所加的改变的缘故到怎样程度的问题,如果我们不考虑从土地所获得的是哪一种产物,就不能加以充分研究。人力对于促进某些作物的生长所能做的,比对于另些作物大得多。人类最无能为力的是对于长成森林的树木;橡树如果种植得法,地位宽敞,它从人力的帮助中得不到什么好处:要对它使用劳动以获得巨大的收获,是没有办法的。有些肥沃的河边低地具有丰饶的土壤和良好的天然排水之利,那里所长的草差不多也是同样情况;野兽以这种没有人照管的草作为饲料,并且照管这种草几乎与人照管得一样好;英国最肥沃的田地(一英亩付给六镑及六镑以上的地租)中,有很多使得没有人力帮助的土地特性所产生的报酬,差不多与现在从这种田地所得的报酬一样大。其次,就是虽不完全像上述那样肥沃,但仍可作为永久牧场的土地。再次,就是耕地,对这种土地人类并不依赖自然的播种,而是为各种作物准备苗床以适合它的特殊需要,人类自己播种并除去对种子有害的东西。人类所播的种子经过选择,以使这些种子具有迅速成熟和充分发育对人类最为有用部分的性质。这种仔细选种的习惯,虽然不过是近代才有的,即使现在尚不普遍,但是,几千年的不断操作已给与人类以与原始野生植物不大相同的植物了。最后,最得力于人类劳动和照管的那种产物,就是优良品种的水果、鲜花、蔬

菜和牲畜,特别是作为改良品种用的那种产物。因为,如果人类不加过问的话,自然就会选择最能照管自己及其产物的那些品种,而人类则选择能最快地大量供给人类最需要的东西的那些品种;在最优良的产物中,有许多如没有人类的照管本身是完全不能生存的。

因此,人类在帮助自然种植各种农产物上所起的作用是多种多样的。在各种情况下,人类继续操作,直到资本和劳动之增加所产生的报酬之增加变为递减,再增加资本和劳动不会再增加报酬为止。在这个限度很快达到的地方,人类几乎把一切工作都委之于自然;而在有些地方则对生产出力很大,那是因为人类能够长久工作而不会达到这个限度。因此,我们就要进一步研究报酬递减律了。

注意以下一点是重要的:现在我们所研究的资本和劳动的报酬,是以所获的产物之数量来衡量的,而与同时可能发生的产物在交换价值或价格上的任何变化无关;例如,如果在附近的地方筑成了一条新的铁路,或是一个城市的人口大量增加而农产品却不易输入时,就会发生这种变化。当我们根据报酬递减律来推论时,尤其是当我们研究人口增加对生活资料的压力时,这种变化就将非常重要了。但是,这种变化与报酬递减律本身并无关系,因为报酬递减律与所得的产物之价值无关,而只是与它的数量有关。①

---

①　仍可参看本篇第三章第八节的后一部分;以及本篇第十三章第二节。

第三章　土地的肥力（续前）；
报酬递减的倾向

第一节　土地也许耕种不足，因此由于资本和劳动之增加而产生的报酬就会递增，直至达到最大的报酬率为止，达到了最大的报酬率之后，报酬就重新递减了；耕作方法的改良可使较多的资本和劳动能被有利地应用；报酬递减律是关于生产物的数量，而不是关于它的价值

报酬递减律或报酬递减倾向的叙述可暂时说明如下：

用于耕种土地的资本和劳动之增加，一般地使所获的农产物数量之增加在比例上是较低的，除非可巧同时发生农业技术的改良。

我们从历史和观察中知道：各时代和各地方的每个农民都希望使用大量土地；当他不能无代价地获得土地时，他如有财产，就会出钱购买土地。倘使他认为,把他所有的资本和劳动都用于一块很小的土地,也可得到与使用大量土地同样良好的结果,则除了这一块很小的土地外,他就不会再出钱去买其他土地了。

当不需要开垦的土地能无代价地获得时,每人使用土地的大小,只是他认为会给他的资本和劳动以最大报酬的数量。他的耕作是"广耕"而不是"精耕"。他的目的不在于从一英亩的土地上得到大量谷物,因为,如果是这样的话,他只要耕种几英亩土地就行了。他的目的是要以花费一定数量的种子和劳动而得到尽可能多的全部收获;所以,只要在粗耕下他能管理,他就在许多英亩的土地上播种。当然,他也许会做得过头:他所耕作的面积也许太大了,以致把资本和劳动集中用于较小的面积反而有利;在这种情况下,如果他能支配较多的资本和劳动,以便对每一英亩的土地多用一些,则土地就会给他以递增的报酬;这就是说,报酬的增加在比例上大于土地对他现在的费用所给与的报酬。但是,如果他的计算是正确的,他正好使用了那么多的土地,使他有最大的报酬;如果他把资本和劳动集中用于较小的面积反要受到损失了。如果他能支配较多的资本和劳动而对现有的土地多用一些,他所得的利益就会小于他耕种较多的土地所能获得的报酬,他就会得到递减的报酬;这就是说,报酬的增加在比例上小于他现在最后使用的资本和劳动所能获得的报酬,当然,这是假定同时在他的农业技术上并无显著的改良。等到他的儿辈长大起来,他们会有较多的资本和劳动用于土地;为了避免获得递减的报酬起见,他们就要耕种较多的土地。但是,也许到那时所有邻近的土地都已有人耕种了,为了得到更多的土地,他们就必须购买土地,或租用土地而付给地租,或迁居到不出代价而能得到土地的地方去。[①]

报酬递减的倾向是亚伯兰与罗得分手的原因[②],也是历史上所说的大多数移民的原因。凡是在极其需要耕种权利的地方,我们可以相信,报酬递减的倾向是充分发挥作用的。如果不是因为这种倾向的缘故,每个农民除了他的一小块土地之外,放弃所有的租地并把他一切的资本和劳动用于这一小块土地,就能节省差不多全部地租。在这种情况下,如果他用于这一小块土地的一切资本和劳动所产生的报酬,与他现在用于这块土地的资本和劳动所产生的报酬,在比例上是一样多,则他从这一小块土地所获得的产物,就可与他现在从全部田地所获得的产物一样多;那么,除了他保留的一小块土地的地租外,原来付出的地租都可变为他的纯利了。

农民的奢望往往使他们耕种的土地超过了他们能够适当管理的数量,这一点是可以承认的:诚然,杨格以后的差不多每一个关于农业的权威学者都对这一错误加以痛斥。但是,当他们告诉农民说,把资本和劳动用于较小的面积是有利的,他们的意思不一定是说,这样就会得到较多的总产物。地租的节省如果能抵过农民从土地所得的全部报酬之可能发生的减少而有余,这一点足以成为他们的论据。倘使一个农民以他的产物的四分之一付作地租,

---

① 在耕作的初期阶段中,报酬的递增一部分是由于组织上的经济,这与使大规模的工业获得利益的那种组织上的经济是相同的。但是,一部分这也由于以下的事实:在土地耕作极粗的地方,农民的收获易为天然生长的莠草所抑制。递减的报酬与递增的报酬之间的关系,在本篇的最后一章中再加详论。

② "如果他们住在一起的话,那个地方容不下他们;因为他们的财物甚多,所以他们不能住在一起。"见《旧约》中《创世记》第十三章第六节。

假定他用于每英亩土地的资本和劳动的增加，使他所获得的报酬比他从以前的费用所获得的报酬，在比例上至少超过四分之三，那么，他把资本和劳动集中用于较少的土地会是有利的。

其次，即在像英国这样进步的国家里，仍有很多土地在耕作上是如此地不熟练，以致如果以现在的资本和劳动的两倍熟练地用于土地，则这些土地所生产的总产物可达两倍以上，这一点也是可以承认的。有些人主张：如果所有的英国农民都像最优秀的农民那样能干、聪明和精力充沛，他们就可有利地使用现在的资本和劳动的两倍，这些人很可能是对的。假定地租占现在产物的四分之一，他们现在所得的产物之每四英担①，就会增加到七英担：可以设想，如果采用更加进步的耕作方法，他们就会得到八英担，甚至更多。但是，以现状而论，这一点并不证明多用资本和劳动就能从土地得到递增的报酬。事实是这样的：我们以现在那样的农民和他们实际所有的技能与精力而论，我们普遍观察的结果，觉得即使他们放弃大部分土地，而把一切资本和劳动集中用于剩下的土地，除了这一部分土地的地租外，省下来的地租都归他们自己所有，对他们也没有一条致富的捷径。他们之所以不能这样做的理由，就是因为有报酬递减律的缘故，如前所说，这种报酬是以它的数量来衡量，而不是以它的交换价值来衡量的。

现在我们可以清楚地说明以上在关于报酬递减律的暂时说明中的"一般地"这句话所包含的限制了。报酬递减律是一种倾向的叙述，这种倾向诚然可因生产技术的改良和发展土壤全力的时作

---

① 一英担（hundredweight）等于一百十二磅，一美担等于一百磅。——译者

时辍的过程而暂时受到阻碍；但是，倘使对产物的需要无限制地增加，则这种倾向最终必然成为不可抗阻的。我们对这种倾向的叙述可分为以下两部分：

尽管农业技术的改良可以提高土地通常对一定数量的资本和劳动所提供的报酬率；尽管已经用于任何一块土地的资本和劳动也许远不足以发展它的全力，以致对这块土地增加费用，即在现有的农业技术下，也可得到超过按照比例的报酬；但是，这种情况在一个古老国家里是罕见的：除了存在这种情况之外，用于土地的资本和劳动之增加，使所获得的产物数量的增加在比例上是较低的，除非个别耕作者的技能同时也有提高。第二，不论农业技术的将来发展怎样，用于土地的资本和劳动之不断增加，最终必然造成因增加一定数量的资本和劳动所能获得的产物增加量之递减。

第二节　一剂资本和劳动；边际剂，边际报酬，耕作边际；边际剂不一定是时间上最后的一剂；剩余生产物，它与地租的关系；李嘉图所注意的只限于一个古老国家的情况

如果采用詹姆士·穆勒提出的一个名词，我们可以认为用于土地的资本和劳动，是由等量的陆续使用的各剂构成的。[①] 我们

---

① 关于这个名词，参看本章第八节。

已经知道,最初使用几剂所产生的报酬也许是小的,而以后的许多剂就可产生大于按照比例的报酬;在例外的情况下,陆续使用的各剂所产生的报酬,甚至会交替地时增时减。但是,根据报酬递减律所说,早迟(总是假定同时在耕作技术上没有变化)总要达到某一点,过了这一点,一切增加的各剂所产生的报酬,在比例上就会小于以前各剂所产生的报酬。这剂总是指劳动和资本合在一起的一剂,不论它是由独立在自己土地上耕作的自耕农所使用,还是用来代表自己不从事耕作的农业资本家的费用。但是,在后一情况,费用的主体表现为货币形态;在研究与英国情况有关的农业经营的经济时,按照市场价值把劳动折为货币等价物来考虑,只说各剂资本而不说各剂劳动和资本,往往是便利的。

刚刚正好抵偿耕作者的费用的一剂,可以称为边际剂,它所产生的报酬可称为边际报酬。如果在近处可巧有已经耕种的土地,但这土地只是刚能抵偿它的费用,而没有剩余作为地租之用,我们就可认为,用于这土地的就是边际剂。这样,我们可以说,用于这土地的这剂,就是用于在耕作边际上的土地,这样讲法具有简明的好处。但是,这一论断并不需要假定存在这样的土地:我们所要注意的只是边际剂所产生的报酬,不论它是用于贫瘠之地还是肥沃之地,都没关系;必要的只是:它应当是能被有利地用于在耕作边际上的土地之最后一剂。①

---

①　李嘉图对这一点是非常了解的,虽然他没有加以着重说明。那些反对他的学说的人认为,对于一切土地都要付地租的地方,他的学说是不适用的,这些人误解了他的论断之实质。

当我们说到用于土地的边际或"最后"剂时,我们的意思不是说时间上的最后一剂,而是说在有利的支出的边际上的那一剂,这就是说,使用这一剂刚好使耕作者的资本和劳动获得一般的报酬而没有剩余。以具体的例子来说,我们可以假定:一个农民想到再一次派些刈草的人到田地里去除草,踌躇一下之后,他决定这是上算的,不过这样做只是上算而已。因此,花在这上面的一剂资本和劳动,就是我们所说的最后一剂,虽然在以后收割时还要使用很多剂。当然,这最后一剂所产生的报酬,与其他的报酬是分不开的;但是,如果他决定不增加这次刈草,我们相信,生产物中就不会多出这一部分来,因此,我们就把这一部分产物全都作为最后一剂所产生的。①

用在耕作边际上的这一剂所产生的报酬,既然是仅可抵偿耕

----

① 一个取自有记录的实验之例证,可以帮助我们对一边际剂的资本和劳动所产生的报酬这个概念更为了解。据阿肯萨斯实验站的报告(见 1889 年 11 月 18 日《泰晤士报》所登载的),有四块各为一英亩的土地,除了用犁耕和耙耕外,其他管理完全相同,其结果如下:

土地	耕作	每英亩生产的英斗数
1	犁耕一次	16
2	犁耕一次和耙耕一次	$18\frac{1}{2}$
3	犁耕二次和耙耕一次	$21\frac{2}{3}$
4	犁耕二次和耙耕二次	$23\frac{1}{4}$

从上表中可以看出,在已经犁耕过两次的这英亩土地上再耙耕两次所用的这剂资本和劳动所产生的报酬一又十二分之七英斗。如果这一又十二分之七英斗的价值,在减去了收割等费用之后所剩下的利润,恰好抵偿这剂资本和劳动,那么,这剂就是边际剂;虽然在时间上它不是最后一剂,因为用于收割的各剂必然是在后的。

作者的费用,那么,他使用各剂的总数所产生的各边际报酬的总和,也仅可抵偿他的全部资本和劳动。他所得的报酬如超过这个数额,这超过的部分就是土地的剩余生产物。如果土地是耕作者自己所有的,则这剩余生产物也归他所有。①

　　注意以下一点是重要的:以上关于剩余生产物的性质之叙述,不是地租理论,我们要到很后的阶段才会说到地租理论。这里所能说的只是:这剩余生产物在一定条件下可以变为地租,而地租是土地所有者为了使用他的土地能向佃户强行索取的。但是,以后我们将会知道,一个古老国家之田地的完全的地租,是由三个因素

---

　　① 让我们用图形来说明。我们要记住,图形的例解不是证明。它不过是大略相当于某些实际问题的主要条件之图表而已。它只求轮廓清楚,而未考虑随着实际问题变化的许多事情,对于这些事情农民在他自己的特殊事件上,必须加以充分考虑。如果在某一块田地上用了五十镑的资本,就可从这块土地获得一定数量的生产物;如果在这土地上用了五十一镑的资本,则可获得大于上述数量的生产物。这两个数量的差额,可以认为是第五十一镑所增加的生产物。如果我们假定,以后陆续使用的各剂资本都是一镑,我们就可以说,这差额是第五十一剂所增加的生产物。设以 OD 线代表陆续用于土地的各剂,按照先后次序加以相等的划分。再从代表第五十一剂的 M,画一直线 MP 与 OD 成直角,在厚度上 MP 等于划分的这些部分中之一的长度,这样,它的长度就代表第五十一剂所增加的生产物之数量。假定在 OD 线上划分的各部分都一一这样做以代表各剂的产量,直到相当于最后一剂的那部分为止,而这最后一剂用于土地仍是有利的。假定这最后一剂是第一百一十剂,在 D 点上,而 DC 代表刚好抵偿农民支出的报酬,这些直线的顶端就构成了曲线 APC。这些直线的总和就代表生产物的总量:就是说,各直线的厚度既等于它所划

分的各部分的长度,生产物的总量就是由 ODCA 面积所代表。作 CGH 横线与 DO 平行,在 G 与 PM 相切;于是,MG 等于 CD;DC 既是刚好抵偿农民一剂的支出,MG 也是刚好抵偿他的另一剂的支出;在 OD 与 HC 之间所作的有厚度的各直线也都是如此。所以,这些直线的总和,即 ODCH 面积,就代表抵偿他的支出所需的生产物的部分,而其余 AHGCPA 这一部分,就是剩余生产物,在一定的条件下,这种剩余生产物就变为地租了。

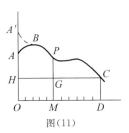

图(11)

构成的：第一是由于自然所创造的土壤的价值；第二是由于人类对土地所作的改良；第三——这往往是其中最重要的因素——是由于稠密和富裕的人口之增长，以及公路、铁道等交通之便利。

还有一点要注意的是：在一个古老国家里，要知道土地在最早耕种之前的原来状态怎样，是不可能的。某些人类工作的结果，不论为好为坏，已经固定于土地之中，而与自然工作的结果无法区别：两者的分界线是模糊的，只能多少是武断地加以划分。但是，为了大多数的目的，最好是把对抗自然的最初的困难，看作是在我们考虑农民的耕作之前已经完全克服了。这样，我们当作是最初使用的各剂资本和劳动所产生的报酬，一般是一切报酬中最大的，而报酬递减的倾向立即就表现出来了。我们主要是考虑英国的农业，我们就可像李嘉图那样把英国的农业作为典型的事例。①

---

　　①　这就是说，我们可用虚线 BA' 代替 BA（见图（11）），而将 $A'BPC$ 看作是用于英国农业的资本和劳动所产生的报酬之典型曲线。毫无疑问，小麦和其他一年生长的作物之收获不费相当大的劳动是得不到的。但是，自己播种的天然生长的草类，不费什么劳动就会像粗野的家畜那样产生很好的报酬。

　　我们已经知道（见第三篇第三章第一节），报酬递减律与需求律是非常相似的。土地对一剂资本和劳动所产生的报酬，可看作是土地对这一剂所出的价格。土地对资本和劳动的报酬，就可称为是土地对它们的有效需求：土地对任何一剂的报酬，就可称为是土地对这一剂的需要价格，因此，土地对陆续使用的各剂所产生的报酬的一张表，就可当作是土地的需求表；但为了避免混淆起见，我们称之为土地的"报酬表"。相当于正文中土地的情况的，就是前述某人购买糊墙纸的例子。此人对于可以糊满他的房间的全部墙壁的一张糊墙纸，比只能糊一半墙壁的那张糊墙纸，愿意支付超过按照比例的价格；因此，他的需求表在一个阶段中对于数量的增加，就表现出需要价格的递增，而不是递减。但是，在许多个人的总需求中，这种差别就把互相抵消了；所以，一群人的总需求表，常表现出需要价格每随供应数量之增加而逐步下跌。同样地，如把许多块土地合在一起，我们所得到的一张报酬表，就会表现出报酬每随所用的资本和劳动之增加而不断递减。但是，个别需要的变化，在许多土地方面比在许多人方面，较易知道，而且在某些方面加以注意也较为重要。所以，我们的典型报酬表所表现的报酬递减，就不像典型需求表所表现的需要价格那样整齐一律了。

第三节　凡对土地肥力的衡量必然与
地点和时间相关

其次，让我们来研究陆续使用的各剂资本和劳动所产生的报酬之递减或递增的比率，是怎样决定的。我们已经知道，对于生产物中的一部分，人类也许看作是人类增加自己的工作，超过了单独由自然所能生产的产物之结果，但在这一部分生产物上，却有很大的差别；这一部分生产物的大小，在很大程度上要看是哪些作物、土壤和耕作方法而定。大体说来，从森林到牧地、从牧地到耕地、从犁耕地到锄耕地，这部分生产物是越来越多，这是因为报酬递减率通常在森林最大，在牧地较小，在耕地更小，而在锄耕地最小的缘故。

土地的丰饶或肥沃没有绝对的尺度。即使农业技术上没有变化，仅仅是生产物需要的增加，也可颠倒两块邻近的土地在肥力上的等级。当两块土地都未耕种时，或者都是同样地加以粗耕时，其中一块土地的生产物较少，但当两块地都是同样地精耕时，这一块土地就会超过另一块，而公平地列为较为肥沃的土地。换句话说，有许多土地在仅仅是广耕时，是最不肥沃的，而在精耕时，就变为最肥沃的了。例如，本身能排水的牧地，只要花费很少的资本和劳动，在比例上却可得到较大的报酬，但再投下费用，报酬就迅速递减了；等到人口增加，开垦一部分牧地，采用根菜、谷物和牧草混合耕种的办法，就会逐渐变为有利；因此，增加使用各剂资本和劳动所产生的报酬，就不会像以前那样迅速递减了。

有些土地当作牧地用是贫瘠的，但对用于这种土地的耕作和施肥的大量资本和劳动,却能产生多少是丰富的报酬;这种土地对于最初使用的各剂所产生的报酬并不很大,但报酬却是缓慢地递减。

再者,有些土地是低湿的。这种土地,像英国东部的沼泽地那样,除了柳条和野禽外,不生产什么东西。或者,像许多热带地区的情况那样,这种土地也许草木繁盛,但瘴气密布,人要在那里生活是困难的,工作就更为困难了。在这种情况下,资本和劳动的报酬起初是小的,但因排水的进步,报酬就增加了;而此后或许又下降了。①

但当这种改良已经一旦实现时,投于土壤中的资本就不能移

---

① 这种情况可用图形来表示。如果生产物的实际价值,是以 OH' 与 OH 的比率增大(因此抵偿农民的一剂资本和劳动所需的金额就从 OH 下降到 OH'),剩余生产物只增加到 $AH'C'$,比原来的数额 AHC 大得不多,图(12)代表这第一种情况。图(13)代表第二种情况,在这种情况下,生产物价格的同样变化,使得新的剩余生产物 $AH'C'$,比原来的剩余生产物 AHC 大约大三倍;图(14)代表第三种情况。起初用于土地的各剂资本和劳动所产生的报酬如此之少,以致除非要想进一步耕作,否则,使用它们是不上算的。但是,以后各剂却产生了递增的报酬,达到最高点 P 之后又递减了。如果生产物可以得到的价格是如此之低,以致需要 OH'' 的数额才能抵偿耕作者所用的一剂资本和劳动,于是耕种这土地不过刚刚上算而已。因为,这样,耕作就会达到 D'';起初使用的各剂之亏损,是由 $H''AE$ 的面积代表的,以后各剂的剩余则由 $E''PC''$ 的面积代表。因为这两个面积大约相等,土地的耕作在这一点上也仅仅是够本而已。但是,如果生产物的价格上涨了,OH 的数额就足以抵偿耕作者所用的一剂资本和劳动,则起初使用的各剂之亏损就缩小到 HAE,以后备剂的剩余就扩大到 EPC;纯剩余(土地如果租出则为真正的地租)就是 EPC 超过 HAE 的部分。倘使生产物的价格再上涨,OH' 的数额就足以抵偿耕作者所用的一剂资本和劳动,那么,纯剩余就增加到很大的数额,而由 $E'PC'$ 超过 $H'AE'$ 的部分来代表。

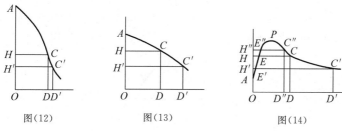

图(12)　　　　图(13)　　　　图(14)

动了;耕种的初期历史是不会重演的;因增加使用资本和劳动所得的生产物,就表现出报酬递减的倾向。[①]

已经种得很好的土地,也会发生类似的、但不像这样显著的变化。例如,土地虽不低湿,也许需要一点排水工作,以排出积水并使新鲜的水和空气能够畅通。或者,下层的土壤也许可巧是比地面的土壤天然地较为肥沃;或是下层的土壤虽不肥沃,但也许刚好具有地面的土壤所缺少的那些特质,因此,彻底的用蒸汽犁深耕的方法,就可永久改变土地的性质。

这样,当增加的资本和劳动所产生的报酬开始递减时,我们就不必认为报酬常会不断地递减。生产技术的改良——我们总是这样理解——通常可以提高任何数额的资本和劳动所能产生的报酬;但这里所说的不是这个意思。这里所说的意思是这样:农民的知识之增进姑且不论,他只使用他早已熟悉的那些方法,在他支配下的资本和劳动如能增加,即使在他耕作的后一阶段,有时他也可获得递增的报酬。[②]

---

① 在这种情况下,起初使用的各剂资本和劳动的确是与土地合在一起而不能收回;如果土地是租出的话,则所付的实际地租,除了上图中所表示的剩余生产物或真正的地租外,还包括起初使用的各剂资本和劳动的利润在内。对于地主的资本所产生的报酬,也能容易地用图形来表示。

② 当然,他的报酬也许先递减,然后递增,然后再递减;但当他能实行一些进一步的广泛改进时,又再递增,像图(11)所表示的那样。但是,像图(15)所表示的这种较为极端的例子,也不是很罕见的。

图(15)

像一条链索的力量是它最弱一环的力量一样，土地的肥力也是为它最缺少的成分所限制，这样说是很对的。那些匆忙的人不要使用一条有一两个环节是很弱的链索，不论其余的环节是怎样坚固：宁愿使用比它细得多、而没有毛病的链索。但是，如果要做繁重的工作，而他们有时间进行修理，他们就会修好那条较大的链索，于是它的力量就会超过另一条链索的力量。这个事实可以用来解释农业史上许多似乎是奇怪的事情。

一个新的国家中最初的移民，通常都不要不宜立即耕种的土地。如果天生的植物可巧不是他们所要的那一种，则他们往往对这种植物的茂盛感到厌恶。不论经过细耕会变为怎样肥沃的土地，如果难耕的话，他们也不愿耕种。他们更不去耕种积水很多的土地。他们通常选择容易耕种的土地，这种土地只要用两把犁就能容易地耕作了，然后他们广泛地播种，所以，作物在生长时就可得到丰富的阳光和空气，并可从广阔的面积中吸收养料。

当美洲最初为人定居时，许多现在用马力机械做的农业工作，仍用手工去做；现在农民虽然非常喜欢平坦的草原，没有断树和石块，机器能容易操作而没有危险，但那时的农民也不大嫌恶山地。他们的收获在与耕作面积的比例上是小的，但在与种植作物所用的资本和劳动的比例上却是大的。

因此，直到我们知道一些关于耕作者的技能和进取心，和他能动用的资本和劳动的多寡，并且知道对生产物的需要使他以他现有的资源进行精耕是否是有利的时候，我们才能说一块土地比另一块土地肥沃。如果对生产物的需要使精耕有利，则给与大量资本和劳动以最大的平均报酬的土地，就是最肥沃的土地；否则，给与最初使用几剂资本和劳动以最好的报酬之土地，就是最肥沃的土地。肥力这个名词，除了与一定的时间和地点的特殊情况有关外，是没有意义的。

但是，即使有这样的限制，这个名词的用法还有一些不明确的地方。有时，注意力主要是在于土地对精耕产生充分报酬，和对每亩土地生产很大的全部生产物的力量；而有时则在于土地的生产很大的剩余生产物或地租的力量，虽然它的总生产物是不很大的。例如，按照前一意义来说，英国现在的丰饶的耕地是很肥沃的，而按照后一意义来说，牧地是肥沃的。为了许多目的，这个名词不论理解为哪一种意义，是没有关系的；但在少数情况下确有关系，因此在上下文中必须要有解释的语句。①

第四节　因为人口压力的增加，贫瘠土地的价值通常比肥沃土地相对地增大

但是，再进一步说，各种土壤的肥力大小之等级，是易于因耕作

----

① 如果生产物的价格是这样，以后需要 OH 的数额（见（12）、（13）、（14）三图）才能抵偿耕作者的一剂资本和劳动，于是耕作就会扩大到 D；而所获得的生产物 $AODC$，在图（12）中最大，在图（13）中次之，在图（14）中最小。但是，如果对农产品的需要增加了，以致 OH' 的数额就足以抵偿耕作者的一剂支出，于是耕作就达到 D'，而所获得的生产物 $AOD'C'$，在图（14）中最大，在图（13）中次之，在图（12）中最小。如果我们考虑剩余生产物，则这种对比就会更加明显，剩余生产物是减去足以抵偿耕作者的支出之后的余额，而在某些条件下就变为土地的地租。因为，在第一种情况下，剩余生产物在图（12）和图（13）中是 AHC，而在第二种情况下，是 $AH'C'$；而在图（14）中，在第一种情况下，剩余生产物是 $AODCPA$ 超过 $ODCH$ 的部分，也就是 PEC 超过 AHE 的部分；而在第二种情况下，就是 $PE'C'$ 超过 $AH'E'$ 的部分。

方法及各种作物的相对价值的变化而改变。例如,当上世纪之末,科克先生说明怎样用先种三叶草的办法,使小麦在轻松的土地上生长良好,因此,轻松土地的价值就比黏性土地相对地增大了;现在,这种土地有时虽然仍照旧习惯称为"瘠"地,但其中有一部分,即使听其自然,也比许多曾经细耕的土地具有较高的价值,而且实在较为肥沃。

其次,在中欧对于用作燃料和建筑材料的木材的需要之增加,已经使得有松树的山坡地的价值,比差不多其他各种土地的价值相对地增高。但在英国,由于煤代替了木材作为燃料,铁代替了木材作为造船材料,以及因为英国输入木材特别便利的缘故,山坡地价值的增高就受到阻碍了。又如,稻和黄麻的种植,往往使那种积水太多以致不能生长其他大多数作物的土地具有很高价值。再如,自从谷物条例废除以来,英国的肉类和乳品的价格,比谷物的价格相对地上涨了。如与谷物轮种就可盛产饲料作物的耕地的价值,比冷的黏性土地相对地增大了;永久牧地的价值比耕地相对地大大下降,但因人口的增加,这下降的价值已有一部分回升了。①

对于普遍种植的作物和耕作方法之适合于特殊土壤的任何变化,姑且不论,也有一种不断的使各种土地的价值趋于均等的倾向。如果没有任何相反的特殊原因,人口和财富的增长会使贫瘠地达到肥沃地的价值。一度完全为人忽视的土地,由于投下了很多劳动,就可种植丰饶的作物;它在一年中所吸收的阳光、热和空

---

① 据罗杰斯计算(见他所著《六个世纪的工作和工资》第 73 页),如用谷物估计,肥沃的牧地在五、六世纪之前,就具有与它现在大约相同的价值;但同样用谷物估计,耕地的价值在同一时间内增高了大约五倍。这一部分因为在其根可食的植物和其他近代的各种家畜冬季饲料还不知道的时候;干草是极其重要的东西。

气,大概与肥沃地一样多;而它的缺点能用劳动加以大大减少。①

正像土地的肥力没有绝对的标准一样,良好的耕作也没有绝对的标准。例如,海峡群岛的最肥沃地方之最好的耕作,对每英亩土地也要花费极大的资本和劳动:因为这些地方靠近大的市场,而且在气候的没有变化和早熟方面得天独厚。如果听其自然的话,那里的土地就不会非常肥沃,因为,它虽有许多优点,但也有两个

---

① 这样,我们可以比较图(16)和图(17)所表示的两块土地。对于这两块土地,报酬递减律发生同样的作用,因而它们的生产物曲线之形状也是相似的,但前者在各种程度的精耕上都比后者具有较大的肥力。土地的价值一般地可由它的剩余生产物或地租来代表的。在这两种情况下,当需要 OH 的数额以抵偿一剂资本和劳动时,剩余生产物就由 AHC 来代表;当人口和财富的增长使 OH' 的数额就足以抵偿一剂资本和劳动时,则由 $AH'C'$ 来代表。很明显,图(17)中的 $AH'C'$ 同图(16)中的 $AH'C'$ 对比,就比图(17)中的 AHC 同图(16)中的 AHC 对比来得有利。同样地——虽然程度不同——图(17)中的全部生产物 $AOD'C'$ 同图(16)中 $AOD'C'$ 对比,就比图(17)中的 $AODC$ 同图(16)中的 $AODC$ 对比来得有利。(在威克斯地德所著的《分配规律的坐标》一书之第51,52页上巧妙地论到地租可以成为负数。当然,赋税可以吸收地租;但使耕作得不到报酬的土地,就会生长树木和杂草了。参看本章第三节。)

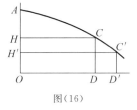

图(16)

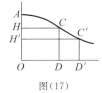

图(17)

波流(见他所著《财富的分配》第二章)曾经收集了各种事实,以说明贫瘠地的价值比肥沃地相对地增大这个倾向。他引用下列数字,表明1829年和1852年优尔和瓦兹两县中几个区的五种土地每公顷(等于二英亩半)的地租额(以法郎计算):

	第一种	第二种	第三种	第四种	第五种
1829 年	58	48	34	20	8
1852 年	80	78	60	50	40

薄弱环节(缺少磷酸和碳酸钾)。但是,一部分依靠它的海岸上丰富海草的帮助,这两个薄弱环节就能加强了,因而这条链索就变为非常坚固。因此,精耕——或是像在英国通常称为"良好的"耕作——会使每英亩土地生产值一百镑的早熟的马铃薯。但是,美洲西部的农民如对每英亩土地也花费同样的支出,就会使他破产了;以他的情况而论,精耕不是良好的,而是不好的耕作。

第五节　李嘉图曾说,最肥沃的土地最先耕种,以他说这句话的意思而言,这是对的;但是,他低估了稠密的人口对农业所提供的间接利益

李嘉图对报酬递减律的讲法是不精确的。然而,这种不精确大概不是由于思想的疏忽,而只是由于措辞的疏忽。无论如何,以他写作时英国的特殊情况而论,以及为了他心目中某些实际问题的特殊目的,他都认为报酬递减的情况并不具有很大的重要性,这一点大概已不成问题了。当然,他不会料到有很多的发明,而这些发明准备开辟新的供给源泉,并且依靠自由贸易的帮助,还可以革新英国的农业;但是,英国和其他国家的农业史,也许曾经使他特别着重某种变化的可能性。[①]

---

① 正如罗雪尔(见他所著《政治经济学》)所说："在批判李嘉图时,我们不能忘记:他的意图不是要写一本政治经济学的教科书,而只是尽可能简括地将他研究的结果,告知精通政治经济学的人。所以,在他的著作中常常采用某些假定,只有经过适当考虑之后,我们才能把他所说的话引申到其他情况上去,或者不如重新写过,以适合已经改变的情况。"

他说过,一个新国家中最初的移民必然选择最肥沃的土地,因为人口的增加,逐渐地就对越来越贫瘠的土地也加以耕种了,他这样随便一说,好像土地的肥力有了绝对的标准一样。但是,我们已经知道,在不花代价可以得到土地的地方,各人选择最适合他自己的目的之土地,以及在考虑了一切事情之后会给他的资本和劳动以最好的报酬之土地。所以,他找寻立即能够耕种的土地,而忽略在肥力因素链索上有任何薄弱环节——不论其他环节怎样坚固——的土地。但是,除了必须避免瘴气之外,他必须考虑他与市场和资源基地的交通情况,而在某些情况下,对敌人和野兽的袭击的保障之需要,比其他一切问题更为重要。所以,我们不能期望最初选择的土地,常会成为最后被看作是最肥沃的土地。李嘉图没有考虑到这一点,因而受到凯雷和其他人的攻击,这种攻击虽然大部分由于误解了李嘉图的见解,但其中也有一些确实的东西。

在新的国家中,会被英国农民看作是贫瘠的土地,有时反而比他认为是肥沃的邻近土地先被耕种,这个事实,不像某些外国作家所认为的那样,是与李嘉图学说的要旨相矛盾的。这个事实的实际重要性是与这样的条件有关:在这种条件下,人口的增长势将造成对生活资料的压力之增加;这种重要性使研究兴趣的中心从仅仅是农民生产物的数量移转到它的交换价值,而交换价值是以农民邻近的工业人口所提供的与农产物交换的东西来表示的。[①]

第六节　续前

　　李嘉图和他同时代的经济学家从报酬递减律中推出以上这个推论，一般都过于草率；他们没有充分考虑来自组织方面的力量之增大。但事实上，每个农民都因为有了邻人——不论是农民还是镇市居民——而得到帮助。[②] 即使大多数邻人都和他一样从事农业，他们也逐渐供给他以良好的道路和其他交通工具；他们并使他有一个市场，在这市场上他能以合理的条件购买他所要的东西，供他自己和家庭用的必需品、舒适品和奢侈品，以

---

　　① 凯雷断言他已经证明了以下一点："在世界各地，耕作是从山的两旁之地开始的，那里的土地最贫瘠，地位上的自然利益最小。随着财富和人口的增长，人类就从两面接连山谷的高地下来，聚于山脚。"（见他所著《社会科学原理》第四章第四节。）他甚至这样论述：每当一个人口稠密的地方遭到糜烂时，"每当人口、财富和联合的力量衰落时，人类所放弃的却是肥沃的土地，再逃避到贫瘠的地方去"（前书第五章第三节）；躲藏着野兽和盗贼的丛林的迅速成长，或是瘴气的发生，都使肥沃的土地遭到困难和危险。可是，新近在南非及其他地方的殖民者的经验，一般都没有证实他的结论，而他的结论的确大部分是基于有关热带地方的事实。但是，热带地方的表面上的吸引力有许多是不可靠的：热带地方也许会使艰苦的工作获得非常丰富的报酬，但在那里，艰苦的工作现在仍是不可能的，虽然医学的进步，尤其是细菌学的进步，在这方面也许会造成某种变化。凉爽的微风是活泼生活的必需品，与食物本身完全一样。能生产许多食物，但其气候却是破坏人的精力的土地，比生产较少的食物但有适宜的气候的土地，不会生产较多的有助于人类福利的原料。

　　已故阿格尔公爵说明了不安全和贫困的影响，因此在能对苏格兰高地的山谷进行耕作之前，不得不先耕种山地。见他所著《苏格兰的今昔》。

　　② 在一个新的国家中，这种帮助的一个重要形式，就是使他能够敢于耕作肥沃的土地，否则，由于害怕敌人和瘴气，他就会知难而退了。

及农业上各种必需的用品。他们使他获得知识,给他以医疗、教育和娱乐的便利;他的胸襟日益开阔了,他的效率在许多方面都提高了。如果附近的市镇扩充为一个大的工业中心,他的利益就更大了。他的一切生产物更值钱了;有些他一向丢掉的东西也可得到善价出售。在牧场经营和园艺经营方面,他得到新的机会,因为生产物的范围渐广,他就采用轮种的方法,使他的土地一直可以利用,而不会丧失土地的肥力所需要的任何一种成分。

还有一层,我们以后就会知道,人口的增加势将发展贸易和工业的组织;所以,报酬递减律之适用于花在一个区域的全部资本和劳动,就不像适用于花在一块田地上的全部资本和劳动那样明确。即使耕作已经达到了某一阶段,在这阶段之后,用于田地的接连每剂资本和劳动,都会比前一剂产生较少的报酬,但人口的增加也许可能使生活资料有超过比例的增加。诚然,不祥的日子不过是推迟而已;但它确是推迟了。人口的增长,如没有受到其他原因的阻碍,最终必然为获得农产物的困难所阻碍,但是,虽然报酬递减律发生作用,但人口对生活资料的压力,在很长时期内,仍可为开辟新的供给范围、铁路和轮船交通的低廉与组织和知识的进步所遏制。

与上述相反的,必然是在人口稠密的地方,获得新鲜空气和阳光以及——在某些情况下——新鲜的水的困难日见增加。名胜之地的天然美具有不能忽视的直接货币价值;但是,为了实现男女和儿童能游玩各种美丽风景的真正价值,却要作一些努力。

第七节　渔场、矿山和建筑用地的报酬规律

如前所述,经济学用语中的土地包括江河与海洋在内。在江河捕鱼方面,增加使用资本和劳动所增加的报酬,表现出急剧的递减。至于在海洋捕鱼方面,则是意见分歧。海洋的容积很大,鱼类非常丰富;有些人认为,人类能从海洋中得到实际上是无限的供给,而不会显著地影响海洋中剩下的鱼类数量;或换句话说,报酬递减律对于海洋捕鱼差不多是不适用的。同时,另些人认为,凡是竭力捕捉,尤其是用蒸汽拖网渔船捕捉的渔场,其生产力是下降的。这个问题是重要的,因为,将来的世界人口,在数量上和质量上,将会显著地受到可有的鱼类供给的影响。

矿山的生产物——石矿和制砖场也可算在矿山之内——据说也是依照报酬递减律的;但这样讲法是令人误解的。除了只有依靠矿业技术的改良,以及关于地壳含有物的知识之进步,我们才能获得对自然蕴藏的更大的控制能力外,在获得矿产的进一步的供给上,我们会遇到不断增加的困难,这一点是确实的;而且毫无疑问,如果其他情况不变,对矿山不断使用资本和劳动结果会造成生产物的递减率。不过,这生产物不是像我们在报酬递减律中所说的报酬那样的纯产物。那种报酬是不断循环发生的收入之一部分,而矿山的生产物不过是从它蕴藏的财富中所取出的一部分而已。田地的生产物是土地以外的东西;因为,田地如被适当地耕作,仍然保持它的肥力。但矿山的生产物却是矿山本身的一部分。

这个问题也可以用另外一番话来说明。农产物和鱼类的供给

是源源不断的河流,而矿产则好像是天然的蓄水池。蓄水池越接近干涸,则从池中抽水所花的劳动就越大;但是,如果一个人十天能抽完池中的水,则十个人一天也能抽完,一旦抽完,蓄水池中就不再有水了。所以,今年正在开采的矿山,如在许多年前开采也许同样地容易:如果事先适当地订好计划,并准备好开采工作所需的专门资本和技能,则供十年用的煤,就可在一年中开采出来,而不会增加任何困难;但矿藏一旦开完,它就不能再有出产了。这种区别还可用下一事实来说明:矿山的地租与田地的地租是以不同的原理来计算的。佃农在契约上可以订明归还与原来同样肥沃的土地,但矿山公司则不能这样做;佃农的地租是以一年计算的,而矿山的地租主要是由"租用费"构成的,这种租用费是按照从自然的蕴藏中所取出的物品之比例征收的。①

另一方面,土地在给人类以空间、阳光和空气方面——有了它们人类可以生活和工作——所提供的服务,确是严格地依照报酬递减律。对于具有位置上的特殊利益——自然的或人为的——的土地所用的资本不断增加,是有利的。建筑物高耸入云;自然的光线和通风就以人为的方法来补充,而且电梯减少了房屋最高层的不便;对于这种支出,方便的报酬有了增加,但它是递减的报酬。建筑用地的地租不论怎样高,最后总要达到一个限度,超过这个限

---

① 正如李嘉图所说(见他所著《政治经济学及赋税原理》第二章):"对煤矿或石矿所付的报酬(由租用矿山的人支付的),是为了从矿山中能开采出来的煤或石的价值而付给的,与土地固有的或不灭的能力没有关系。"但是,在把报酬递减律应用于矿山的研究上,李嘉图和其他学者有时似乎都忽视这种差别了。李嘉图对亚当·斯密的地租理论的批评,尤其是这样(见《政治经济学及赋税原理》第二十四章)。

度,与其再一层一层地造上去,还不如支付较多地租以使用较大的面积来得上算;正像农民知道最后总要达到一个阶段,超过这个阶段,进一步精耕也不能抵偿支出,与其对原有的土地使用更多资本和劳动而得到递减的报酬,还不如支付较多地租以使用较大的土地来得上算一样。① 由此可知,地皮地租的理论与田地地租的理论实质上是相同的。这个和类似的事实现在就使我们能够简化和发展李嘉图与穆勒所提出的价值理论。

建筑用地是如此,其他许多东西也是如此。倘使一个制造商有(比方说)三台刨床,他就不难从它们得到一定数量的作业。如果他要从它们得到更多的作业,他就必须在平常工作时间内努力节省它们的操作时间,一分钟也不浪费,或许还要加班工作。这样,它们一旦被充分利用之后,接连每次对它们用力,都给他以递减的报酬。最后,纯报酬是如此之小,以致他觉得与其硬要他的旧机器做很多工作,还不如购买第四台机器来得上算;正像一个农民已经充分耕种了他的土地,觉得与其硬要现有的土地生产更多的生产物,还不如购买更多的土地来得上算一样。诚然,从某些观点来看,从机械所得到的收入多少带有一点地租的性质;在第五篇中再加说明。

① 当然,用于建筑物的资本所产生的报酬,对于起初使用的各剂资本是递增的。即使在差不多不花代价就能获得土地的地方,建造两层高的房屋也比一层便宜;迄今为止,建造大约四层高的厂房被认为是最便宜的。但是,在美国正产生这样一种意见:在土地不是很昂贵的地方,厂房应当只有两层高,一部分是为了避免高建筑物的震动,和预防这种震动所需的高价的地基和墙壁之有害的结果;这就是说,建造两层高的房屋所需的资本和劳动花在这土地上之后,方便之报酬已经是显然递减了。

第八节　报酬递减律和一剂资本和劳动的注释

在这里我们不能充分考虑报酬递减概念的伸缩性；因为，这个概念不过是在投资方面关于资源之经济的分配之大的一般问题中的一个重要的细节而已，而这一问题是第五篇的主要论述之中心，实在也是全书大部分的中心。但是，关于这个概念，现在在这里似乎需要略加说明，因为在卡尔教授的有力和有启发性的倡导下，近来对这个概念极为重视。[①]

如果一个制造商将他的资本用于机械方面为数过大，以致有很大一部分机械经常空着不用；或者用于建筑物方面为数过大，以致有很大一部分的地方没有充分使用；或者用于雇用职员方面为数过大，以致所用的职员中一定有一部分人的工作抵不过付给他们的工资；因此，在这一方面他的过度的支出，就不像以前的支出那样有利可图了，所以我们可以说，这种支出对他产生了"递减的报酬"。但是，这个名词这样的用法，虽然极其正确，但除非谨慎使用，否则就容易令人误解。因为，当用于土地的劳动和资本的增加所产生的报酬递减倾向，是被看作任何生产要素，在与其他要素的比例上用得过多时所产生的一般报酬递减倾向的一个特殊的例证时，人们就易于认为，其他生产要素的供给是能够增加的。这就是说，人们易于否认在一个古老国家中现有的全部可耕土地的固定性这个条件的存在，而这个条件是我们刚才考虑的关于报酬递减

---

① 再参看布洛克教授和兰德利教授的著作。

律之重要的古典研究之主要基础。即使当个别农民要在靠近他自己田地的地方增加十英亩或五十英亩土地时,除了能出高到令人不敢过问的价格,否则恐怕总不能得到它们。即使从个人观点来看,在这方面土地也是与其他大多数生产要素不同的。这种差别对于个别农民,诚然可看作是没有多大关系。但是,从社会的观点,从以下关于人口各章的观点来看,这种差别却是重要的。让我们就来研究这个问题。

在任何生产部门的每个方面,都要将资财分配于各种支出,而某种分配的办法能比其他任何分配办法产生较好的结果。管理企业的人越能干,他就越接近十分完美的分配;正像管理一个家庭所有的羊毛之原始社会的主妇越能干,她就越接近羊毛在家庭的各种需要之间的理想的分配一样。①

如果他的营业扩大了,他就要以适当的比例来增大各种生产要素的使用;但不是像有时所说的那样,按照比例来增大。例如,手工操作与机器操作的此例,在一家小的家具厂里也许是适当的,而在一家大的家具厂里,这一比例恐怕就不适当了。如果他对他的资财的分配做到尽可能的适当,他就从他的各种生产资料中得

---

① 在这方面,他将充分利用以后所说的"替代"原理,就是以较为适当的方法来代替较不适当的方法。与这一段有直接关系的研究,见于第三篇第五章第一——三节;第四篇第七章第十八节和第十三章第二节;第五篇第三章第三节、第四章第一——四节、第五章第六——八节、第八章第一——五节和第十章第三节;第六篇第一章第七节和第二章第五节。

效用递减倾向和报酬递减倾向是各有根源的,一在于人类本性的品质,一在于工业的技术条件。但是,这两种倾向所指的资财的分配,恰好是受同一规律的支配。用数学的话来说,这两种倾向所产生的在最大数和最小数上的种种问题,是由同一的一般方程式来表明的;参看数学附录中注14就可明了。

到他的企业所能得到的最大（边际）报酬。如果他使用任何一种生产资料过多，他就从这种生产资料中得到递减的报酬；因为其他生产资料与它不能适当配合。这种递减报酬与农民所得到的递减报酬是相同的，如果农民对土地如此地精耕，以致从土地获得递减的报酬。倘使农民能以与付给原来土地的相同的地租而获得更多的土地，他就会租用更多土地，否则，他就会受到责难，被看作是一个无能的经营者；这就说明了以下的事实：从个别耕作者的观点来看，土地不过是资本的一种形态而已。

　　但是，前代的经济学家说到报酬递减律时，他们不但从个别耕作者的观点，而且从整个国家的观点来研究农业问题。现在，如果整个国家发觉它现有的刨床或耕犁为数过多或是过少，它就能重新分配它的资源。它能增加它所缺少的东西，同时逐步减少过多的东西；但对土地它却不能这样做。它对土地可以更加精耕细作，但却不能获得更多的土地。由于这个理由，前代的经济学家力言以下一点是对的：从社会观点来看，土地的地位与其他人类可以无限制地增加的生产资料的地位，不是完全相同的。

　　毫无疑问，在一个新的国家中，还有大量的肥沃土地未加耕种，因此，现有的全部土地之固定性是不起作用的。美国经济学家说到土地的价值或地租时，往往认为它是随着土地与良好市场的距离而不同的，而不是随着土地的肥力而不同；因为，即使现在，在美国还有许多肥沃的土地未被充分耕作。同样地，他们不大重视下一事实：在像英国那样的国家里，谨慎的农民用于土地的劳动和资本一般所产生的递减报酬，与不谨慎的农民或制造商对数量过多的耕犁或刨床不适当的投资所产生的递减报酬，不是处于完全相同的地位。

当报酬递减倾向变为普遍时，报酬易于以价值，而不是以数量来表示，这是确实的。然而，必须承认这一点：用数量来衡量报酬的老方法，往往碰到没有货币衡量的帮助就不能正确解释一剂劳动和资本的困难；而且，这个方法虽有助于广泛的初步衡量，但不能供深入研究之用。

但是，如果我们要把往昔的或远处的土地之生产力都纳入一个共同的标准，即使采用货币衡量的方法也无济于事。因此，我们必须重新采用概略的、多少是武断的测量方法，这种方法不是以数字的标准为目的，但仍足供广泛的历史研究之用。我们必须考虑以下这些事实：一剂中的劳动和资本的相对数额有很大不同；资本利息这个项目，通常远不及在农业的进步阶段那样重要，虽然利率在后一阶段一般是低得多了。为了大多数的目的，以具有一定效率的一天的不熟练劳动作为共同标准，大概最为妥当：这样，我们认为一剂是由一定数量的各种劳动，和资本的使用及偿还的一定费用所构成的，而合在一起就等于十天(比如说)这样的劳动之价值；这些因素的相对比例，和以这样的劳动表示的它们个别的价值，是按照每个问题的特殊情况来确定的。①

对于在不同情况下使用劳动和资本所得到的报酬加以比较，也有类似的困难。只要作物属于同一种类，一种报酬的数量就能与另一种报酬的数量比较。但是，如果作物属于不同的种类，则要

---

　　①　一剂中的劳动部分当然是当时的农业劳动；而资本部分本身也是劳动的产物，这种劳动是由各种各样的，并带有"等待"心理的劳动者在过去所提供的。

把它们化为一个共同的价值尺度之后,才能比较。例如,当我们说到土地对某种作物或某种作物轮种,比对另种作物或另种轮种,能使用于土地的资本和劳动产生较好的报酬时,我们必须理解,这样讲法只是以当时的价格为基础才是对的。在这样的情况下,我们必须把整个轮种时期合在一起计算,并假定在轮种之初与轮种之末土地的状况是相同的,一方面计算在整个轮种时期所用的一切资本和劳动;另一方面计算一切作物的总收获。

我们必须记住,一剂劳动和资本所产生的报酬,在这里不是被当作包括资本本身的价值在内。例如,如果用于田地的资本的一部分是由两岁的牡牛若干头构成的,则一年的劳动和资本所产生的报酬,并不是包括年终这些牡牛的全部重量在内,而只包括这一年内所增加的重量。又如,当我们说到一个农民耕种土地的资本是十镑时,这十镑包括他的田地所有的一切东西的价值在内;但是,一年(比如说)之中用于田地的各剂劳动和资本的总数,并不包括像机械和马达这样的固定资本的全部价值在内,而只包括扣除了利息、折旧和修理费用之后的它们的使用价值,虽然这一总数的确包括像种子这样的流通资本的全部价值在内。

以上所述是一般所采用的衡量资本的方法,如果没有相反的意见,这个方法可以看作没有问题了;但是,另一种方法有时更为适当。有时对所用的一切资本说成好像都是一年之初或一年之中所用的流通资本,是便利的:在这种情况下,年终时凡是田地上的东西都是生产物的一部分。这样,幼小的家畜可以当作是一种原料,而经过一定时间将它加工成为肥壮的家畜,以供屠宰。对于农具甚至也可同样处理,年初时农具的价值当作是用于田地的一定数额的流通资本,到年终时就当作一定数额的生产物。这个办法使我们能够避免一再重复使用关于折旧等方面的假定语句,并在许多方面能省去许多话。对于具有抽象性质的一般推论——尤其这种推论是以数学方式来表达时——这个办法往往是最妥当的。

在每个人口稠密的国家里,有思想的人都必须研究报酬递减律。正如凯南教授所说,报酬递减律最初是由杜阁加以清楚说明的(见他所著《生存》第420—421页),而它的主要应用则是由李嘉图加以发展的。

第四章　人口的增长

第一节　人口学说史

　　财富的生产不过是为了人类的生活,满足人类的欲望,和身体的、精神的及道德的活动之发展的一种手段。但是,人类本身就是那种以人类为最终目的之财富生产的主要手段。[①] 本章及以下两章对劳动的供给——就是人口在数目上、体力上、知识上和性格上的发展——将作一些研究。

　　在动物和植物界中,动植物的繁殖一方面受个体繁殖其族类的倾向之支配,另一方面又受生存竞争的支配,这种竞争使初生之物在达到成熟之前就遭淘汰了。只有在人类之中,这两种相反力量的冲突,因其他的影响而变为复杂了。一方面,对将来的顾虑使许多人控制他们的自然冲动:有时这是为了克尽父母之责的目的;有时则是由于卑鄙的动机,例如在罗马帝国时代的罗马就是这样情况。另一方面,社会以宗教的、道德的和法律的制裁,对个人施

---

① 　参看第四篇第一章第一节。

加压力,以达到有时加速、有时阻碍人口增长的目的。

人口增长的研究,往往被说成好像是近代的研究。但是,具有多少是模糊形式的人口研究,早已受到世界上一切时代的有思想的人的注意了。在东方和西方世界中,由立法者、道德家和那些无名的思想家——这些思想家的具有远见的智慧已对国民的习惯发生影响——所制定的法规、风俗和礼仪,对于其中的大部分,我们能溯源于人口研究的影响,但这种影响往往未被承认,有时甚至未被清楚地认识到。在强盛的民族中,和在重大的军事冲突时期,他们力求增加能负荷武器的男子之供给;而在进步的高级阶段,他们谆谆教导对人类生活的神圣不可侵犯要有很大的尊重;但在进步的低级阶段,他们又鼓励,甚至强迫对老弱的人有时对一部分的女孩,加以残忍的屠杀。

在古代的希腊和罗马,为了保持开拓殖民地的力量,并且因为战争的不断发生,市民人数的增加,是被看作一种公共力量的源泉;舆论鼓励结婚,而在许多情况下,甚至由法律加以鼓励:虽然,连那时有思想的人也觉得,如果要减轻父母的责任,相反的行动也许是必要的。① 在往后的时代里,正像罗雪尔所说的那样②,国家

---

① 好像亚里士多德(见他所著《政治学》第二篇第六章)反对柏拉图的平分财产和消灭贫困的办法,理由是,除非国家对人口增长加以坚决的控制,否则,这个办法是不能实行的。正如周维特所指出的,柏拉图自己也知道这一点(见他所著《法律》以及亚里士多德的《政治学》第七篇第十六章)。以前认为:希腊的人口是从纪元前七世纪减少的,罗马的人口是从纪元前三世纪减少的,这种意见近来已经成为问题了。参看《社会科学大辞典》中麦耶所著的《古代人口》一文。

② 见罗雪尔所著《政治经济学》第 254 节。

应当鼓励人口增长的意见，就时盛时衰了。在英国都铎尔王朝最初两王的统治下，这种意见最为盛行；但在十六世纪期间，这种意见就减弱和改变了；当废除了僧职的独身生活，和国家情况的稳定已对人口给与显著的刺激时，而同时牧羊场的增加，以及工业体系中僧院所建立的那一部分工业的瓦解，都减少了对劳动的有效需求，这种意见就开始衰落了。往后，人口的增长因生活舒适标准的提高而受到遏制，这种提高的效果就是在十八世纪上半期英国人民普遍采用小麦作为主要食物。在那时，甚至还有恐惧，认为人口实在是减少了，以后的研究证明这种恐惧是没有根据的。凯雷和威克斐尔德关于人口稠密的利益之论断，已为潘提①预先说出一些了。蔡尔德也说："凡是可以使一国人口减少的事物，都可以使一国贫穷"，又说："世界上文明地区的大多数国家的贫富，多少是与人口的多寡成正比的，而不是与土地的肥瘠成正比的。"②在对法国的世界斗争达到顶点时，日益需要越来越多的军队，而制造商也需要更多的人来使用新机械，统治阶级的偏见就非常赞成人口增加。这种意见的流行是如此普遍，以致皮特在 1796 年宣布，凡是以几个孩子报效国家的人，享有国家补助的权利。在 1806 年军事紧急中所通过的一项条例，规定凡有嫡出的孩子两人以上的父亲，可以享受免税的权利，但一旦拿破仑被安稳地幽禁在圣赫勒拿

---

① 他辩论说，荷兰如与法国相比则似乎更为富裕，因为荷兰人所获得的许多利益，是住在贫瘠的土地、因而是较为分散的人们所不能得到的。"肥沃的土地比产生同样地租的劣等土地更好。"见他所著《政治数学论》第一章。

② 见蔡尔德所著《贸易论》第十章。海里士在他著的《货币论》中也有类似的议论，并且建议"对有孩子的人给予某些特权，以鼓励在下层阶级中的婚姻"，等等。

岛上,这个条例就被废除了。①

第二节 续前

在整个这一时代里,在那些最认真地思考社会问题的人之中,日益感到人口过度增加,不论是否已使国家强大,都必然会造成巨大的困苦;而且国家的统治者无权以牺牲个人的幸福来扩大国家的。我们已经知道,特别是在法国,宫廷及其随从者为了他们自己的奢侈和军事上的光荣而牺牲人民幸福的这种冷酷的自私心,曾经引起了反抗。倘使重农主义者的仁慈的同情心,当时能够克服法国特权阶级的轻浮与苛刻,十八世纪大概就不会以骚乱和流血告终,在英国自由的进程就不会受到阻止,而进步的指针就会比现在向前推进至少一代了。实际上,当时对于魁奈的慎重而有力的抗议,差不多未加注意,他抗议说:"一个人应当志在增加国民收入,而不应求人口的增加,因为,从优厚的收入中所得到的较大的舒适之情况,比人口超过收入而经常处于迫切需要生活资料的情

---

① 皮特说:"在有许多孩子的情况下,让我们使救济成为权利和荣誉的问题,而不是耻辱和藐视的理由。这将使大家庭成为幸福,而不是祸患,而且在能以劳动来自己维持生活的人,与以几个孩子报效国家之后有权要求国家帮助以维持生活的人之间,就可加以适当的区别了。"当然,他希望"在不需要救济的地方,就不鼓励救济。"拿破仑一世曾经愿意以他自己的费用来抚养任何有七个男孩的家庭中的一人;在屠杀人民方面是拿破仑前辈的路易十四,对于凡在二十岁之前结婚的人,或凡是有十个以上嫡出的孩子的人,都豁免一切公税。德国人口的迅速增加与法国人口的比较,是法国国会在1885年颁布一项法令的主要动力,这项法令规定由公费供给穷困家庭的第七个孩子的教育费和膳宿费;在1913年又通过一项法律,规定在一定的条件下,对大家庭的父母给予津贴。1909年的英国预算法案,也略为减少家庭中父亲的所得税。

况,是可取的。"①

　　亚当·斯密对人口问题说得很少,因为,他著作的时代,确是英国工人阶级最繁荣的时代之一;但他所说的确是明智的、不偏不倚的,而在论调上是现代的。他接受重农学说作为他的根据,而加以这样的修正:他力言生活必需品不是一个固定的和确定的数量,而是随时随地变化的,并且会有更大的变化。② 但是他却没有充分说明这个暗示。当时没有什么事情使他会预料到重农学说的第二个大限制,到了我们的时代,由于小麦从美洲的中心运到利物浦的运费,比它过去在美国国内的运费还少,这个限制就变为突出了。

　　十八世纪渐渐过去,直到终了,下一世纪开始了;年复一年,英

――――――――――――

　　① 重农学派关于人口有增加到生活资料的边际之倾向的学说,可用杜阁的话来说明:雇主"因为总有大量工人供他选择,就选择肯最廉价地工作的工人。于是,工人因为互相竞争而不得不减低他们的价格;无论哪一种劳动,必然会达到——而且事实上已经达到了——以下的结果:工人的工资被限制在获得生活资料所必需的工资额上。"(见杜阁所著《财富的生产与分配的研究》,第六章)。

　　同样地,詹姆士·斯图亚特爵士也说(见他所著《政治经济学原理的研究》第一篇第三章):"生殖力像是载有重量的弹簧,它的伸张总是与阻力的减少成反比的。当食物暂时没有增减时,生殖就会尽可能地高;如果以后食物变为减少了,弹簧被压得过重;生殖力就降到零点以下,人口至少将按照超重的比例减少。另一方面,如果食物增加了,在零点的弹簧,就会开始随着阻力的减少而伸张;人们开始吃得较好;人口就会增加,食物就会按照人口增加的比例重新变为不足。"斯图亚特很受重农学派的影响,而在某些方面,确是受到欧洲大陆的政治观念,而不是英国的政治观念之熏陶:他的人为的节制人口的办法,似乎现在对于我们很不适合。参看他的《政治经济学原理的研究》第一篇第十二章:"为了增加人口,把易于理解的理论和关于事实的完善知识,与政府的实际职能结合起来的巨大利益。"

　　② 参看《国民财富的性质和原因的研究》第一篇第八章和第五篇第二章。并参看其第二篇第四章。

国工人阶级的状况变得更为凄惨。惊人的一连串的歉收[①]，精疲力尽的战争[②]，以及在工业方法上打破旧日束缚的变化，再加上不妥当的救贫法，就使得工人阶级陷于空前的最大困苦——至少是英国社会史上自有可靠记载以来的最大困苦。[③] 尤其是，善意的热心者，主要是在法国的影响下，提倡共产主义的办法，使人们能把抚养孩子的全部责任归之于社会。[④]

这样，当募兵的军曹和劳动者的雇主需要会使人口增长的措施时，较有远见的人开始研究民族是否能够避免堕落的问题，如果人口像当时那样长久不断增加的话。在这些研究的人之中，主要的是马尔萨斯，他所著的《人口论》是关于这个问题一切近代理论的起点。

第三节　马尔萨斯

马尔萨斯的推论是由三个部分构成的，而这三个部分必须区

---

① 在亚当·斯密著作时的 1771 至 1780 年的十年间，小麦的平均价格是三十四先令七便士；1781 至 1790 年是三十七先令一便士；1791 年至 1800 年是六十三先令；1801 年至 1810 年是八十三先令十一便士，1811 年至 1820 年是八十七先令六便士。

② 在上一世纪之初，帝国税——大部分是战争税——数达国家全部收入的五分之一，但现在只占二十分之一多一点，而且其中有大部分用于那时政府不供给的教育及其他利益。

③ 参看以下第七节和以上第一篇第三章第五和第六节。

④ 特别是葛德文在他所著的《政治正义之研究》(1792 年)中有这样主张。把马尔萨斯对于这书的批评(《人口论》第三篇第二章)，和亚里士多德对于柏拉图的《理想国》的批评(特别参看亚里士多德所著的《政治学》第二篇第六章)，作一比较，是很有趣味的。

别开来。第一部分是关于劳动的供给。依靠对事实的细心研究，他证明了以下一点：凡有可靠的历史记载的民族，都是如此生育繁多，以致如果不是由于生活必需品的缺乏，或其他原因——就是疾病、战争、杀婴儿，最后是自愿的节制——的遏制，则人口的增长就会是迅速和继续的。

他的第二个论点是关于劳动的需要。像第一部分一样，它也是以事实为依据，不过是用一类不同的事实来证明。他证明，到他著作的时候为止，没有一个国家（与罗马或威尼斯那样的城市是不同的），在它的领土上人口变为非常稠密之后，而能得到生活必需品的丰富供给。自然对人类工作所酬予的生产物，就是它对人口的有效需求：他又证明，到那时为止，已经稠密的人口之迅速增加，还没有引起这种需求的按比例的增加。①

第三，他得出以下的结论：过去发生的事情，将来也可能发生；人口的增长会受到贫困或某种其他困苦的遏制，除非用自愿的节制来阻止它。所以，他力劝人们采用这种自愿的节制，并且要过道

---

① 　但是，批评马尔萨斯的人之中，有许多认为他说明他的论点远不如他所做的来得直爽；他们忘记了像以下这样一段话了："回顾了前代的社会状态，并与现代的社会状态比较之后，我可以肯定地说，由于人口原理所发生的灾害，即使在差不多完全不知这种灾害之真正原因的不利情况下，也已减少，而未增加。如果我们能怀有这种无知将会逐渐消灭的希望，则我们希望这种灾害仍会进一步减少，似乎也不是不合理的。人口绝对数的增加，当然是会发生的，但这种增加显然不会削弱这种期望，因为，一切都决定于人口与食物的相对比例，而不是决定于人口的绝对数。从本书的前半部来看，人口最少的国家，似乎往往受人口原理的结果之害处最大。"见《人口原理》第四篇第十二章。

德上纯洁的生活,力戒早婚。[①]

　　他的关于人口供给的论点实质上仍然是有效的,在本章中只有这一部分与我们直接有关。形势的发展使人口学说所发生的变化,主要是关于他的推论的第二和第三阶段。我们已经知道,上一世纪前半期的英国经济学家,对于人口增加对生活资料所发生的

---

　　①　马尔萨斯在 1798 年《人口原理》第 1 版中,对于他的论断没有给以任何关于事实的详细叙述,虽然他开头就认为必须把他的论断与事实的研究直接联系起来;他对普来姆(后来他成为剑桥大学的第一个政治经济学教授)所说的话就可证明这一点,他说:"在与他的父亲辩论其他某些国家的情况时,他最初想出了他的理论。"(见普来姆所著《回忆录》第 66 页)美国的经验表明,人口如不加以遏制,每二十五年至少会增加一倍。他辩论说,即使在像有七百万居民的英国那样人口稠密的国家里,人口的加倍会使英国的土地所生产的生活资料也加倍,是可以想象的,而不是可能的。但是,劳动再加倍也不足以使生产物再加倍。"那么,让我们以这一点作为我们的法则,虽然很不切合实际;假定每二十五年(即每次随着人口的加倍),英国的全部生产物所增加的数量,可以等于现在它生产的生活资料的数量",或换句话说,就是以算术级数增加。正像瓦格纳在他对人口研究的卓越的绪论中所说的(见他所著《经济学原理》第 3 版,第 453 页)那样,马尔萨斯要使自己被人清楚理解的愿望,"使他对他的学说加上了过于尖锐的论点,并且以公式表明他的学说过于绝对了。"这样,他说到生产能以算术比率增加,就成为习惯了;许多作家认为他着重这句话的本身;其实这不过是他说明他认为任何有理性的人都能要求他承认的极端之一个简捷的方法而已。如以现代的话来说,他的意思就是:他的论断中所始终采用的报酬递减倾向,在英国的生产物加倍之后,就开始充分发挥作用了。加倍的劳动也许可产生加倍的生产物;但四倍的劳动不会使生产物增加三倍,八倍的劳动不会使生产物增加四倍。

　　在 1803 年《人口原理》第 2 版中,他所依据的事实之叙述是如此广博和谨慎,以致使他在历史派经济学的创始者之中可以占一地位;他虽然没有放弃(如本书的前几版所暗示的)使用"算术比率"这句话,但已缓和与解释了他的旧学说中许多"尖锐的论点"。尤其是,他对于人类的未来,已不采取从前那样失望的观点了;并抱有以下的希望:道德的遏制可以阻止人口的增加,旧的遏制,即"罪恶与困苦",因而就可停止了。佛兰西斯·普雷斯并非不知道马尔萨斯的许多缺点,但在 1823 年写了为马尔萨斯辩护的文章,论调与判断都极好。关于马尔萨斯作品的良好说明,见于波拿所著的《马尔萨斯及其著作》、凯南所著的《1776—1848 英国政治经济学中生产与分配学说史》和尼科尔森所著的《政治经济学》第一篇第十二章。

压力之倾向,估计过高了;马尔萨斯不能预料到海陆运输使用蒸汽的巨大进步,这不是他的过失,这种进步使现代的英国人能以比较小的费用,得到世界上最肥沃土地的生产物。

但是,他没有预料到这种变化的事实,却使他的论断的第二和第三阶段在形式上过时了;虽然实质上它们在很大程度上仍然是有效的。的确,除非在十九世纪末所实行的对人口增加的遏制大体上得到增大(在尚未完全变为文明的地方,这种遏制必然要改变形式),否则,盛行于西欧的舒适习惯,要推广于全世界,并维持好几百年,将是不可能的。但是,关于这一点,以后再加详论。①

第四节　结婚率与人口出生率

一个民族的人口增长,首先决定于自然增加,就是人口出生超过人口死亡之数;第二决定于移民。

人口出生数主要是看关于结婚的习惯而定,这种习惯的古代历史之中是充满经验教训的;但这里我们所研究的,不得不限于文明国家的结婚状况。

---

① 现在全世界的人口如以十五亿计算,假定人口现在的增加率(每年一千人中大约增加八人,参看腊芬斯泰恩 1890 年在英国协会所宣读的论文)仍然继续下去的话,则可知道在不到二百年内,世界人口将达到六十亿;或者说,人口是以相当肥沃的土地每一平方英里大约二百人的比率增加(照腊芬斯泰恩计算,相当肥沃的土地有两千八百万平方英里,贫瘠草地有一千四百万平方英里。许多人以为第一个估计太高;但是,考虑到这一点;如把较不肥沃土地的价值也计算在内,则结果将如以上所假定的约为三千万平方英里)。同时,在农业技术上大概会有很大的改良;如果是这样,人口对生活资料的压力可被遏制为时大约二百年,但不会再长了。

结婚的年龄随着气候而不同。在气候温暖的地方,生育很早开始,也很早停止,而在气候寒冷的地方,生育开始较迟,也较迟停止[1];但不论在哪一种情况下,结婚延迟到这个地方的自然结婚年龄以上的时间愈长,人口出生率就愈低;当然,妻子的年龄在这方面比丈夫的年龄重要得多。[2]假定气候没有变化,则平均结婚年龄主要是看年轻人能够自立和按照他们的朋友与相识的人之中所通行的舒适标准以维持家庭的难易而定,所以,平均结婚年龄对于身份不同的人也就不同了。

在中等阶级中,一个人的收入在他四十或五十岁之前,很少达到最大限度;抚养孩子的费用很大,而且要持续许多年。技术工人除非升到负责的地位,否则,在二十一岁时他的收入差不多是最大的了,但在二十一岁之前,他却赚得不多。他的孩子在大约十五岁之前,对他可能是很大的负担;除非他将孩子送入工厂做工,使他们在很年幼时就能自己谋生;最后,不熟练的劳动者在十八岁时差不多就赚到最大的工资;同时,他的孩子在很年幼时就开始自己维持生活了。结果,平均结婚年龄在中等阶级中最高,在技术工人中

---

[1]　当然,一代的长短本身对于人口的增长也有一些影响。在一个地方,如果一代是二十五年,而在另一个地方,如果是二十年;假定两地的人口在一千年中每两代增加一倍,则第一个地方的人口增加将为一百万倍,而在第二个地方为三千万倍。

[2]　据奥格尔博士计算(见《统计杂志》第53期),倘使英国女子的平均结婚年龄延迟五年,则每一婚姻所生产的孩子数,就会从现在的四点二降低到三点一。科勒西根据布达佩斯的气候比较温暖的事实,认为十八岁至二十岁是女子生育最多的年龄,二十四岁至二十六岁是男子生殖力最强的年龄。但是,他得出结论说,结婚比以上年龄略为延迟,是适宜的,主要理由是:二十岁以下的女子所生的孩子的生命力一般是小的。参看1892年在伦敦发表的《卫生学与人口学会议记录》和《统计杂志》第57期。

次之,而在不熟练的劳动者之中最低。①

　　不熟练的劳动者,如果不是穷到无以为生,以及没有受到任何外部原因的抑制,具有在三十年内增加一倍的能力;这就是在六百年中增加一百万倍,在一千二百年中增加一万亿倍,他们表现出来的低于这种能力的增加,即使有也是很少的。所以,可从演绎上推知,不熟练的劳动者之增加,从来没有不加遏制地长时间继续下去。这一推论被一切历史的教训所证实。在中世纪的整个欧洲,甚至在现在欧洲某些地方,未婚的不熟练的劳动者通常住宿在田舍内,或与父母住在一起;而已婚的夫妇通常需要自己住的房屋;当一个乡村能雇用尽可能多的工人时,房屋之数却没有增加,年轻人不得不尽可能地等待了。

---

　　① 正文中婚姻这个名词必须作广义的解释,以包括不但是合法的婚姻,而且是所有那些非正式的结合——这种结合在性质上是永久的,足以包含至少是几年结婚生活的实际责任在内。这种非正式的结合往往在早年就发生,而经过若干年之后成为合法的婚姻,也是常有的事。由于这个理由,广义的婚姻——我们在这里所说的只是这种婚姻——的平均年龄,是低于合法婚姻的平均年龄的。在这一方面为整个工人阶级所作的考虑恐怕是很大的;但对于不熟练的劳动者,这种考虑比对其他任何阶级大得多。以下的统计必须按照这种意见和下一事实来解释:所有英国的工业统计因在官方报告中对于工人阶级的分类并不十分注意,而变为不完全可靠。据户籍局长的第四十九次年报所载,在某些经过选择的区域里,研究了 1884—1885 年的结婚报告,得到以下的结果:每种职业后的数字是该职业中未婚男子结婚时的平均年龄,括弧内的数字,则是与从事该职业的男子结婚的未婚女子的平均年龄:矿工 24.06(22.46);纺织工人 24.38(23.43);鞋匠与裁缝 24.92(24.31);技术工人 25.35(23.70);不熟练的劳动者 25.56(23.66);商业职员 26.25(24.43);店主与店伙 26.67(24.22);农民及其子 29.23(26.91);自由职业和独立阶级 31.22(26.40)。

　　奥格尔博士在前面说到的论文中表明,在英国,十五岁至二十岁的女子在工厂中做工所占的百分比最大的地方,通常就是结婚率最高的地方。这无疑地一部分是由于——如他所提示的——男子想以妻子的货币收入来补充自己的货币收入;但这或许一部分还由于在这些区域内已届结婚年龄的女子太多的缘故。

即使现在,在欧洲许多地方,风俗还具有法律的力量,不许一家中有一个以上的儿子结婚;结婚的儿子通常是长子,但在有些地方是最小的儿子:如果有另外的儿子结婚,他必须离开这个乡村。在旧大陆的旧式乡村里,如果出现了很大的物质繁荣,并消灭了一切极端的贫困,一般就用像这种有害和残忍的风俗来解释。[①] 的确,这种风俗的严酷可由移民的力量来调和;但在中世纪,人们的自由来往为严厉的法规所阻碍。自由的镇市诚然往往鼓励乡村人民的移入;但是,行会的规矩对于要从故乡逃出去的人,在某些方面与封建地主所实行的法规差不多是同样残酷。[②]

第五节　续前

在这方面,被雇用的农业劳动者的地位已经发生很大的变化。城市现在对他和他的孩子总是开放的;如果他到新大陆去,他就可能比其他任何种类的移民获得更大的成就。但是,另一方面,土地价值的逐渐上涨,以及土地的日渐稀少,在某些盛行自耕农制度的区域里,势将遏制人口的增加,而在这些区域里,创办新的贸易或向外移民的进取心是不大的,父母感觉到他们孩子的社会地位将决定于他们的土地之多寡。他们喜欢人为地限制家庭人数的增

---

① 例如,大约在 1880 年曾到德国巴伐利亚的阿尔卑斯山中吉刻诺山谷游历的人,看到这种风俗依然盛行。当地的居民曾经采取有远见的关于森林的政策,由于近来他们的森林的价值大涨,他们繁荣地住在很大的房屋里,年轻的兄弟姊妹们在他们自己的家里或别的地方做仆人的工作。他们与邻近山谷中的劳动者属于不同的种族,后者过的生活是穷苦和艰难的,但似乎认为吉刻诺居民获得物质繁荣所付出的代价太大了。

② 参看——例如——罗杰斯所著的《六个世纪的工作和工资》第 106—107 页。

多,对待婚姻很像是商业合同,总是设法使他们的儿子与有继承权的女子结婚。佛兰西士·高尔顿曾经指出,英国贵族的家庭虽然一般是很大的,但是,使长子与似乎是生育不多的家族的女继承人结婚的习惯,以及有时劝阻幼子结婚的习惯,已经使得许多贵族的家系断绝了。在法国农民中也有类似的习惯,再加上他们喜欢小家庭,使得他们的人口数差不多没有变化。

另一方面,以人口迅速增长的条件而论,似乎没有比新的国家中农业区域的条件更为有利了。土地很多,铁路和轮船运出土地的生产物,运回新式工具以及许多生活舒适品和奢侈品作为交换。所以,"农民"——在美国这是对自耕农的称呼——觉得大家庭不是一种负担,而是对他的帮助。他和家人过着健康的户外生活,没有东西会遏制人口的增长,而一切都是刺激人口的增长。外来的移民帮助了自然增加;这样,虽然美国大城市的居民中某些阶级的人,据说是不愿有很多孩子,但是,美国的人口在近百年中已增加了十六倍。①

----

① 在没有变化的情况下自耕农的极端谨慎,已为马尔萨斯看出来了;参看他的关于瑞士的说明(见《人口原理》第二篇第五章)。亚当·斯密说,苏格兰高地的贫穷妇女常常生产二十个孩子,其中达于成年的不到两个(见《国民财富的性质和原因的研究》第一篇第八章);贫穷刺激生育的概念是道布尔台所坚决主张的,见他所著的《人口的真正法则》。并参看赛德勒所著的《人口的法则》。斯班塞似乎认为,文明的进步自然就会完全遏制人口的增长。但是,马尔萨斯认为野蛮民族的生殖力比文明民族低,这个意见已由达尔文一般地应用到动物和植物界了。

查尔斯·布思先生(见1893年的《统计杂志》)把伦敦分为二十七个区(主要是登记区);按照贫穷、人口过多、高的出生率和高的死亡率的顺序加以排列。他发觉这四种先后的次序一般是相同的。在很富和很穷的区域里,出生率超过死亡率都是最低的。

英国和威尔士的出生率,在城市和乡村中名义上都是以大约相同的比率降低。但是,年轻人不断从农村移入工业区域,使农村中年轻的已婚女子 （接下页注释）

大体上,以下一点似已得到证明了:人口出生率在富裕的人之中,比在那些为自己和家庭的将来不作过多的准备与过着忙碌生活的人之中,一般是较低的,而且奢侈的生活习惯使生殖力减低了。剧烈的精神紧张恐怕也会使生殖力减低,这就是说,假定父母的固有的体力没有变化,他们对于有一个大家庭的期望,就会因精神紧张的大大增加而减少。当然,那些从事高度智力工作的人,作为一个阶级来说,具有平均以上的体质和神经的力量;高尔顿曾经说明,他们作为一个阶级而论不是不富于生殖力的。但是,他们通常都是晚婚的。

──────────

(接上页注释)　的人数大为减少,如果考虑了这个事实,我们就知道,在乡村中达到生育年龄的女子的生育百分比,比城市中高得多了,1907年户籍局长所发表的下面这张表就表明了这一点。

都市和农村区域平均每年的人口出生率

| 时　期 | 都　　　市
二十个大城市,在1901年人口调查时共有9,742,404人。 | | | |
| | 以全部人口计算 | | 以15—45岁的女子人口计算 | |
	每一千人的比率	与1870—72年的比率(当作100)比较	每一千人的比率	与1870—72年的比率(当作100)比较
1870—72	36.7	100.0	143.1	100.0
1880—82	35.7	97.3	140.6	98.3
1890—92	32.0	87.2	124.6	87.1
1900—02	29.8	81.2	111.4	77.8
农　　　村 112个全部是农村登记区,在1901年人口调查时共有1,330,319人。				
1870—72	31.6	100.0	158.9	100.0
1880—82	30.3	95.9	153.5	96.6
1890—92	27.8	88.0	135.6	85.3
1900—02	26.0	82.3	120.7	76.0

(接下页注释)

第六节   英国人口史

英国人口增长的历史,比联合王国人口增长的历史更为清楚,对于研究它的主要变动,我们会觉得颇有趣味。

在中世纪中,对人口增加的遏制,在英国与在别国是一样的。在英国,也像在别国一样,僧职是无力成家立业的人的避难所;宗教上的独身主义无疑地在某种程度上对人口的增长起了一种独立的遏制作用,但就大体而言,独身主义是被看作那些势将遏制人口增加的广泛的自然力量表现出来的一种方法,而不是被看作一种新的自然力量。传染性和流行性的疾病——风土病和传染病——

(接上页注释)   法国人口的变动已被非常细心地研究了:勒瓦瑟关于这个问题的伟大作品《法国的人口》,不但是关于法国而且是关于其他国家的宝贵资料的源泉。孟德斯鸠或许是从演绎上来推论,因而谴责当时法国所实行的长子继承法,这种法律使家庭中孩子的人数减少了;娄帕雷对于强制分产法也有同样的指责。(见勒瓦瑟:《法国的人口》第 3 卷第 171—177 页)则叫人注意相反的方面,并说马尔萨斯对于民法对人口影响的期望,符合于孟德斯鸠的判断,而不符合娄帕雷的判断。但是,事实上,法国各地的出生率是大有不同的。在大部分居民都有土地的地方,出生率比不是这样的地方为低。然而,如果法国的各县依照遗产由少到多的次序分类排列,则相应的出生率差不多是一律下降的,在有遗产 48—57 法郎的十县,在十五岁至五十岁的已婚女子中,每百人的生育率是 23;而在尚县,遗产是四百一十二法郎,而生育率却是十三点二。而且在巴黎本身,在富人居住的各区,有两个孩子以上的家庭所占的百分比,比贫民居住的各区为小。勒瓦瑟对于经济状况与出生率的关系所作的细心的分析,非常有趣;他的总的结论说,这种关系不是直接的,而是间接的,是通过它们两者对于生活方式和习惯的相互影响而发生的。他似乎认为,法国的人口与邻近国家相比纵有很大减少,从政治和军事观点来看也许引以为憾,但人口减少对于物质的舒适,甚至社会的进步之影响却是利多而害少。

是由不讲卫生的生活习惯所造成的,这种习惯在英国比在欧洲南部甚至更坏;农业歉收和交通困难造成了饥荒,虽然这种灾害在英国还不像在别国那样大。

乡村生活,像在别国一样,在习惯上是刻板的;年轻人在已婚的夫妇死去,因而在他们自己的教区内有了空缺之前,很难成家立业;因为,在平常的情况下,一个农业劳动者很少会想到迁往另一个教区的。因此,当疫疠、战争或饥荒使人口减少时,总有许多人等着结婚,他们填补了这些空缺;他们也许比平常的新婚夫妇更为年轻和强壮,因而有了较大的家庭。[①]

然而,即使农业劳动者,也有向受疫疠、饥荒或战争的破坏较邻近地方严重的区域迁移的。而且,技术工人往往多少是各处流动的,那些从事建筑业、五金业和木材业的人,尤其是如此;虽然,毫无疑问,"漫游年"主要是青年人的事,过了漫游年之后,漫游者就会在他生长的地方住下来了。其次,在乡绅——尤其是在国内几处地方有住宅的大贵族——的家臣方面,似乎有很大的流动。最后,行会的利己的排外性虽然与日俱增,但是,英国的城市,也像别国一样,变成了许多人的避难所——他们在故乡不能获得工作和结婚的好机会。由于这种种情况,呆板的中世纪的经济制度就有了一些伸缩性。由于知识的进步、法律和秩序的建立以及海外贸易的发达,对劳动的需要就逐渐增加,而在某种程度上劳动需要

---

① 例如,我们听说,1349 年黑死病之后,大多数的婚姻都是生育很多的(见罗杰斯所著的《农业与价格史》第 1 卷第 301 页)。

的增加对人口是有利的。①

在十七世纪下半期和十八世纪上半期，中央政府尽力以关于居住的法律来阻止国内各地人口的供给与其需要相适应，这种法律规定，任何人如在某一教区居住了四十天，就归该教区管辖，但在这四十天内随时可被强制遣回原来所属的教区。② 地主与佃农竭力防止外来的人在他们的教区内获得"居住权"，因此就对建造茅屋加以很大的留难，有时甚至将茅屋完全毁坏。因此，英国的农业人口，在到 1760 年为止的百年之中没有变化；同时，工业还未十分发达，因而不能吸收大量的人口。这时人口增长的缓慢，一部分

---

① 关于十八世纪以前英国人口的密度，无从确实知道；但是，下面从斯特芬（见他所著的《英国工资劳动者的历史》第 1 编第 463 及以后各页）的作品中所转载的估计，恐怕是现有的最好的了。据《土地测量簿》所载，1086 年英国的人口是在二百万至二百五十万之间。刚在黑死病（1348 年）之前，英国的人口大概是在三百五十万和四百五十万之间；黑死病刚刚过去的时候，大概是二百五十万。此后英国的人口开始迅速恢复；但在 1400 年至 1550 年之间只有缓慢的增长；而在其后的一百年之中增加颇快，至 1700 年达到五百五十万。

如果我们相信哈里逊（见他所著的《描写英国》第二编第十六章）所说的话，1574 年英国能服兵役的男子总数达到一百一十七万二千六百七十四人。

黑死病是英国唯一的大灾难。英国与欧洲其他国家不同，没有遭受像三十年战争那样的战争糜烂，这场战争毁灭了德国人口的一半以上，这个损失需要整整一个世纪才能恢复。（参看申贝尔格编的《手册》中吕梅林所著的《人口论》，这是一篇有益的论文。）

② 亚当·斯密对这种法律甚为愤慨是对的（参看《国民财富的性质和原因的研究》第一篇第十章第二部分和第四篇第二章）。居住条例规定："由于法律上的某些缺点，穷人在各教区之间来往是无从禁止的，因而他们总是力图居住在财源最大、有最大的荒地或公地可建造茅屋和有最多的森林可供他们作燃料及采伐的教区，等等。"所以，就有以下这样的命令："任何这样的人或人们照以上所说的那样居住在任何年值十镑以下的出租房屋后四十天内……如有人控告，负责治安的任何两名法官……将这样的人或人们遣回他或他们最近居住的教区，法律上认为是许可的。"在亚当·斯密的时代以前，曾经通过几个条例，意在缓和这种法律的严酷性；但都没有效力。然而，到了 1795年，又有以下的命令：在一个人实际上未被控告之前，他不应被遣回原来的教区去。

是由生活水平的提高所造成的，同时一部分也是生活水平提高的原因；生活水平提高的一个主要因素，就是普通人民大多用小麦代替次等谷物作为食物。[①]

自 1760 年以后，在故乡不能谋生的人，到新的工业区域或矿业区域去找职业没有什么困难，在这些区域里，对工人的需要往往使地方当局不能执行居住条例中遣回原籍的规定。年轻的人自由地到这些区域去，因而那里的人口出生率就变为特别高了，但死亡率也是特别高，其纯结果则是人口相当迅速地增加。在十八世纪之末，当马尔萨斯著作时，救贫法重新开始影响结婚的年龄；但这时却使结婚年龄趋于不适当地早了。连年的饥荒和对法国的战争所造成的工人阶级的痛苦，使得某种救济措施成为必要；而大量补充海陆军兵员的需要，更使慈悲为怀的人觉得应对大家庭略为增加补助，而实际的结果，使得有许多孩子的父亲往往不必工作而能得到很多好处，如果他没有结婚或只有一个小家庭，即使辛苦工作也不能得到这么多的好处。最会利用这种补助的人，当然是最懒惰和最卑鄙、最没有自尊心和进取心的人。所以，在工业城市中虽有可怕的死亡率，尤其是婴儿的死亡率，但人数还是增加很快；但在 1834 年通过新救贫法之前，人的品质即有改进也是很少的。自从那年以来，城市人口的迅速增加——在下一章我们就会知道——就趋于增大死亡率，但这一点已为节欲、医学知识、卫生和一般清洁的进步所抵消了。向外移民增多了，结婚的年龄略为提高，而且在全部人口中已婚的人所占的比例也略有下降；但

---

①　伊登对这个问题有一些有趣的论述，见他所著《穷人的历史》第 560—564 页。

是,另一方面,生育对结婚的比率却提高了;①结果人口差不多是稳步地日见增长。② 以下就让我们稍稍详细地研究新近变化的过程。

---

① 但是,这种提高照数字所表明的,一部分是由于人口出生登记的改进。(见法尔所著的《生死统计》第 97 页。)

② 下表说明自十八世纪之初以来英国和威尔士的人口增长。1801 年之前的数字,是从出生和死亡登记簿以及人头税和炉税的报告中计算出来的;1801 年以后的数字,是从人口调查报告中计算出来的。从表中可以看出,1760 年以后的二十年中人口数的增加,与 1760 年以前六十年中所增加的几乎一样多。拿破仑战争与高昂的谷物价格的压力,表现在 1790 年与 1801 年之间人口的缓慢增长;一视同仁的救贫补助的结果,尽管那压力更大,表现在其后十年之中人口的迅速增加。而自 1811 年至 1821 年的十年间,当那压力已经消除时,人口增长就更大了。第三栏表明每十年之初的人口,比前十年人口增加的百分比。

由于在近年中向国外移民有很大的增长,修正表中最后三十年的数字,以表明"自然增加",即人口出生超过死亡之数,是重要的。1871 年至 1881 年的十年中,和 1881 年至 1891 年的十年中,从联合王国向国外移民的净人数,各为一百四十八万人和一百七十四万七千人。

年度	人口数 以千人为单位	增加之 百分比	年度	人口数 以千人为单位	增加之 百分比
1700	5,475		1801	8,892	2.5
1710	5,240	—4.9*	1811	10,164	14.3
1720	5,565	6.2	1821	12,000	18.1
1730	5,796	4.1	1831	13,897	15.8
1740	6,064	4.6	1841	15,909	14.5
1750	6,467	6.6	1851	17,928	12.7
1760	6,736	4.1	1861	20,066	11.9
1770	7,428	10.3	1871	22,712	13.2
1780	7,953	7.1	1881	25,974	14.4
1790	8,675	9.1	1891	29,002	11.7
			1901	32,527	11.7

* 减少;但初期的数字是不可靠的。

第七节　续前

在十九世纪之初，当工资低小麦贵的时候，工人阶级花于面包的费用通常占到他们收入的一半以上；因此，小麦价格的上涨大大减少了他们之中的结婚数，这就是说，大大减少了在教堂中举行结婚预告的次数。但是，小麦价格的上涨却提高了富裕阶级中许多人的收入，所以往往增加了正式结婚的次数。[①] 然而，这些人不过是全部人口中的一小部分，净的结果却是降低了结婚率。[②] 但是，时过境迁，麦价跌了，而工资涨了，到了现在，工人阶级花于面包的费用平均还不到他们收入的四分之一；因此，商业繁荣的变动必然对结婚率发生压倒一切的影响。[③]

---

① 参看法尔任户籍局长时所提出的 1854 年第十七次年度报告，或是他所著的《生死统计》中（第 72—75 页）这个报告的摘要。

② 例如，小麦的价格以先令来表示，英国和威尔士的结婚数以千来表示，1801 年小麦是一一九，结婚数是六七；1803 年小麦是五九，结婚数是九四；1805 年两数是九〇与八〇；1807 年是七五与八四；1812 年是一二六与八二；1815 年是六六与一〇〇；1817年是九七与八八；1822 年是四五与九九。

③ 自 1820 年以来，小麦的平均价格很少超过六十先令，而且从未超过七十五先令；接连的商业膨胀，在 1826、1836—1839、1848、1856、1866 年和 1873 年各年达于顶点而后下降，对于结婚率所发生的影响，与谷物价格变化的影响大约相同。当这两个原因一同发生作用时，其影响是非常显著的：如在 1829 年与 1834 年之间，由于小麦价格的逐步下跌，繁荣恢复，结婚数就从十万四千增加到十二万一千。1842 年至 1845 年之间，当小麦价格比前几年稍低，全国的商业复兴时，结婚率再度迅速提高；而在 1847 年与 1853 年之间，以及 1862 年与 1866 年之间，在类似的情况下结婚率又有提高。

罗森爵士在 1885 年 12 月份《统计杂志》中，对 1749 年至 1883 年瑞典的结婚率与农业收获作了一个比较。农业收获的丰歉，等到一年的结婚总数的一部分决定之后才会知道；而且收获的不平均在一定程度上是由储藏的谷物来补足的；所以，个别的收获数字与结婚率不是十分符合的。但是，当几次丰收或歉收接连发生时，它对于提高或降低结婚率的影响就非常显著了。

自 1873 年以来,英国居民的平均实际收入虽然确有增加,但它的增加率却低于前几年,同时物价不断地下跌,因此社会上许多阶级的货币收入就不断地减少。这时,当人们考虑是否能结得起婚的时候,他们不是为货币收入的购买力之变动的细密考虑所支配,而是为他们期望能够得到的货币收入所支配。所以,工人阶级的生活水平迅速提高,也许比英国历史上其他任何时代更为迅速:他们的家庭费用如以货币计算大致没有变动,而以物品计算则增加很快。同时,小麦的价格也大大下跌,全国结婚率的显著降低往往随着小麦价格的显著下跌而发生。现在结婚率是根据以下的办法来计算的:每次结婚包括两个人,因此应当以两个人计算。英国的结婚率在 1873 年是千分之一七点六,到 1886 年降低到千分之一四点二。1899 年又上升到千分之一六点五;1907 年是千分之一五点八,但在 1908 年只有千分之一四点九。①

从苏格兰和爱尔兰的人口史中,可以学到许多东西。在苏格兰低地,高度的教育水平,矿产资源的开发,以及与富裕的英国邻居密切接触等因素合在一起,就使迅速增加的人口之平均收入大

---

① 输出品的统计是商业信用和工业活动的变动之最便利的标志之一。奥格尔在前面引用过的那篇文章中,说明了结婚率与每人所占输出额的符合。参照勒瓦瑟的《法国的人口》第 2 卷第 12 页的图表,以及威尔科克斯在《政治学季刊》第 8 期第 76—82 页所写的关于马萨诸塞州的文章。奥格尔的研究,已为胡克 1898 年 1 月在曼彻斯特统计学会所宣读的一篇论文所扩大和修正了;胡克指出,如果结婚率有变动的话,则在结婚率处于上升时期的出生率,不是与处于上升时期的结婚率相适应,而是易于与以前处于下降时期的结婚率相适应;反之亦然。"所以,当结婚率上升时,出生对结婚的比率就下降,当结婚率下降时,出生对结婚的比率就上升。表示出生对结婚比率的曲线的移动,是与结婚率相反的。"他又指出,出生对结婚的比率的下降是不大的,这是因为私生子迅速减少的缘故。合法的出生对结婚的比率并未显著下降。

大增加。另一方面,爱尔兰在 1874 年马铃薯荒以前,人口的过度
增长,以及那年之后的逐步减少,将永远是经济史上的重大事件。

　　比较了各国的习惯之后[①],我们知道:在中欧和北欧的条顿民
族国家中,结婚年龄是迟的,一部分因为男子在壮年初期要服兵
役;但在俄国,结婚年龄是很早的;在俄国,至少是在旧政权之下,
家庭方面力主儿子尽早娶妻以帮助家务工作,即使儿子必须暂时
离开妻子出外谋生,也要早婚。在联合王国和美国没有强制兵役,
男子是早婚的。在法国,正与一般的意见相反,男子的早婚不是罕
见的;而女子的早婚,除了最盛行早婚的斯拉夫民族各国外,比任
何有统计的国家更为常见。

　　结婚率、出生率和死亡率差不多在各国都在降低。但是,在出
生率高的地方,一般死亡率也是高的。例如,在斯拉夫民族各国
中,两者都是高的,而在北欧,两者都是低的。在澳洲死亡率是低
的,而"自然的"增加相当高,虽然出生率是低的而且下降很快。事
实上,在 1881 年至 1901 年期间,澳洲各州出生率的降低从百分之
二十三至三十。[②]

---

　　①　以下的说明主要是根据已故博迪奥·勒瓦瑟(见他的《法国的人口》)和英国户
籍局长(见他的 1907 年的报告)所编的统计。
　　②　与本章主题有关的许多有益的和可供参考的资料,包括在 1909 年地方政治局
所出版的《关于公共健康和社会状况的统计记录与图表》一书之中。

第五章　人口的健康与强壮

第一节　健康与强壮的一般条件

其次我们必须考虑身体的、精神的和道德的健康与强壮所依靠的种种条件。这些条件是工业效率的基础,而物质财富的生产要看工业效率而定;同时,相反地,物质财富的最大重要性在于下一事实:物质财富如被明智地使用,就可增进人类身体的、精神的和道德的健康与强壮。

在许多职业中,工业效率,除了身体的活力——这就是筋肉的强壮、健全的体格和奋发有为的习惯——之外,不需要什么其他东西。在估计筋肉力量或其他任何种类的为工业目的的力量时,我们必须考虑这种筋力在一日之中能够用出来的小时数、一年之中的日数和一生之中的年数。有了这种考虑,我们就能测量一个人的筋力了,如果他的筋力是直接用于举重,我们就能以他的工作举起一磅重量所达到的呎数来测量;或换句话说,就是以他所做的工作的"呎磅"数来测量他的筋力。①

　　维持大的体力操作的力量,虽然似乎有赖于体力和其他身体的条件,但是,它也依靠意志的力量和性格的坚强。这一类的精力——也许可看作是人的坚强,而与他的身体的强壮不同——是属于道德的,而不是身体的;但是,它仍然依靠神经强健的身体条件。这种人的坚强、这种决心、精力和自制力,简言之,这种"活力",是一切进步的源泉:它在伟大的事业中,伟大的思想中,以及对于真正的宗教情感的能力中表现出来。②

――――――――――

　　① 这种测量方法能够直接应用于铁路工人和脚夫的大多数种类的工作,并能间接应用于许多种类的农业工作。在重大的农业停工之后所发生的关于英国南部和北部的不熟练劳动的相对效率的争论中,最可靠的测量就是一个男子一天中能装入货车的材料的吨数。其他的测量方法是根据收割或刈芟的亩数,或是收割谷物的英斗数等等;但这些测量是不能令人满意的,尤其是在比较不同的农业条件的时候;因为使用了农具,作物的性质和操作方法都有很大不同了。因此,在我们还没有方法去考虑农业方法变化的影响之前,根据收割、刈芟等工资所作的中世纪与近代的工作与工资的一切比较,都是没有价值的。例如,以手工收割生产谷物一百英斗的作物所花的劳动,现在比以前少了;因为现在所用的农具比以前进步了,但是,现在收割一英亩的谷物所花的劳动不一定比以前少,因为收获量比以前多了。

　　在落后的国家里,尤其是在使用马匹或其他驮兽不多的地方,男子和女子的工作,大部分都可以它所包含的体力操作来相当良好地测量。但在英国,现在从事这种工作的人在工业阶级中不到六分之一,同时,单是蒸汽机所做的工作,等于全部英国人的筋力所能做的二十倍以上。

　　② 这必须与神经过敏区别开来,神经过敏通常表现为神经力量的一般的不足;虽然有时它是由于神经刺激或失去平衡而发生的。一个人在某些方面有很大的神经力量,而在另些方面也许很小;特别是艺术家的气质往往发展一类神经,而牺牲别类神经;但是,神经过敏的发生,不是由于某些神经的强健,而是由于某些神经的衰弱。最完美的艺术家的本性似乎不是神经过敏的;芬西和莎士比亚就是例子。"神经力量"这个名词在某种程度上相当于安格尔的著名的分类中的心情,他把效率的因素分为(1)身体(2)理智和(3)心情三类。他对活动的分类是按照 a,ab,ac,abc,acb;b,ba,bc,bca,bac;c,ca,cb,cab,cba 这样的排列;各组的次序是按相对的重要性来排列的,在某一因素只有很小作用的地方,其相应的字母就省去了。

　　在 1870 年的战争中,柏林大学的学生似乎比普通兵士衰弱,但却较能忍受疲劳。

活力发挥作用有许多形式，因此要对它简单的测量是不可能的。但是，我们大家都在不断地估计活力，以为某人比另一人较为"坚强"，较多"优良品质"或是"一个较为强有力的人"。即使从事不同行业的商人，与从事不同研究的学者，也着手估计彼此的力量。如果一种研究要得到"头等"比另一种研究所需要的力量较少，则不久就会为人知道的。

第二节　续前

在研究人口增长时，曾经附带地略为说到决定生命长短的各种原因。但是，大体上，它们与决定体力和活力的各种原因是相同的，在本章中我们将再来研究。

这些原因中的第一个原因就是气候。在温暖的国家里，我们看到早婚和高的出生率，因此就对人类的生命重视不够：这恐怕是大部分高的死亡率的原因，而高的死亡率一般是被归咎于气候的不利于健康。①

活力一部分要看人种的特性而定：但是，这些特性——就其能

---

①　暖热的气候是有损活力的。它对于高度的智力和艺术工作不是完全不相容，但却使人不能长时间地忍受任何种类的非常艰苦的操作。在温带较为凉爽的一半地方，比其他任何地方能做较为持久的艰苦工作；最好是在像英国以及与它非常相像的新西兰那样的地方，那里海风使温度差不多保持一律。欧美许多地方的平均温度是适中的，但冬寒夏暑使一年之中可以工作的时间大约减少了两个月。极端的和持续的寒冷会使精力衰颓，也许一部分因为它使人们把很多时间花在密不通风和狭小的寓所里的缘故；北极地区的居民一般是不能忍受持久的剧烈操作。在英国，普遍的意见认为"温暖的耶稣圣诞节使很多人死亡"；但统计却无疑地证明，它有相反的效果：平均死亡率在一年中最冷的季节是最高的，而在寒冷的冬季又比温暖的冬季为高。

被解释的而论——似乎主要是由于气候的缘故。①

第三节 生活必需品

　　气候对于决定生活必需品也有很大的作用,生活必需品的第一样就是食物。食物的调制是否适当关系很大;精明的主妇一星期有十先令用于食物,比一星期有二十先令的不精明的主妇,往往更能增进家人的健康和强壮。穷人中婴儿的高度死亡率,大多由于在食物调制上缺乏注意和判断;那些完全缺乏这种母亲的照顾而没有死亡的婴儿,长大之后也往往体质孱弱。

　　除了现在的时代以外,在世界上一切时代中,食物的缺乏曾使人们大批灭亡。即在十七世纪和十八世纪的伦敦,死亡率在谷贵的年份比谷贱的年份高 8%。② 但是,逐渐地,财富增加和交通工具改良的影响,差不多在全世界都感觉到了,即使在像印度那样的国家里,饥荒的残酷也减轻了;而在欧洲和新大陆已不知道有饥荒了。现在,在英国,食物的缺乏差不多已不是死亡的直接原因;但是,食物的缺乏常是身体普遍衰弱的原因,而使身体不能抵抗疾病,也是工业没有效率的一个主要原因。

---

　　① 人种史对于经济学家是一种有诱惑力的、但令人失望的研究;因为战胜的种族通常与被征服者的种族的女子通婚;在他们迁移时往往把许多男女奴隶带走,而奴隶在战争中被杀或去当僧侣的可能性比自由民为小。因此,差不多在每一种族之中,都有奴隶的血,也就是混血;因为在工业阶级中奴隶的血最多,关于工业习惯的人种史似乎是不可能有了。

　　② 这一点已为法尔所证明了。他以有益的统计方法消除了种种妨碍的原因(见他所著的《生死统计》第 139 页)。

我们已经知道,维持效率的必需品是随着要做的工作的性质而不同的,但现在我们必须略为详细地研究这个问题。

一个人所有的食物供给与他可用的力气之间有密切的关系,而在体力操作方面尤其如此。如果工作是间歇的,像有些码头工人的工作那样,则价廉而有营养的谷类食物就够了。但是,对于非常繁重的连续紧张的工作,像炼铁工人和最艰苦的铁路工人的工作所包含的紧张那样,则需要即使在身体疲劳时也能消化和吸收的食物。高级劳动者工作包含很大的神经紧张,他们的食物就更需要具有这种质量,虽然他们所需要的食物数量一般是小的。

次于食物的生活和劳动的必需品,就是衣着、住屋和燃料。当这些东西缺乏时,精神就变为迟钝,终于体质也受到损害。当衣着非常缺乏时,通常衣服日夜穿在身上;皮肤就会受到污秽东西的侵入。住屋或燃料的缺乏,使人们生活在有害于健康和活力的污浊空气之中;英国人民从煤的便宜之中得到了好处,但即使在冷天也要使房间有良好通风的英国人所特有的习惯,却是这些好处当中很不小的一件。建筑很坏的房屋,排水也不完善,造成了疾病,这些疾病即使较轻,对生命力的削弱也是惊人的;居住的过度拥挤,导致道德的败坏,因而减少人口和降低人们的品质。

休息与食物、衣着及其他属于物质的必需品,同样是强壮人口的增长所必需的。各种过度的工作都要减低生命力;同时,忧虑、烦恼和过度的精神紧张,对于损害体质、损伤生殖力和减少民族的活力,都有极大的影响。

第四节　希望、自由和变化

其次就是关于活力的三个密切相关的条件,即希望、自由和变化。一切的历史都充满了关于在不同程度上由奴隶制度、农奴制度以及其他各种社会一般的和政治的压制与迫害所造成的无效率的记载。[①]

在一切时代中,殖民地人民在活力和精力方面易于胜过母国。这是一部分由于土地很多和在他们支配下的必需品价廉的缘故;一部分由于对适合冒险生活的有最坚强性格的人的自然选择的缘故,和一部分由于与人种混合有关的生理原因;但是,也许最重要的原因是在于他们生活上的希望、自由和变化。[②]

---

① 自由与希望不但增大人类乐于工作的心理,而且增大人类的工作力量;生理学家告诉我们,同样的操作,如在愉快的刺激下来做,比在痛苦的刺激下来做,所消耗的人类固有的神经力较少:没有希望,就没有进取心。这种希望和自由的两个条件,就是人身和财产的保障;但是,保障总包含对自由的限制在内,文明的最困难的问题之一,就是去发现怎样得到保障——这是自由的一个条件——而不太牺牲自由本身。工作、地点和个人接触的变化,带来新的思想,唤起对旧方法缺点的注意,鼓励一种"神圣的不满",并从各方面发展创造性的精力。

② 旅行家与来自不同地方和具有不同风俗的其他的人晤谈后,就知道把许多思想上和行动上的习惯试验一下,否则,他们就会一直赞成这些习惯,把它们看成好像是自然的法则。而且,地方的调动使较有能力和独创精神的人能有充分发挥精力的机会,并能跃居重要的地位;相反地,那些留在故乡的人往往依然故我毫无长进。在故乡成为预言家的人是很少的;邻居和亲戚通常是最后才会原谅那些不像周围的人那样驯服,而进取心较强的人的缺点,和认识他们的优点。毫无疑问,主要是由于这个理由,差不多在英国的每一部分,精力最强和进取心最大的人,绝大多数是在生长在外地的人之中发现的。

但是,变化也许会过度;当人口如此迅速地移动时,以致一个人常会不顾自己的名誉,他就失去对于形成高尚的道德性格最好的外来帮助的一部分。漫游新国家的那些人的极端的希望和活动,使他们在一半获得技术和一半完成工作上的努力有很大的浪费,因为他们为了转到某种新的职业上去,就很快地放弃这种技术和工作。

以上所说的自由是被看作不受外界束缚的自由。但是,由自制力而来的较高的自由,对于最高级的工作甚至是一个更为重要的条件。这种自由有赖于生活理想的高尚,而生活理想的高尚一方面是由于政治和经济的原因,另一方面是由于个人和宗教的影响,其中幼年时代母亲的影响是最大的。

第五节　职业的影响

身体的和精神的健康与强壮受职业的影响是很大的①。在本世纪之初,工厂工作的条件对所有的人,尤其是幼童,是不必要地不健康和难受的。但是,工厂和教育的法令,已把这些弊端中最坏的从工厂中清除出去了,虽然其中许多弊端在家庭工业和较小的工厂中仍然存在。

城市居民的工资较高,知识较多,医疗较为便利,这些条件应当使城市中婴儿死亡率比乡村中低得多。但是,它却一般地较高,尤其在许多母亲为了获得货币工资而忽视家务的地方,更是如此。

---

①　在牧师和教师之中,在农业阶级之中,以及在其他像造车工人、造船工人和煤矿工人那样的工业之中,死亡率是低的。在铅矿业和锡矿业之中,在制造纸夹业和陶器业之中,死亡率是高的。但是,这些行业和其他任何正规的行业,都没有表现出像伦敦的普通劳动者和小贩之中那样高的死亡率;同时,死亡率最高的是旅店中的仆人。这样的职业不是直接有害健康,但它却吸引体质和性格上都很弱的人,并使他们养成不规则的习惯。关于职业对于死亡率的影响的良好的说明,载于户籍局长第四十五次(1885 年)年报的附录中。再看看法尔的《生死统计》第 392—411 页,汉佛莱在 1887 年6 月号《统计杂志》上的论文《阶级死亡率统计》以及一般关于工厂法令的著作。

第六节　城市生活的影响

　　差不多在一切国家中,都是不断地向城市迁移。[1]　各大城市,尤其是伦敦,从英国其他一切地方吸收最优良血统的人;最有进取心的人、天才最高的人、有最健全的体格和最坚强性格的人,都到大城市去找寻发展能力的机会。在那些最能干和性格最坚强的人

_____

　　[1]　达芬南(见他所著的《贸易平衡》第 20 页)继金格雷之后,证明以下一点:依照官方数字,伦敦每年死亡超过出生有两千人,但移入的有五千人;后一数字等于他以颇为冒险的方法计算出来的英国人口之真正纯增加数的一半以上。照他计算,住在伦敦的有五十三万人,住在其他都市和镇市的有八十七万人,住在大小乡村的有四百万人。将这些数字与英国和威尔士 1901 年的人口调查比较之后,我们知道那时伦敦有四百五十万以上的人口;还有五个城市平均有五十万以上的人口;另外超过五万人口的六十九个城市,平均有十万以上的人口。还不止此:因为人口没有被计算在内的许多郊区,往往实在是大城市的一部分;而在某些情况下,几个邻近城市的郊区纵横交错,构成一个很大的、但颇为分散的城市。曼彻斯特的郊区有居民二十二万人,可算为一个大镇市;伦敦的郊区西哈姆有居民二十七万五千人,也是如此。有些大城市的边界,每隔不固定的时间就会把这样的郊区包括进去:结果,一个大城市的真正人口也许增长很快,而名义上的人口却增加很慢,甚至减少,然后又突然跃升。好像利物浦名义上的人口,在 1881 年是五十五万二千;1891 年是五十一万八千;而在 1901 年跃到六十八万五千。

　　类似的变化在其他国家也有发生。例如,十九世纪中巴黎人口的增长,比整个法国人口的增长快二十倍。德国城市的人口是以每年牺牲农村人口的百分之一点五来增加的。美国在 1800 年没有一个城市的居民在七万五千人以上;到 1905 年三个城市的居民共有七百万人以上,还有十一个城市,各有人口三十万以上。维多利亚的人口有三分之一以上集中在墨尔本。

　　我们必须记住:城市生活的特征,每随城市及其郊区的扩大而在利弊的程度上有所增加。乡村中的新鲜空气在接触普通的伦敦居民之前,比接触一个小镇市的普通居民之前,要经过多得多的有害气体的发源地。伦敦居民一般必须走得很远才能接触乡村的安闲和幽静的音调及景色。所以,有四百五十万居民的伦敦,比只有四万五千居民的镇市,使英国生活的都市性增加了百倍以上。

之中,住在郊外的人数日见增加,郊外有优良的排水、供水和灯光设备,还有优良的学校和户外游戏的好机会,这些条件之能增进活力,至少与乡村中所有的条件一样。虽然现在仍有许多城市区域,其有害于生命力比若干年前的大城市只是略为减少,但大体上,人口密度的增大之成为危险的源泉,以目前而论似乎减少了。近来为了向在远离工商业主要中心的地方去居住所提供的种种便利的迅速发展,迟早的确一定会缓慢的。但是,工业向郊外迁移,甚至向新的田园都市迁移,以找寻和招用强壮工人的运动,似乎没有任何缓慢的迹象。

统计的平均数之诚然是非常有利于城市的情况,一部分因为在降低活力的城市的影响之中,有许多影响死亡率是不大的;一部分因为向城市移居的人,大多数是年富力强的青年,具有一般人以上的精力和勇气;同时,年轻人的父母住在乡村,当他们有重病时,通常就回到故乡去。①

---

①　为了这类理由,威尔顿(见 1897 年的《统计杂志》)提出了极端的建议,主张在比较各城市的死亡率时,省略所有十五岁至三十五岁的人。主要因为这个理由,伦敦的十五岁至三十五岁女子的死亡率,是异常地低。高尔顿选择考文垂作为典型城市,照他计算,城市居民中技术工人的成年的儿童,等于住在健康的乡村区域中劳动者的成年的儿童人数之一半多一点。当一个地方衰微的时候,身强力壮的青年流往他处,剩下老弱的人,因此出生率一般是低的。另一方面,吸引人口的工业中心会有很高的出生率,因为在那里活力充沛的人特别多。在煤业和铁业的城市中尤其如此,一部分因为这些城市,不像纺织业的城市那样有男子不足之患;而一部分因为矿工作为一个阶级来说是早婚的。在这些城市中,有些城市的死亡率虽然是高的,但出生率超过死亡率之数为人口的千分之二十以上。在第二流的城市中,死亡率一般是最高的,主要因为它们的卫生设备还没有像那些最大的城市那样好。

韩克莱夫特教授(见他所著的《达尔文主义与人种进步》一书)有相反的论述。他相当注重减少像肺痨和瘰疬这类疾病对人类所发生的危险,因为这类疾病主要是侵袭体质虚弱的人,因而对人种发生淘汰的影响,除非在其他方面也有相应的改进。但是,肺痨病下是使所有的患者都死亡的;所以减少它的使患者衰弱的力量终归是有些好处的。

公私资金用于以下的用途是最好的：在大都市中设立公园和运动场，与铁路方面订约增加工人列车为工人们开行的次数，帮助工人阶级中那些愿意离开大城市的人成行，并帮助他们与企业一同迁走。①

第七节　如不加过问则大自然就会淘汰弱者；但很多善意的人类活动遏制强者的增加，并使弱者能够生存；实际的结论

此外，尚有其他值得忧虑的理由。因为，关于斗争和竞争的淘汰的影响，在文明的较早阶段中，使最强壮和最有力的人留下的子孙最多；人类的进步之由于这种影响，比其他任何一个原因为大，但这种影响现已部分消失了。在文明的较后阶段中，上层阶级结婚很迟，因而他们的孩子就比工人阶级少，的确早已成为常规了：但这一点为在工人阶级本身间仍然保持的旧规所弥补；因此，在上层阶级中趋于熄灭的国民活力，就为不断从下面涌出的新生力量的源流所补足。但是，在法国，工人阶级人口中有些较为能干和较有知识的人，早已显出不愿家庭庞大的迹象，近来在美国和英国也

---

①　参看作者在 1884 年 2 月号《当代评论》中的一篇文章，名为《叫伦敦的穷人住在何处》。

有这种迹象;这是一种危险的根源。①

因此,有以下这样的恐惧,理由就日见增加了:当医学和卫生的进步把身体和精神衰弱的人的孩子,从死亡中救出来的人数不断增加时,最有思想和最富有精力、进取心和自制力的人,却要延迟结婚,并以其他方法来限制他们留下的孩子的人数。这个动机有时是自私的,而苛刻和轻浮的人留下像他们自己那样的子孙很少,也许是最好的事。但是,更多的时候它是出于为自己的孩子获得良好的社会地位的愿望。这种愿望包括许多不能称为人生目的之最高理想的因素在内,而在某些情况下,还包括一些显然是卑鄙的因素在内;但它毕竟是进步的主要因素之一,在为这种愿望所影响的那些人之中,有许多人的孩子大概会列入最优良和最强壮的种族之中。

我们必须记住:大家庭中的成员互相教育,他们通常在各方面都比小家庭中的成员聪明、活泼,而且往往较为强壮。无疑地,一部分这是因为他们的父母具有非常的活力之故,由于同样的理由,轮到他们自己也会有强壮的大家庭。人种的进步,在比初看起来大得多的程度上,归功于几个非常大的和强壮的家庭的子孙。

但是,另一方面,毫无疑问,父母对于一个小家庭,比对一个大家庭往往在许多方面能照顾得较好。如果其他情况不变,则所生

---

① 在美国南部各州,手工操作在白种人看来是不体面的;因此,如果自己不能有奴隶的话,他就过卑鄙堕落的生活,而很少结婚。其次,在太平洋的倾斜地,一时曾有以下这样的恐惧是有相当理由的:除了高度熟练的工作之外,一切都会由中国人来做的;而白种人就会以一种人为的方式来生活,在这种方式下,家庭的费用变为很大。在这种情况下,中国人的生活就会代替美国人的生活,人类的平均品质就要降低了。

的孩子数的增加,就使婴儿的死亡数也增加;这纯然是一种害处。孩子因缺乏照顾和充分的收入而死亡,这种生育对其母亲是一种无益的紧张,而对家庭中其他的人,则是一种损害。①

第八节　续前

除以上所说的之外,还有其他应当加以考虑的理由;但是,就本章所论的各点而言,以下的结论表面上似乎是可取的:人们在能有把握给予孩子至少与他们自己所受的同样良好的身体和精神的教育之前,不应生养孩子;如果自制力足以使家庭保持在必要的限度内,而不违犯道德上的规律,则适当地早婚是最好的事。一般采取这些行动的原则,再加上为城市人口充分供给的新鲜空气和健康的娱乐,则人种的强壮和活力就不会没有增进。现在我们就可有理由相信:如果人种的强壮和活力增进了,则人口的增加在一个很长的时间内就不会减少人们的平均实际收入。

因此,知识的进步,特别是医学的进步,政府在关于保健的一切工作上不断增长的活动和明智,以及物质财富的增加——这些因素都会减少死亡、增进健康和延长寿命。另一方面,城市生活的

---

①　由于可预防的种种原因所引起的婴儿死亡率的大小,可从以下的事实来推知:未满一岁的婴儿的死亡与出生的百分比,在城市区域通常高于乡村区域大约一倍三分之一;但在有富裕人口的许多城市区域中,这个百分比是低于全国的平均数(见 1905 年户籍局长的报告)。未满五岁儿童的每年死亡率,在贵族家庭中只有约 2％,在整个上层阶级中是 3％以下,而在全国是 6％与 7％之间,这是几年前所发现的。另一方面,波流教授说,在法国,只有一两个孩子的父母,易于溺爱孩子,而过于关心孩子反会损害他们的勇气、进取心和忍耐心(参看《统计杂志》第 45 期,第 378—379 页)。

迅速增加,以及人口中门第较高比较低的人结婚迟和孩子少的倾向,却使生命力降低,并使死亡率上升。如果只是前一类原因发生作用,但加以调节以避免人口过多的危险,则人类大概很快就会达到前所未有的身心上的优美;但如后一类原因发生作用而不加以遏制的话,则人类就会很快地退化。

事实上,这两类原因的作用差不多不相上下,而前一类原因略占优势。当英国的人口差不多与过去一样地迅速增长时,身体上或精神上不健康的人在全部人口中确是没有增加;其余的人的衣食都好得多了,而且,除了人口过于拥挤的工业区域外,他们在强壮上一般也是日见增加的。男女的平均寿命许多年来已经稳步地提高了。

第六章　工业训练

第一节　不熟练的劳动者是一个相对的名词；对于我们所熟悉的技能，我们往往不当作是技能；单纯的手工技能与一般智慧和活力相比，日见失去重要性；一般能力与专门技能

在研究了支配众多和强壮的人口之增长的原因之后，下一步我们就要考虑发展人口的工业效率所需要的训练。

使一个人在某一事业上能获得很大成就之天生的活力，差不多在其他任何事业上一般对他也是有用的。但是也有例外。例如，有些人似乎生来就适合于艺术事业，而不适合于其他工作；有时一个富有实际天才的人，几乎完全缺乏艺术的感受。但是，神经非常强健的种族，在有利的条件下，一般似乎能够在几代之内，发展它所特别重视的差不多任何种类的能力。一个在战争中或在工业的较为简陋的形态中获得活力的种族，有时很快地获得高级的智力和艺术能力；古代和中世纪中差不多每一文学和艺术的新纪

元,都是归功于神经非常强健的民族,他们在养成对舒适品和奢侈品的很大的嗜好之前,曾与高尚的思想有过接触。

在我们自己的时代里,这种嗜好的成长,使我们不能充分利用我们的大有增加的资源所给与我们的机会,把种族的最高能力用于最高尚的目的。但是,也许当代的知识上的活力,由于科学事业的发展,看起来比实际所有的为少。因为,在艺术和文学方面,当天才还保持青春的诱人外貌时,往往已有成就;但在近代科学方面,需要如此多的知识才能有所创造,以致一个学者在成名之前,他的精神的奋发就往往失去初有的旺盛;而且他的工作的真正价值,不像一幅画或一首诗的价值那样,常为大家所共知的。[①] 同样地,近代管理机器的技术工人的坚实品质,被看得比中世纪手工工人的微不足道的美德还低。这是一部分因为我们易于把我们自己时代中所常见的长处,看作是平凡的;并且易于忽视"不熟练的劳动者"这个名词的意义是不断变更的事实。

第二节　续　前

非常落后的种族不能长时间地持续进行任何种类的工作;即

---

① 在这方面,值得注意以下一点:一种划时代的思想之全部的重要性,在它发生的这一代之中往往未被人认识:它使世界的思想走上新的道路,但是,方向的改变要过了转折点一些路之后才会明白。同样地,每一时代的机械上的发明,比前代的发明易于为人看低。因为,一项新的发明,要到关于它的许多较小的改良和辅助性的发明已经完备之后,对实际使用才能充分有效;一项划时代的发明,往往发生于它所划的时代之前一代。因此,情况就是这样:每一代似乎主要是从事于实现前一代的思想;同时,它自己的思想之全部重要性,尚未为人清楚地了解。

使我们认为是不需要技能的工作中最简单的工作,对于他们也相对地是需要技能的工作;因为他们没有必要的孜孜不倦的精神,只有经过长期的训练,他们才能养成这种精神。但是,在教育普及的地方,即使需要懂得阅读和写作的职业,也可列入不需要技能的工作一类。其次,在一向是工业所在地的区域,负责任的习惯,和在处理高价的机械和原料上的谨慎和敏捷的习惯,已成为大家共同的特性了;因此,在管理机械的工作中,有许多据说是完全机械的和不需要技能的,并且不需要值得重视的人类才能。但是,事实上,现在世界的人口中,具有这种工作所需要的智力和道德的才能、智慧和自制力的人,恐怕不到十分之一;经过两代切实训练之后而能胜任这种工作的人,恐怕不到一半。即在工业人口之中,能够担任许多初看起来好像是完全单调的工作的人,也只有一小部分。例如,机器织布的工作似乎是很简单的,但分为高级和低级的工作,在担任低级工作的那些人之中,大多数都没有织几种颜色的布所需要的那种"本质"。在从事坚固材料、木材、金属或陶器的工业中,这种差别甚至更大。

有若干种的手工作业,在某一类动作上需要持久的练习,但是,这种情况不是很常有的,而且日渐少见了:因为,机械不断地代替这种需要手工技能的工作。对于手指的一般运用自如,是工业效率的一个非常重要的因素,这诚然是对的;但这主要是神经强健和自制力的结果。当然,它是由训练所发展的,但其大部分也许是属于一般的性质,而不是某一特殊职业所特有的;正像一个打棍球的人很快学会打网球那样,一个熟练的技术工人往往能转到别种行业,而效率即使丧失也不会很大和长久的。

手工技能是如此地专门以致完全不能从一种职业转用到另一种职业,因而逐步变成生产上越来越不重要的因素了。对艺术感受和艺术创造的才能暂且不论,则我们可以说,一种职业之所以高于另一种职业,一个城市或国家的工人之所以比另一个城市或国家的工人富有效率,主要是由于不是为某种职业所特有的一般聪敏和精力上的优越。

能一下子记住许多事情,需要什么东西时就准备好什么东西,无论什么事一有差错时行动敏捷并表现出机智,对于所做的工作在细节上发生变化时能迅速适应、坚定和可靠,总是养精蓄锐以便应付紧急之事——这些是成为一个伟大的工业民族的特性。这些特性不是某一职业所专有的,而是为一切职业所需要的;倘使它们常不能容易地从一种行业转到其他同类的行业,主要的理由就是因为它们要由对原料的一些知识和对特殊方法的熟悉来补充。

因此,我们可用一般能力这个名词来表示在不同程度上作为一切高级工业的共同特性的那种才能以及一般知识和智慧;同时,为个别行业的特殊目的所需要的那种手工技能和对特殊精神及方法的熟悉,则可归入专门能力一类。

第三节 普通教育与工业教育;学徒制度

一般能力大都要看幼年和少年时代的环境而定。在这方面,最早和最有力的影响是母亲的影响。① 其次是父亲和其他孩子的影响，而在某些情况下，还有仆人的影响。② 随着年龄的增大，工人的孩子从他周围所看到的和听到的事情中学到很多东西；当我们研究富裕阶级的孩子比技术工人的孩子，以及技术工人的孩子比不熟练的劳动者的孩子，在开始独立生活时所有的种种利益时，我们就必须较为详细地考虑这些家庭的影响。但是，现在我们可以转而考虑较为一般的学校教育的影响。

关于普通教育，我们不需要说什么了；虽然即使普通教育对于工业效率的影响，也比表面上为大。工人阶级的孩子只学习了读书、写字、算术和图画的初步知识之后，往往就不得不失学了，这是确实的；有时且有人认为，花在这些课程上的这一点时间的一部分，还是用于实际工作来得好。但是，在学校中得到的进步之所以重要，除了由于它本身的缘故之外，更多的是因为学校教育所给与的将来进步的能力之故。因为，真正高级的普通教育，使人能在业务上使用最好的才能，并能使用业务本身作为增进教育的一种手

---

① 照高尔顿的意见，一切伟人都出于伟大的母教的讲法是言之过甚的，但这只是表明母亲的影响没有超过其他一切影响；而不是说，它不比其他影响中的任何一种影响为大。他说，母亲的影响在神学家和科学家之中最易探溯，因为一个热诚的母亲引导她的孩子对伟大事物加以深思；而一个有思想的母亲，不是压制，而是鼓励孩子的好奇心，这种好奇心是科学的思考习惯的动力。

② 在家庭仆人之中，有许多具有优良本性的人。但是，生活在非常富有的家庭中的仆人，易于染上放纵的习惯，对财富的重要性估计过高，并一般重视低级的生活目的，这种情况对于独立的劳动人民是不常有的。在有些我们的最好的家庭中，孩子大部分时间所往来的人，没有普通家庭往来的人那样高尚。但在这些家庭之中，不是特别合格的仆人，是不许照管一头小的猎犬或小马的。

段;虽然普通教育与特殊行业的细节无关:那是属于工业教育的范围。①

第四节 续前

近年来工业教育同样地提高了它的目的。过去工业教育的意义,不外乎是传授一个聪明的人在开始他的工作时很快自己学会的那种手工的技巧和关于机械及方法的初步知识;虽然,如果他事先学会了这种工作,则在开始时他也许能比完全不懂的人多赚几个先令。但是,这样的所谓教育没有发展才能,而是有点妨碍才能的发展。一个青年自己学到了知识,他这样做就已教育了自己;他比一个在这种旧式学校读书的人将来会有较好的进步。然而,工业教育的发展已可纠正它的缺点;其目的在于:第一,使人对两眼和手指能一般的运用自如(虽然已有迹象表明,普通教育正在接管这种工作,而它属于普通教育是适当的);第二,传授对特殊职业有用的、而在实际工作的过程中很少适当地学到的工艺技能和知识

---

① 对于工人阶级的孩子缺少细心的普通教育之有害于工业的进步,与中等阶级的旧式教拉丁语学校的教育的狭隘范围之害处差不多一样。诚然,在近代之前,这种教育是普通教师所能诱导他的学生,把心力用于吸收知识以外的任何东西之唯一的教育。所以,称它是高级普通教育是很对的,因为它是能有的最好的教育了。但是,它在使市民熟悉伟大的古代思想的目的上是失败了;通常学校时代一过去,它就被忘却了,而且它在营业与教育之间造成了有害的对抗关系。然而,现在知识的进步,使我们能用科学和艺术来补充这种学校的课程,对能进这种学校的人给予一种教育,以发展他们的最好的才能,并使他们养成最能刺激他们的心思在以后生活中的高级活动的思想方法。花在学习拼字上的时间差不多是浪费的:如果能使英语中的拼字和发音和谐一致,像大多数别国语文那样,则不必增加什么费用,有效的学校教育大约延长一年就行了。

以及研究的方法。可是,还要记住:自动机械的精密和用途每有进步,就越缩小极其注重手和眼的运用的手工操作的范围;由最好形式的普通教育所训练出来的那些才能的重要性正日见增大。①

按照英国最好的意见,为高级工业而设的工业教育,应像普通教育那样,不断以发展才能为目的。它应当与完善的普通教育建立在同一的基础上,但应进一步详细订出特殊的学科,以利于特殊的行业。② 我们的目的应当是把科学训练——在这方面西欧各国已走在我们前面了——加到敢为和顽强的精力与实践的本能中去,如果青年时代不是在工厂中度过,则这种精力和本能是很少旺盛的;我们常要记住:一个青年在管理完善的工厂中,自己从直接的经验所学到的东西,比在工业学校中教师以标准方法所教给他的,对他更为有用,并更能刺激他的智力活动。③

旧的学徒制度不完全适合近代的情况,已经废除了;但却需要

---

① 正如纳斯密斯所说:如果一个青年在桌上随便落下两颗豌豆之后,而能容易地把第三颗豌豆放在前两颗之间的线上的当中,他将来就会成为一个优秀的技师。在英国的平常竞赛中所得到的眼和手的运用,与在幼稚园的游戏中所得到的一样。绘画常是介于工作和游戏之间。

② 工业教育的最大弱点之一,就是它不培养对称的感觉和化繁为简的愿望。英国人在实际的经营之中养成了摈弃抵不上所花费用的机械和制造方法上错综复杂的才能,而美国人甚至更有过之,这种实践的本能往往使他们能在与学问好得多的欧洲大陆的对手之竞争中获得成功。

③ 一个良好的办法,就是在学校卒业后,把几年中的六个冬月花在大学中学习科学,而把六个夏月花在大工厂中当实习生。本书作者四十年前曾在布里斯托尔的大学学院(即现在的布里斯托大学)实行这个办法。但是,它是有实际困难的,只有大企业的首脑与大学当局的诚恳和慷慨的合作,才能克服这种困难。另一个好的办法,就是曼彻斯特的马瑟和帕莱特工厂的附属学校所采用的办法。"学校中所做的绘图工作,就是工厂中实际进行的绘图工作。某日,教师作必要的解释和计算,次日,学生就看到——好像是在准备中的一样——教师讲解的问题中的那样东西。"

一种代替的制度。在最近几年中,许多最能干的制造商已经开始树立这样一种风气:使他们的子弟在企业中各个部分相继地工作,而这企业是他们的子弟终要管理的;但这种巧妙的教育只有少数人能够得到。任何大的近代工业的部门是如此众多和不同,以致雇主们要像过去那样,保证他们所照顾的每个青年能学会一切,是不可能的;而且一个能力平常的青年会为这种尝试所迷惑。但是,恢复学徒制度而在形式上加以改良,似乎不是不能实行的。①

工业上重大的划时代的发明,至新近为止,差不多完全是发生在英国的。但是,现在其他各国也参与发明的竞争了。美国人的普通学校的优良,他们生活的丰富多彩,他们之中不同民族的思想交流,以及他们的农业之独有的条件,已经表现出一种顽强的研究精神;同时,工业教育现在也正在极其有力的推进之中。另一方面,在德国的中等阶级,甚至在工人阶级之中,科学知识的普及,加上他们通晓近代语文,以及他们的求学旅行的习惯,使他们在机械

①   雇主有义务在工厂中彻底教会学徒他的行业中一个大部分之中的所有小部分的工作,而不是像现在所常有的那样,只让学徒学会这些小部分之中的一部分工作。这样,学徒的训练就往往会像几代之前的训练那样广泛,好像把整个行业的工作都教给他了;而且不妨用工业学校中所教的关于这行业的各部门之理论知识来补充这种训练。对于要想学习在一个新国家的特殊情况下的农业经营的英国青年,近来已经风行一种类似旧学徒制度的办法:有些迹象表明,这个办法可以推广到英国的农业经营,因为它在许多方面与英国的农业非常适合。但是,除此之外,还有许多适合农民以及农业的雇用劳动者的教育,最好能在农业大学和制酪业学校中推行。

同时,对于成年人的工业教育的许多大的机构正在迅速发展,例如公开的展览会、同业公会和同业杂志等。它们各有自己的工作。在农业和其他某些行业方面,对进步的最大帮助,恐怕是在于公开的展览会。但是,那些较为进步和掌握在有好学习惯的人手里的工业,却更得力于同业杂志所传播的实际和科学的知识;借助于工业方法和社会条件的变化,这些杂志打破了行业的秘密,帮助资本小的人与富有的对手竞争。

学方面能与英美并驾齐驱,而在把化学应用到企业的许多方面,他们是领先的。①

第五节　续前

的确,有许多种类的工作,能为没有知识的工人所做好,而与有知识的工人所做的同样有效,而且教育的高等学科,除了对雇主、工头以及比较少数的技术工人之外,没有什么直接用处。但是,优良的教育,即使对于普通工人也予以很大的间接利益。它刺激他的智力活动;使他养成善于研究的习惯;使他在日常工作上更为聪明、更为敏捷和更为可靠;在工作时间内和工作时间外它提高他的生活的风格;因此,它是物质财富生产上的一个重要手段;同时,即使它被看作是为了本身的目的,它也不比物质财富的生产所能助成的任何事情为低劣。

然而,我们必须从另一方面来探求国家从许多人的普通教育和工业教育的改良上所得到的直接经济利益的一部分——也许是大部分。我们要重视原来属于工人阶级的那些人,但更要重视出身低微而升到高级熟练的技术工人、成为工头或雇主、扩大科学的范围、或者可能在艺术和文学上增加国家财富的那些人。

支配天才诞生的法则是不可思议的。工人阶级的孩子之具有

---

① 在欧洲大陆上,差不多每个进步的企业的首脑,都曾在外国细心研究制造方法和机械。英国人是著名的旅行家;但是,也许一部分因为他们不懂外国语文的缘故,所以他们并不重视对旅行的明智的利用所能获得的工业教育。

最高级的天赋的才能所占的百分比,恐怕没有在社会上已经获得或承袭高位的人的孩子之具有这种才能所占的百分比那样大。但是,手工劳动阶级的人数,比其他一切阶级加在一起多四五倍,所以,一个国家中所生下来的最优秀的天才,一半以上会属于他们;而其中一大部分因为缺少机会而未获得结果。对于可巧是出身低微的天才,任其消磨于低级工作而置之不问,实在是一种最有害于国家财富增长的浪费。有助于物质财富之迅速增加的变化,无过于我们的学校的改良,尤其是中等学校的改良,如果这种改良能与普遍的奖学金制度相结合的话;这种制度使工人的聪明的儿子能逐步升学,直到他受到当代所能给与的最好的理论和实际的教育为止。

中世纪的自由城市和近代苏格兰的成就,大部分可归功于工人阶级的孩子的才能。即在英国内部,也可得到同类的教训:在英国进步最快的地方,就是工业领导者是工人的子弟所占比重最大的地方。例如,在工业时代之初,社会地位的悬殊,在英国南部比北部更为显著和更为牢固。在英国南部,有一种略似世袭社会阶级的精神,使工人及其子弟不能升到领导地位;而古老的家庭缺乏只是天赋的、而不是社会利益所能供给的那种灵活和清新的精神。这种世袭社会阶级的精神,与工业领导者之中缺乏新的血液互相支持;英国南部城市的衰落,以活人所能记忆的而论,有不少在很大程度上可归咎于这个原因。

第六节　美术教育

美术教育与艰苦思考的教育之地位稍有不同:因为后者常使性

格坚强,而前者往往做不到达一点。然而,人们的美术才能的发展,本身就是一个最重要的目的,并成为工业效率的一个主要因素。

我们在这里所研究的,差不多完全是取决于眼光的美术学科。因为,文学和音乐虽与这种学科同样有助于生活的美满,并有过之,但是,它们的发展却不直接影响、也不依靠经营的方法、制造的方法和技术工人的技能。

中世纪欧洲的和现在东方各国的技术工人,素以富有创造力见称于世,实在恐怕不如所传之甚。例如,东方的地毯充满了宏伟的想象,但是,如果我们研究一下任何一地的美术品的许多样品——也许是从几个世纪前的作品中挑选出来的,我们往往发现,在它们的基本概念上没有什么不同之处。但是,在有种种迅速变化——有些是由风尚所造成的,有些是由工业和社会进步的有利运动所造成的——的近代,每个人都可自由创造新的局面,各人大体上必须依靠他自己的才力;因为没有缓慢成熟的公众的批评来指导他。①

然而,这不是我们时代中的美术设计所受到的唯一的或主要的不利。没有好的理由使我们相信:中世纪的普通工人的孩子,比

----

①　事实上,原始时代的每个设计师都是为先例所支配的:只有非常敢作敢为的人才不受先例的拘束;但他们也没有过于违背先例,而他们的革新要受到经验的考验,经验毕竟是正确无误的。因为,艺术和文学上的最粗糙和最可笑的风尚,因为社会上有势力的人之提倡,虽然一时会为人们所接受,但只有真正的艺术的优美才能使一首短歌或曲子,一种服装的式样,或一种家具的式样,在全国之中接连许多代盛行不衰。因此,凡与真正的艺术精神不相调和的革新就被抑制了,遵循艺术途径的那些革新就被保存下来,并成为更大进步的起点;这样,传统的本能,在保存东方各国的工艺的纯粹性上曾有很大的作用,而在较小的程度上,在中世纪的欧洲也是如此。

现在普通的乡村木匠或铁匠的孩子具有较大的美术创造力；但是，如果那时一万人中可巧有一个人是天才，则在他的作品中天才就表现出来，而为行会及其他方面的竞争所鼓励。但是，近代的技术工人易于从事机械的管理；虽然他所发展的各种才能，比他的中世纪的前辈的审美力和想象力会更为坚实，毕竟会更为有助于人类的最大进步，但这些才能却不直接有助于美术的进步。倘使他觉得自己比他的同事具有较高的能力，他恐怕会力图在工会或其他组织的管理上取得领导的地位，或者集中小量资本，从他所学的那个行业中发展起来。这些都不是卑鄙的目的；但是，如果他仍干他的本行，而努力创造不朽的美术作品，则他的志向也许会更为高尚，对世界会更为有利。

但是，必须承认：他要这样做会有很大的困难。现在我们所容许的装饰方法的变化在时间上是短暂的，时间短暂的害处与这种变化遍于世界面积的广阔不相上下；因为，这样就迫使设计师一直注意美术品的供给和需要在世界上的变动，他的草率和匆促的努力就更为分散了。这是一种对于以自己的双手操作的技术工人不甚适合的工作；因此，现在普通的技术工人觉得最好跟在后面而不领先。即使里昂的织工的卓越技能，现在也表现为差不多完全是继承精致的手工的能力和色彩的优秀的感觉力，因而使他能完美地实现专门的设计师的理想。

财富的增长使人们能购买各种物品以适合嗜好，而对于这些物品是否耐用却看作次要的事；所以，在各种衣着和家具上，东西的销售决定于式样，越来越风行了。已故威廉·摩里斯和其他人的影响，加上许多英国的设计师从东方——特别是波斯和印度的研究色彩的好手——所获得的指导,使法国人自己承认,某些种类的英国织物和装饰品已达到第一流了。但在其他方面,法国还是首屈一指的。据说,有些在世界上保持自己地位的英国制造商,如果还是依靠英国的式样,就要被赶出市场了。这一部分是由于以下的事实:巴黎在时尚方面居于领导地位,这是它对妇女服装一向具有敏锐而细致的审美力的结果。巴黎的设计会与即将到来的时尚相合,而比来自其他地方的具有同等真实价值的设计有较好的销路。①

因此,工业教育虽不能直接大大增加美术上天才的供给,比它在科学和企业方面所能增加的更多,但它却能使许多天生的美术天才不改变为无用;因为旧式的手工业所实行的训练,绝不能大规模地恢复,工业教育的这种目的就更为需要了。②

----

①　法国的设计师觉得最好住在巴黎:如果他们长久不与时式的主要变动接触,他们就似乎落后了。他们之中的大多数人所受的教育是要当艺术家,但是他们最高的志向却未得到成功。那些已经成为艺术家的人,觉得从事设计工作是值得的,但这只是例外的情况,例如像色佛尔的瓷器业那样。然而,英国人在为东方市场的设计工作上还能保持自己的地位,而英国人在创造力方面至少不低于法国人,也有了证据,虽然在如何配合式样和色彩以获得有效的结果方面,英国人还没有法国人那样敏锐(参看《工业教育报告》第 1 卷第 256、261、324、325 各页和第 3 卷第 151、152、202、203、211 各页以及其他各页)。近代设计师的职业恐怕还没有达到它所能保持的最好的地位。因为,它在过大的程度上处于一个国家的影响之下;而那个国家的最高艺术学科的作品,本来就是不能移植的。这些作品在当时诚然常为其他各国所赞美和模仿,但是,它们还很少成为后世最优秀的作品的基调。

②　画家自己在图画陈列室中也记载以下的事实:在中世纪——甚至较晚——他们的艺术比现在能吸引更多的最优秀的智士;而现在却是这样:青年人的志向为近代企业的兴奋之事所诱惑,建树不朽事业的热诚在近代科学的发明上得到活动机会,最后,为定期刊物随便写些浅薄的文章,就可获得报酬,因此,许多优秀的人才就不知不觉时改变高尚的目标了。

第七节　教育作为国家的投资

因此,我们可得出以下的结论:把公私资金用于教育之是否明智,不能单以它的直接结果来衡量。教育仅仅当作是一种投资,使大多数人有比他们自己通常能利用的大得多的机会,也将是有利的。因为,依靠这个手段,许多原来会默默无闻而死的人就能获得发挥他们的潜在能力所需要的开端。而且,一个伟大的工业天才的经济价值,足以抵偿整个城市的教育费用;因为,像白塞麦的主要发明那样的一种新思想之能增加英国的生产力,等于十万人的劳动那样多。医学上的发明——像吉纳或巴士特的发明那样——能增进我们的健康和工作能力,以及像数学上或生物学上的科学研究工作,即使也许要经过许多代以后才能显出增大物资福利的功效,它们对生产所给予的帮助,虽没有前者那样直接,但重要性是一样的。在许多年中为大多数人举办高等教育所花的一切费用,如果能培养出像牛顿或达尔文、莎士比亚或贝多芬那样的人,就足以得到补偿了。

经济学家对于实际问题中具有直接关心的,无过于关于在国家与父母之间应当怎样分配儿童教育费用的原理的问题了。但是,不论父母负担多少费用,我们现在必须考虑决定父母负担这种费用一部分的力量和意志的各种条件。

大多数父母极愿以他们自己的父母对待他们的,去对待自己的孩子;如果他们发现邻人中可巧有标准较高的,则他们对待孩子也许甚至更好一点。但是,要父母对待孩子比这再进一步,则除了无私的道德品质和热烈的情感——这两点也许不是罕见的——之外,还需要某种精神上的习惯——这一点还不是很普通的。它要有清楚地预料未来和把遥远的事件看作像与眼前的事件差不多有同样重要性(就是以低的利率对未来加以折扣)的习惯;这种习惯是文明的主要产物,也是文明的主要原因,除了在较为文明的国家的中等和上层阶级中之外,它是很少得到发展的。

第八节　流动性在职业的等级之间和等级之内日见增大

父母通常培养自己的孩子,使他们从事自己等级的职业,所以,在一代中任何等级的劳动者的全部供给,在很大程度上为前一代中该等级中的人数所决定,但在该等级本身之内,却有较大的流动性。如果该等级内任何一种职业的利益超过平均的利益,则青年人就从同等级内其他职业迅速转入这一职业。从一个等级到另一等级的垂直的流动,不是很迅速的或大规模的;但是,当一个等级的利益比它所需的工作上的困难相对地增加时,则青年和成年的劳动者很多就会三三两两地开始流入这一等级;虽然流入的人数也许是不很多的,但合起来人数就多了,不久足以满足这个等级的劳动者之增长的需要。

我们要到以后的阶段才对以下两点加以较为详细的研究:第一,任何地点和时间的各种条件对劳动者的自由流动所加的障碍;第二,这些条件对任何人所提供的引诱以改变他的职业或培养其子从事与他自己不同的职业。但是,以我们已经知道的而论,足以得出以下的结论：如果其他情况不变，则由劳动所得的收入之增加，提高劳动的增长率；或换句话说，劳动的需要价格的上涨，增加劳动的供给。假定知识的情况，伦理的、社会的和家庭的习惯的情况固定不变，则全体人民的活力——即使不是他们的人数——和特别是任何行业的人数和活力，在以下的意义上可以说是具有供给价格：需要价格的某种水平使上述的人数和活力保持不变；需要价格较高会使它们增加；需要价格较低会使它们减少。因此，经济原因在支配整个人口的增长和任何特殊等级内劳动的供给上就发生作用了。但是，经济原因对于整个人口多寡的影响，大都是间接的；是通过生活上伦理的、社会的和家庭的习惯而发生的。因为，这些习惯本身受经济原因的影响虽然很慢，但是很深，而在方式上有些是难以探索的，而且是不可能预测的。①

---

①　一个父亲打算培养他的儿子从事一种与他自己的职业在性质上大不相同的职业，会遇到种种困难，穆勒对这些困难印象很深，因此他说（见穆勒所著《经济学原理》第二篇第十四章第二节）："的确，不同等级的劳动者之间的悬殊一向是如此彻底，他们之间的分界线是如此明显，以致差不多等于世袭的社会阶级了；各种职业所需的人，主要是由已经从事于这种职业的人的子弟来补充，或是由在社会地位上与这种职业属于同一等级的其他职业中的人的子弟来补充。或是由原来即使等级较低，而由于自己的努力地位已经提高的人的子弟来补充。自由职业所需的人，大多数是由自由职业阶级或有闲阶级的子弟来补充；需要高度技能的手工职业，由熟练的技术工人或与他等级相同的商人阶级的子弟来填补；等级较低的需要技能的职业也是如此，而不熟练的劳动者，由父及子仍然保持他们原来的样子，但亦偶有例外。因此，每个阶级的工资一向是为它自己的人口之增加所限制，而不是为全国总人口的增加所限制。"但是，他接着说："然而，在习惯和观念上现在迅速发生的变化，日渐破坏这一切的差别。"

自从他著书以后，他的先见之明已为变化的进程所证实了。在本章开头时我们已经说过，有种种原因使得某些职业所需要的一定程度的熟练和能力有所减少，另些职业所需要的一定程度的熟练和能力有所增加，由于这些原因迅速发生作用，他所指出的明显的分界线差不多已被消灭了。我们不能再把不同的职业看作是　（接下页注释）

─────────────────────

（接上页注释）　分属于四个大的平面；但是，我们也许可以认为不同的职业类似梯级阔度不等的一座长楼梯，其中有些梯级非常广阔，可以作为梯顶之用。或者我们不妨把各种职业想象为两座楼梯则更好，一座代表"难做的工业"，另一座代表"易做的工业"；因为这两者之间的直的划分，事实上是与任何两个等级之间的横的划分同样广泛和明显。

穆勒的分类在被凯恩斯采用时已失去它的大部分的价值了（见凯恩斯所著的《政治经济学主要原理新论》第 72 页）。较为适合我们现在情况的分类是吉丁斯所提出的（见《政治学季刊》第 2 期第 69—71 页）。对这个分类的反对意见是这样：它在大自然原来没有划出明显分界线的地方划出了明显的分界线；但是，这个分类也许不亚于把工业分为四个等级的最好的分类。他所分的等级是：（Ⅰ）自动的手工劳动者，包括普通劳动者和管理机器的工人在内；（Ⅱ）负责的手工劳动者，包括那些能付以某种责任和自行管理的劳动的工人在内；（Ⅲ）自动的脑力劳动者，如会计员；（Ⅳ）负责的脑力劳动者，包括监工和董事在内。

关于人口在等级之间或上或下的大量和不断的流动之条件与方法，在以后第六篇第四、第五和第七三章中再加以较为详细的研究。

对于供差遣和做其他没有教育价值的工作的男仆之需要的增长，增大了这样的危险：父母会将他们的儿子送上将来没有获得良好职业的希望之道路。公共机关在这方面做了一些工作，而私人团体由于其中的男子和女子的热心和努力，在这方面做得更多，都警告人们不要从事这种"死胡同"的职业，并帮助青年准备从事技术性的工作。这些努力也许具有很大的国家价值。但是，必须注意：这种指导和帮助不但要给予工人阶级人口中出身较低的人，而在必要时同样要给予出身较高的人，否则，民族就会退化了。

第七章　财富的增长

第一节　在近代之前没有使用什么高价形态的辅助资本;但现在它正迅速增加,积累的能力也迅速增加

在本章中,不需要区别把财富看作是消费对象的观点与把它看作是生产要素的观点;我们只是研究财富的增长,并不需要注重财富作为资本的各种用途。

财富的最早的形态,恐怕是渔猎的工具和个人装饰品;而在气候寒冷的国家中,则为衣着和茅屋。[①] 在这个阶段中,人们开始养驯动物;但是,最初动物之为人所爱护,恐怕主要是为了动物本身的缘故,因为它们形状美丽,养驯它们是愉快的事;像个人装饰品一样,动物之为人所要获得,并不是为了准备应付将来的需要,而是因为占有它们可得到直接的满足。[②] 逐渐地,成群的养驯的动

---

① 在泰勒:《人类学》之中,有关于原始形态的财富的增长和生活方法之简短而足供参考的研究。

② 白哲特(见他所著《经济研究》第 163—165 页)在引用了高尔顿所收集的关于野蛮民族豢养宠爱的动物的证据之后指出:在这里我们找到了关于以下事实的很好的例证:野蛮民族不论怎样不关心将来,也不能不为将来作一些准备。一张弓或一个渔网,今天足供获取食物之用,在未来许多天中也必然是有用的。今天足以供人代步的一匹马或一只独木舟,必然是许多未来的享乐的储备的源泉。野蛮的暴君中最不未雨绸缪者,也会建立一大批的建筑物,因为它是他现有的财富和势力的最显著的证据。

物增多了；而在畜牧时代中，动物既成为它们的所有者得到愉快和引以为豪的东西，又成为社会地位的表面象征，以及作为准备应付将来的需要而积累的财富之最重要的储备。

因为人口渐密，人们定居下来从事农业，耕地就在财富的目录中占了第一位；而在土地的价值中，由于各种改良（其中井占有显著的地位）而得到的那一部分价值，变为狭义的资本之主要因素。属于次要的是：房屋、家畜，而在有些地方是小舟和船只；但是，生产工具——不论是供农业还是家庭工业之用——在长时间内一直没有什么价值。然而，在有些地方，各种宝石和贵金属早已成为欲望的主要对象和公认的储藏财富的手段；同时，帝王的宫殿固不必说，即在许多比较幼稚的文明阶段中的社会财富，大部分表现为公共建筑物——主要是供宗教之用、道路和桥梁、运河和灌溉工程的形态。

上述这些东西之为积累的财富之主要形态，已有几千年了。在城市中，房屋和家具诚然是占第一位，高价原料的储备也非常重要；但是，城市居民每人所有的财富，虽然往往比乡村居民为多，但城市居民的全部人数不多，因而他们的财富总额比乡村的财富总额少得多了。在整个这时代中，唯一的使用高价工具的行业，是海上运输业；织工的织机、农民的耕犁、铁匠的铁砧都是构造简单的东西，与商人的船只相比差不多是无足轻重的。但到了十八世纪，英国开始了使用高价工具的时代。

英国农民的工具的价值在长时间中上涨很慢；但到十八世纪进步得到加快了。不久，首先利用水力，然后利用蒸汽力，使生产部门相继地以高价的机械迅速代替廉价的手工用具。正如以往最高价的工具是船舶，以及在某些情况下是供航行和灌溉用的运河一样，现在最高价的工具也是一般的交通工具——铁路和电车、运河、码头和船舶、电报和电话系统以及自来水厂，即使煤气厂差不多也可归入这类，因为它的设备大部分是用于分配煤气的。其次为矿山、铁厂和化工厂、造船厂、印刷厂以及其他有很多高价机械的大工厂。

　　不论我们看哪一方面，我们都觉得：知识的进步和普及不断地导致新方法和新机械的采用，如果在人类努力尚未达到最终目的以前很长时间内花费一番努力的话，则这种新方法和新机械就可节省人力。要正确衡量这种进步是不容易的，因为在古代是没有与许多近代工业相同的工业的。但是，我们可以比较一下产品的一般性质没有改变的四种大产业的过去和现在的情况：它们是农业、建筑业、织布业和运输业。在前两种产业之中，手工操作仍占重要地位，但即在它们之中，高价的机械也有很大发展。例如，可把即使现在的印度农民的简陋工具与进步的苏格兰低地的农民的设备比较一下；①并可考虑一下近代建筑业者的制砖机、制灰泥

---

　　① 　包括六七个成年男子在内的头等印度农民的家庭所用的农具，主要是只用木料做成的几把轻便的犁和锄，其全部价值大约是十三卢比（见菲尔爵士所著的《雅利安人的乡村》第 233 页），即相当于他们一个月的工作；同时，在一个有良好设备的近代大农场里，单是机械的价值每英亩即达三镑（见马登所编的《农场的设备》一书），即相当于农场所雇用的每个人一年的工作。这种机械包括：蒸汽机、开沟犁、掘地土犁和普通犁、有些由蒸汽运转，有些由马力运转；各种掘土机、耕耙、滚筒、碎土机、播种机和施肥机、马锄、钉耙、干草机、刈草机、收割机、蒸汽或马力打谷机、切饲料机、切萝卜机、压草机以及其他许多机械。同时，使用地窖保藏和有遮蔽的庭院日见增多，牧场和其他农业建筑物的设备也不断改良，这一切毕竟使人力大为节省，但要花费较大的人力为农民种植农产品的直接工作开辟道路。

机、锯木机、刨木机、嵌线机、凿孔机以及蒸汽起重机和电灯。如果
我们再看一下纺织业,或者至少是制造较为简单产品的纺织业的
情况,我们看到过去每个工人对工具是感到满意的,这些工具的成
本不过相当于他的几个月的劳动,而在近代,单是工厂设备所占的
资本,以雇用的每个男工、女工和童工来估计,各占二百镑以上,即
相当于每人五年的劳动。又如一条汽船的成本,也许相当于驾驶
这船的那些人的十五年或更多的劳动;同时,投于英国和威尔士的
铁路之资本约为十亿镑,相当于铁路所雇用的三十万工资劳动者
二十年以上的工作。

第二节　续前

随着文明的进步,人类常发展新的欲望和满足这些欲望的较
为高价的新方法。进步的速度有时是缓慢的,而且偶尔甚至也有
很大的退步;但是,现在我们正以一年比一年迅速的快步前进;我
们无法推测将在何处停下来。在各方面,进一步的机会一定会发
生的,这些机会都会改变我们的社会和工业的生活之性质,使我们
能利用巨额储存的资本来提供新的满足,并将它用于预料遥远的
欲望来提供节省人力的新方法。似乎没有充足的理由使人相信:
我们已接近静止的状态,在这状态下,不会有新的重要欲望要得到
满足,把现在的努力有利地投于防备将来不会再有机会了,而且财
富的积累也不再会有任何报酬了。人类的全部历史表明,人的欲

望是随着他的财富和知识的增长而扩大的。[①]

随着投资机会的增多,生产物超过生活必需品的剩余也不断增加,这种剩余产生了储蓄的能力。当生产技术落后时,剩余是很少的,只是在强大的统治民族以最低的生活必需品迫使臣服的民族艰苦工作的地方,以及在气候温和因而生活必需品很少并且容易获得的地方,才有例外。但是,在生产技术方面,以及在为了帮助和支援将来生产的劳动而积累的资本方面每有增进,就会增加剩余,从这剩余中就能积累较多的财富。不久,在气候温暖的地方,甚至在寒冷的地方,文明就成为可能了;而物质财富的增加,在不折磨工人因而也没有破坏它所依靠的基础之条件下,也成为可能了。[②] 这样,财富和知识就一步一步地增长了,而储蓄财富和普及知识的力量也随着一步一步地增大。

---

① 例如,近来在某些美国城市所作的改良说明了以下一点:如果支出充足的资本,每个家庭就能得到它的确需要的东西,并能除去它不需要的东西,比现在有效得多,以使大部分的人口能住在城市里,而能免除许多现有的城市生活的害处。第一步就是在一切道路之下开掘大的隧道,使许多管子和电线能被敷设在隧道之中,如有损坏也能加以修理,而不会妨碍一般交通,也不要花很大的费用。然后动力甚至是热力,就可从离开城市很远的地方(在有些情况下是从煤矿中)发生,凡需要的地方都可敷设。淡水、泉水、甚至海水和臭氧化的空气,就可通过各别的管子装到差不多每个家庭;同时,冬天可由热气管放送暖气,夏天可压缩空气降低热度;或者可由装在特别管子里的有很大热力的煤气来供给热力,同时,也可从特别装置的煤气或电力中得到灯光;而且每个家庭可以与城市中其余的家庭通电话。一切有害健康的煤烟,包括仍在使用的家用燃料所发出的煤烟在内,可通过长的导管以强大的气流送出去,并通过大的炉子滤清,再从大烟囱中散入高空。要在英国城市实行这样的计划,需要比用于我们铁路的资本大得多的费用。这种关于城市改良的最终途径的推测,也许离事实太远,但是,过去的经验显示出把现在的努力投于提供满足我们将来欲望的手段上的广泛机会的许多途径,上述的推测就是说明那些途径之一。

② 参照附录一。

第三节　续前

清楚地预想将来和防备将来的习惯,在人类历史的过程中发展得很慢而且时作时辍。旅行家告诉我们,如果有些部落只要预先应用一点他们的力量和知识所能及的手段,例如,将他们的小菜园围起篱笆以防野兽的侵入,他们就可使他们的资源和享乐倍增,而不必增加他们的全部劳动。

但是,即使这种漠不关心的态度,如与现在我们自己国家中所见到的某些阶级的浪费相比,恐怕是不足为奇的。人们时而一星期赚两三镑,时而濒于饥饿,这种情况不是罕见的:当他们有职业时,一先令对于他们的效用,比他们失业时一便士的效用还小,但他们从不打算作万一之备。[①] 在相反的极端方面,就是守财奴,其中有些人的爱财近于疯狂的地步;另一方面,即在自耕农和其他某些阶级中,我们也常看到有些人是如此节省,连必需品也省掉了,以致损害他们将来工作的能力。这样,他们就处处吃亏:他们从未真正享受生活的乐趣;同时,他们从他们所储存的财富所得到的收入,比从他们的赚钱能力的增加所能得到的收入还少,如果他们把以物质形态所积累起来的财富用之于他们自己身上,则他们从赚钱能力的增加所得到的收入恐怕会较多的。

在印度,我们看到有些人的确节制目前的享乐,以极大的自我

---

① 他们以每年百分之好几千的比率,对将来的利益加以"折扣"(参看第三篇第五章第三节)。

牺牲节省了巨额款项,但却把他们的全部的储蓄都用于婚丧的奢费的排场上,在爱尔兰也有这样的人,不过在程度上不及印度。他们只是为不久的将来作间歇的准备,而对遥远的将来,却不作任何永久的准备:巨大的公共工程使他们的生产资源有很大的增加,但这些工程主要是由克己力差得多的英国人的资本来举办的。

这样,支配财富积累的各种原因,在不同国家和不同时代中也大不相同。在任何两个民族之中,这些原因也不是完全相同的,即在同一民族的任何两个社会阶级中,恐怕也不是完全相同的。它们很有赖于社会和宗教的制裁;当风俗的约束力稍有松懈时,个人性格上的差异,怎样会使得在相同条件下长大的邻人,在他们的奢侈或节俭的习惯方面各不相同,比在差不多其他任何方面的不同更为普遍和更为常见,这一点是值得注意的。

第四节　保障是储蓄的一个条件

往代的不事节俭在很大程度上是由于缺少保障的缘故,因为那些为将来作准备的人是要享有保障的:只有那些已经富有的人,才有力量保持他们所积蓄的东西;勤劳和克己的农民积蓄了一点财富,却眼看它被强有力者夺去,这种情况对他的邻人不断提出警告,叫他们在能享受时就享受快乐和安逸。在英国和苏格兰的边境,只要抢劫一天不停止,就不会有什么进步;在十八世纪中法国农民的储蓄是很少的,当时他们只有被人看作贫穷,才能逃避税吏的强取豪夺,爱尔兰许多田地的佃户们,即在四十年前,为了避免地主对地租的过高要求,也不得不照样行事。

这种没有保障在文明世界差不多已成过去了。但是,在英国,我们仍然受到救贫法的影响之害,救贫法盛行于上一世纪之初,为工人阶级带来了一种新形式的危险。因为,它规定:工人阶级的工资的一部分,要以贫穷救济金的方式拿出来;而这种救济金在他们之中的分配,是与他们勤劳、节俭和远见成反比例的,因此许多人认为,为将来作准备是愚蠢的事。由这种有害的经验所养成的传统和本能,即到现在,仍是对于工人阶级的进步之一大障碍;而且,至少名义上作为现在的救贫法的基础之原理,即国家只考虑贫穷而完全不考虑功绩,也发生同样的作用,虽然力量较小。

这种没有保障也正在减少:国家和私人对贫民的义务的开明观点之发展,足使以下一点日益明确:自力更生和努力为自己的将来作准备的人,比懒惰和不动脑筋的人,将得到社会的较好照顾。但是,这方面的进步仍是缓慢的,要做的事情还有很多。

第五节 货币经济的发展给与奢费以新的诱惑;但它使没有经营能力的人能得到储蓄的好处

货币经济与近代经营习惯的发展,的确因对于爱过奢侈生活的人产生新的诱惑,而妨碍了财富的积累。在古代,一个人如果要住一所好的房屋,他必须自己动手建造;而现在出租的好房子很多,只要付房租就能租到。从前他要喝好的啤酒,他要有好的酿造场,而现在他能买到比自己酿造的更好和更廉的啤酒。现在,他能向图书馆借阅书籍,而不必自己购买;在他准备购买家具之前,他也能以家具布置他的房屋。这样,近代的买卖制度、借贷制度以及新欲望的发展,在许多方面引起新的奢费,并将现在的利益置于将来的利益之上。

但是,另一方面,货币经济增加了用途的多样化,在这些用途之间,一个人能够分配他的将来的支出。在原始社会状态下,一个人储存了一些东西以备将来的需要,他也许觉得他对他所储存的那些东西的需要,毕竟没有像对他所没有储存的东西那样大:有许多未来的欲望,是不可能以储存货物来直接满足的。但是,如果他积蓄了资本,并从资本中获得货币收入,他却能需要什么就购买什么。①

其次,近代的经营方法,带来了安全投资的机会,使得没有好机会从事任何经营——甚至没有经营农业的机会,在农业中土地在某些条件下具有一个可靠的储蓄银行的作用——的人也能获得收入。这些新的机会已使有些人积蓄若干东西以供老年之用,如果没有这些机会,他们恐怕不会这样做的。财富的增长还有一个比这大得多的结果,就是它使一个人准备死后供给妻子儿女以可靠的收入容易得多了:因为家庭情感毕竟是储蓄的主要动机。

第六节　家庭情感是储蓄的主要动机

的确有一些人看见他们所积蓄的财富在自己手下增多而感到强烈的愉快,但差不多没有想到由他们自己或别人从财富的使用

---

① 参照第三篇第五章第二节。

中所能得到的幸福。他们之所以如此，一部分是由于追求的本能、胜过竞争者的愿望以及表现获得财富的能力和因富有而取得势力与社会地位的雄心。有时，在他们真正需要货币时所发生的习惯的力量，由于一种反射作用，在为积聚财富而积聚财富方面，使他们有一种人为的和不合理的愉快。但是，如果不是为了家庭情感，现在许多艰苦工作和小心储蓄的人，只要能获得供他们自己生活之用的舒适的年金，就不会更努力了；他们或是向保险公司购买年金，或是安排好他们退职后每年花费他们的资本和其他一切收入的一部分。在前一种情况下，他们身后就一无所有了；而在后一种情况下，他们只留下从他们所希望的高寿中因早死而多余的那一部分储蓄。人们工作和储蓄主要是为了他们的家庭，可由以下的事实来证明：在他们退职之后，他们的费用很少超过从他们的储蓄中所得的收入，而宁愿把他们所储存的财富原封不动地留给他们的家庭；单单在英国，每年就有两千万镑以保险单的形式储蓄起来，而且只有在储蓄的人死后才能动用。

最能刺激一个人的精力和进取心的，无过于在生活中提高地位的希望，以及使他家里的人从比他创业时为高的社会地位开始的希望。这种希望甚至给他以一种压倒一切的热情，而这种热情使他对求得安逸和一切普通的愉快的愿望都毫不足道了，有时甚至破坏了他内在的优美感觉和高尚憧憬。但是，像现代美国的财富之惊人的增长所表明的那样，这种希望使他成为一个有力的生产者和财富积累者；的确，如果他不是急于攫取财富所能给他的社会地位，则他的雄心就会使他走上巨大的奢费之途，正像不顾将来和放纵自己的脾气所能引起的那样。

以下这种人才会有最大的储蓄:他们出身清寒,长大后从事苛刻而艰苦的工作,他们虽在企业上获得成就,但仍保持朴素的习惯,他们对挥霍加以鄙视,并抱有死后他们会比为人所预料的更为富有的希望。这种性格在古老而富有活力的国家中较为闲静的地方是常见的,而受到重大的对法战争以及随之而来的重税的压迫之后,历时一代以上,在英国乡村区域的中等阶级之中,这种性格也是很普遍的。

第七节　积累的源泉;公共积累;合作事业

其次是关于积累的源泉。储蓄的能力要看收入超过必需的支出的部分而定;在富人之中,这个部分是最大的。在英国,大部分的巨额收入主要是从资本中得到的,但小额收入中只有一小部分主要是从资本中得到的。在本世纪之初,英国的商人阶级具有比乡村绅士或工人阶级都多得多的储蓄习惯。这些原因合在一起,就使得上一代的经济学家把储蓄看作差不多完全是从资本的利润中得来的。

但是,即在近代英国,地租与自由职业者及雇佣劳动者的收入,都是积累的一个重要源泉,而在一切初期文明阶段中,它们是积累的主要源泉。[①] 而且,中等阶级,尤其是自由职业阶级,为了把资本投于他们孩子的教育,自己总是非常刻苦;同时,工人阶级的工资的大部分,是用于他们孩子的身体健康和强壮。以往的经

---

① 参照琼斯所著的《政治经济学原理》。

济学家太不考虑下一事实：人类的才能与其他任何种类的资本，同样是重要的生产手段；与他们相反，我们可得出以下的结论：财富分配上的任何变化，只要是给工资劳动者多些，给资本家少些，如果其他情况不变，就会加速物质生产的增大，而不会显著地延迟物质财富的储存。当然，如果这种变化是以暴力的手段来实行，而使公共安全发生动摇，则其他情况就不会没有变化了。但是，对物质财富积累的轻微和暂时的遏制，即使从纯粹的经济观点来看，也不一定是一件坏事，如果这种遏制是平静地实行而没有引起骚扰，并对大多数人提供较好的机会，提高他们的效率，在他们内心养成自尊的习惯，以便在下一代产生效率高得多的生产者。如果这样，这种遏制比大量增加我们现有的工厂和蒸汽机，毕竟更能促进物质财富的增长。

　　财富分配得很好和有高尚志向的民族，就会积累巨额的公共财产；有些富裕的民主政体单以这种形式所作的储蓄，构成了我们自己的时代从前代所继承的最好的财产之大部分。各种形式的合作运动的发展，建筑协会、友谊会、职工会、工人储蓄银行等等的发展，都表明了以下一点：即以物质财富的直接积累而论，国家的资源用于支付工资也不是完全损失的，像过去的经济学家所认为的那样。①

---

　　①　然而，必须承认：所谓公共财产，往往不过是以将来的公共收入作为抵押而借入的私有财富而已。例如，公营的煤气厂，一般并不是公共积累的结果。这种煤气厂是用私人所储蓄的、但为了公共用途而借入的财富来建造的。

第八节　现在的满足与延缓的满足之间的选择;财富的积累一般含有满足的某种等待或延期之意;利息是它的报酬

在研究了储蓄方法和财富积累的发展之后,现在我们可以回到现在的满足与延缓的满足之间的关系的分析上去,在以前研究需求时,我们是从另一观点开始这种分析的。[①]

在研究需求时我们知道:任何人如存有可作几种用途的商品,他就力图把它分配于一切用途以使他得到最大的满足。如果他认为把这商品的一部分从一种用途转到另一种用途,而能得到更大的满足,他就会这样做。所以,如果他所作的分配是适当的,他就停止在把这商品用于各种不同用途的某一点,在这一点上刚好使他从把这商品用于各种不同用途上得到多寡相同的好处(换句话说,就是他把这商品分配于各种不同用途,使它在每种用途上都有同一的边际效用)。

我们并且知道:不论一切用途都是现在的,还是有些是现在的,有些是延缓的,上述原理都同样有效;但在后一情况下,却有一些新的考虑,其中主要的是:第一,满足的延缓必然引起关于将来获得满足是否可靠的问题;第二,照人类本性来看,现在的满足一般地——虽然不是常常地——比可望与它相同的、而在人类生活中是同样可靠的满足更为可取。

---

① 见以上第三篇第五章。

一个谨慎的人如果认为在他生活的一切阶段中,他会从相同的财产中获得相同的满足,他也许会力图把他的财产平均地分配于他的一生:如果他认为他的赚钱能力在将来会有减少的危险,他就一定会储蓄一些资财作为将来之用。不但在他认为他的储蓄在他手中会增加时,他会这样做,即在他认为他的储蓄会减少时,他也会这样做。他会储藏一些水果和鸡蛋以备冬令之需,因为到了冬天这些东西就会缺乏,尽管它们不会由于保藏而变得更好。如果他不知道怎样把他的收入投于贸易或放款以获得利息或利润,他也会学我们有些祖先的榜样:他们积累了少数金币,当他们从忙碌的生活退休时,就把这些金币带到乡村中去。他们认为,在收入多的时候多用几个金币所增加的满足,对他们的帮助没有像老年时那些金币所能供给他们的舒适那样大。保管这些金币使他们有很多麻烦;毫无疑问,如果有人能为他们免除这种麻烦,而不使他们遇到任何风险,他们就会愿意给他一点酬劳的。

所以,我们能想象这样一种情况:储存的财富差不多不能作很好的使用;许多人要为将来作准备;而要借入财货的人很少能提出可靠的担保,将来仍归还这种货物或等价的货物。在这种情况下,享乐的延期或等待,与其说是一种获得报酬的行动,不如说是一种受罚的行动;一个人把他的财产交给别人保管,而只能期望得到这样一种可靠的诺言:归还的东西是少于而不是多于他所借出的东西,因此利率就会变成负数了。[1]

---

[1]　关于利率在想象上可以变为负数的意见,1886 年 1 月福克司威尔在银行学会所宣读的一篇题为《银行业务的若干社会方面》的论文中曾加研究。

这样一种情况是可以设想的。但是，人们也许如此渴望工作，以致宁愿受一些惩罚作为准许他们工作的条件，这样的情况也是可以设想的，而且差不多同样是可有的事。因为，正像延缓一部分财产的消费，是一个谨慎的人为了他本身的缘故而愿意做的事一样，做一些工作也是一个健康的人为了他本身的缘故而愿意做的事。例如，政治犯如被准许做一点工作，他一般认为这是一种恩惠。照人类本性的现状来看，我们有理由说，资本的利息是享受物质资源的等待所含有的牺牲之报酬，因为，如果没有报酬，很少人会大量储蓄；正像我们说工资是劳动的报酬是一样的，因为，如果没有报酬，很少人会努力工作。

为了将来而牺牲现在的愉快，对这种牺牲经济学家称为节欲。但是，这个名词是被误解了：因为，财富的最大积累者是非常富有的人，其中有些人过着奢侈的生活，当然不会按照这个名词的同义语节俭的意义实行节欲的。经济学家的意思是说，当一个人节制在他消费能力以内的任何东西的消费，目的在于增加他的将来的资源时，他对这一特殊消费行为的节制，就增加了财富的积累。这个名词既易为人误解，我们还是不用的好，我们说，财富积累一般是享乐的延期或等待的结果。① 或是，再换句话说，财富的积累依赖于人的先见，就是他的想象将来的能力。

---

① 卡尔·马克思及其追随者，在研究由洛斯却尔德男爵的节欲所产生的财富积累时，觉得很可笑，他们把这种节欲与一个劳动者的奢费对比，后者以每星期七先令的收入养活七口之家，他依靠他的全部收入为生，毫不实行经济上的节欲。有利息作为报酬、并且是生产的一个要素的，不是节欲而是等待的论述，曾由麦克文在 1887 年 7 月的《哈佛经济学杂志》中提出。

财富积累的"需求价格"——就是环境使人从他的工作和对将来的等待所能得到的未来的愉快——表现为许多形态,但其实质总是一样的。一个农民建造了一所可防风雨的茅屋,而他的邻人们在建造他们的茅屋时却没有花像他那样多的劳动,因此,当风雪吹入他们的茅屋时,这个农民从他的茅屋的好处上所获得的愉快之增加,就是他的工作和等待所赚得的价格。这种愉快的增加,如与因一时冲动而攫取眼前的满足所能获得的愉快相比,是代表明智地用于防备遥远的祸患,或是准备满足将来的欲望的种种努力之生产力的增大。退休的医师把资本借给工厂或矿山,使它能够改良机械,而他从资本中获得利息,上述愉快的增加在一切基本方面都与利息相似;因为利息具有数字上明确性的形式,我们可以认为利息是从财富中所得到的其他形态的利益之典型,并代表这种利益。

一个人等待享乐的能力,是由他直接从劳动中得到的——劳动差不多是一切享乐的最初的源泉,还是由他以交换或继承、合法的贸易或毫无顾忌的形式之投机、抢劫或欺诈的方法从别人处得到的,对于我们眼前的目的是没有关系的;我们现在所研究的唯一问题只是:财富的增长一般是包含一个人在目前有(正当地或不正当地)力量支配的愉快之有意识的等待在内,和他愿意这样等待的心理依赖于他的生动地想象将来和为将来作准备的习惯。

第九节　报酬额愈大,储蓄率通常就愈高;但也有例外

但是,让我们较为详细地研究以下的叙述:正像人类本性所生

成的那样,由于现在一定的牺牲所能获得的将来的愉快之增加,一般就会增大人们所作的现在的牺牲量。例如,乡村居民如果必须到森林中取得木材来建造他们的茅屋,则森林愈远,从每天取得木材的工作上所获得的未来的舒适之报酬就愈小,恐怕由每天的工作所积累的财富而产生的未来的利益也愈少:由于一定的现在的牺牲所获得的未来愉快的报酬这样小,就会使他们不扩大他们的茅屋,而大体上也许会减少他们用于取得木材的劳动量。但是,这一法则也不是没有例外的。因为,如果风俗使他们只熟悉一种式样的茅屋,他们离森林愈远,从一天工作的产物中所得到的利益愈小,则他们花在工作上的日子就愈多了。

同样地,如果一个人不希望自己使用他的财富,而期望放款取得利息,则利率愈高,他的储蓄的报酬额就愈大。倘使稳当的投资的利率是 4%,他放弃现在值一百镑的享乐,他每年可得值四镑的享乐;但如利率是 3%,他只能得到值三镑的享乐。利率的下降一般会降低这一边际:在这边际上,一个人觉得为了以储蓄一部分财产所能获得的那些将来的愉快而放弃现在的愉快,刚好是不值得的。所以,利率的下降一般是使人们略为增加现在的消费,而为将来的享乐所作的准备就较少了。但是,这一法则也不是没有例外的。

贾尔德爵士在两个多世纪前曾说,在利率高的国家中,商人"当已积有巨资时就脱离贸易",而放款取得利息,"由此而得到的利益是如此容易、可靠和巨大。但在利率较低的国家中,他们世世代代继续做商人,使他们自己和国家变为富有。"有许多人,当他们还在壮年时,当他们待人接物的知识使他们能比以前更为有效地经营企业时,却退职不干了,过去有这种情况,现在也同样有这种情况。其次,正像沙更脱所指出的那样,一个人如已决定继续他的工作和储蓄,直到他准备了一定的收入作为老年或死后他的家庭之用为止,他将感觉到,利率如低,他必须比利率高时储蓄更多。例如,假定他希望每年有四百镑的收入才能退职,或是每年保四百镑的险作为他死后妻孥之用;如果现行的利率是 5%,他只要储蓄八千镑,或保八千镑的寿险;但是,如果利率是 4%,他就必须储蓄一万镑,或保一万镑的寿险。

因此,利率的继续下降,世界资本每年增加额的继续增大就会随之而来,这是可能的事。但是,由一定量的工作和对将来的等待所得到的遥远的利益之下降,大体上会减少人们为将来所作的准备;或用较为近代的话来说,利率的下降势将遏制财富的积累,这也是同样确实的事。因为,虽然人类对天然资源的支配力日见增大,即在利率低时人们也许继续大量储蓄,但是,只要人类本性和现在一样,利率每有下降,就会使更多的人比利率高时储蓄较少、而不是较多。[①]

第十节　续前

支配财富积累和它与利率的关系的各种原因,与经济学的各

---

① 再参看第六篇第六章。这里有一点可加注意:资本的增长依靠对"将来货物"的很高的估价,这一点似乎为前代的作家所过高地估计了;而不是像庞巴维克教授所论述的那样过低地估计了。

部分都有许多相关的地方，因此，这些原因的研究就不易于完全包括在我们的研究的一个部分之内。在本篇中，虽然我们所研究的主要是在于供给的方面；但在这里略为说明资本的需求与供给之间的一般关系，似乎也是必要的。

我们已经知道，财富的积累是为种种原因所支配的：风俗、自制和想象将来的习惯，尤其是家庭情感的力量。保障是财富积累的一个必要的条件，而知识和智力的进步在许多方面促进财富的积累。

对资本所提供的利率——即储蓄的需求价格——之上升，势将增加储蓄额。因为，虽然有少数人决定为他自己或家庭要获得某一固定数额的收入，在利率高时比在利率低时会少储蓄一点，但利率的上升增大储蓄的愿望，差不多是普遍的法则；而且利率的上升往往增大储蓄的能力，或不如说，它往往是我们的生产资源的效率增加的一种征象；但是，以往的经济学家认为利息（或利润）的上升而以工资为牺牲，总是增大储蓄的能力，未免过甚其词了：他们忘记，从国家观点来看，财富用于劳动者的子弟，与用于马匹或机械同样是生产的。

然而，必须记住：每年的投资不过是已有的资本额的一小部分，所以，每年的储蓄率即有颇大的提高，资本额在任何一年中的增加也不会觉得的。

第十一节　财富增长统计的注释

财富增长的统计史，是非常贫乏和令人误解的。这一部分是由于要进行适用于不同的地点和时间的财富之数字的衡量之任何打算所固有的困难,一部分由于缺少收集必要的事实之有系统的打算。美国政府确是征求每个人的财产报告,由此而得的结果虽不令人满意,但恐怕是我们所有的最好的结果了。

其他各国的财富之估计,差不多完全是以收入的估计为根据,而收入的估计是按照各种收入的年数化为资本计算的;这个年数的选择是参照:(i)当时通行的一般利率,(ii)从任何特殊形态的财富使用所获得的收入达到怎样程度:(a)由于财富本身的永久产生收入的能力,(b)由于使用财富所费的劳动或是资本本身的耗用。最后这个项目,对于折旧费很大的铁厂特别重要,而对于会很快开完的矿山更为重要;两者必须只以几年的收入作为资本。另一方面,土地之产生收入的能力是会增大的;而在这种情况下,从土地所得的收入,必须以许多年的收入数作为资本(这些收入在(ii)(b)项目下可看作是负数)。

土地、房屋和牲畜在任何地方和任何时间,都是头等重要的财富之三种形态。但是,土地与其他东西的不同之处在于:土地价值的增大,往往主要是由于土地稀少的增大;因此,土地价值的增大,与其说是满足欲望手段的增加之尺度,不如说是欲望增加的尺度。例如,1880年美国土地的价值,算起来与联合王国土地的价值大约相等,而大约是法国土地价值的一半。土地的货币价值在一百年前是毫不重要的;倘使二三百年后美国的人口密度与联合王国大约相同,则前者的土地的价值,将比后者至少大二十倍。

在中世纪之初,英国土地的全部价值,比冬天饿死在土地上的少数骨瘦如柴的动物的价值还低得多;现在,虽然最优良的土地有许多已列入房屋、铁道等项目之下；虽然现在牲畜总的重量也许增加十倍以上，而且质量较好；虽然现在有各种为中世纪所不知道的大量农业资本；但是，现在农业土地的价值比农业资本大三倍以上。几年拿破仑战争的压力，使英国土地的名义上的价值差不多增加一倍。自那时以来，自由贸易、运输的改良、新国家的开发以及其他各种原因，使用于农业的土地的名义上的价值下降了。这些原因使得以货物计算的货币一般购买力，在英国此在欧洲大陆相对地提高。在上一世纪之初，在法国和德国，二十五个法郎能买到比在英国一镑所能买到的东西——尤其是工人阶级所需要的东西——更多。但是，现在这种利益却在英国方面：这就使法国和德国近来的财富增长，如与英国相比，似乎较大，而实际上则不如此。

如果我们考虑这类事实和以下的事实：利率的下降增加收入的年数，而在这年数中任何收入必须被化为资本，因而就增大产生一定收入的财产的价值；我们就可知道，即使国民财富的估计所根据的收入统计是正确的话，这种估计也会是很令人误解的。但是，这样的估计仍不是完全没有价值的。

吉芬爵士所著的《资本的增长》和莫耐先生所著的《财富与贫困》两书包括关于下表中许多数字的可供参考的研究。但是，他们的意见分歧表明一切这样的估计都很不确实。莫耐先生对于土地——即农业土地——及农业建筑物的价值之估计，恐怕是太低了。吉芬爵士估计公共财产的价值是五亿镑：他省略了国内所持有的公债数，理由是在公共财产的项目下记入借方的数额与在私有财产项目下记入贷方的数额相等，把公债数记入账内就会互相抵消。但是，莫耐先生把公路、公园、建筑物、桥梁、阴沟、灯光设备、电车等的总价值算为十六亿五千万镑；从其中减去公债十二亿镑，则公共财产的净值是四亿五千万镑；这样，他就可在私有财产的项目下计算国内所持有的公债数了。他估计联合王国所持有的外国股票证券及其他外国财产的价值是十八亿二千一百万镑。财富的这些估计数主要是根据收入的估计数：关于收入的统计，我们可以注意包莱在他所著的《1882 年以来的国民进步》之中，以及在1904 年 9 月份《经济杂志》中所作的有益的分析。

国家及估计者	土地 （百万镑）	房屋等 （百万镑）	农业资本 （百万镑）	其他财富 （百万镑）	财富总额 （百万镑）	每人的财富 以镑计算
英国：						
1679 年（佩蒂）	144	30	36	40	250	42
1690 年（格雷戈里·金）	180	45	25	70	320	58
1812 年（科胡恩）	750	300	143	653	1,846	180
1885 年（吉芬）	1,333	1,700	382	3,012	6,427	315
联合王国：						
1812 年（科胡恩）	1,200	400	228	908	2,736	160
1855 年（埃德斯通）	1,700	550	472	1,048	3,760	130
1865 年（吉芬）	1,864	1,031	620	2,598	6,113	200
1875 年—	2,007	1,420	668	4,453	8,548	260
1885 年—	1,691	1,927	522	5,897	10,037	270
1905 年（莫耐）	968	2,827	285	7,326	11,413	265
美国：						
1880 年（户口调查）	2,040	2,000	480	4,208	8,728	175
1890 年—					13,200	208
1900 年—					18,860	247
法国：						
1892 年（福维勒）	3,000	2,000	400	4,000	9,400	247
意大利：						
1884 年（庞塔勒奥尼）	1.160	360			1,920	65

吉芬爵士估计 1903 年英帝国的财富(见《统计杂志》第 66 期,第 584 页)如下:

联合王国	15,000 百万镑
加拿大	1,350 百万镑
澳大利亚	1,100 百万镑
印度	3,000 百万镑
南非	600 百万镑
帝国的其余部分	1,200 百万镑

关于英国各部分的相对财富的变化之尝试性的历史,已由罗杰斯为了征税的目的从各郡的课税额中推算出来。戴维纳尔子爵的名著《1200—1800 年的财产经济史》包括关于法国的丰富资料;而勒瓦瑟、波流、南马克和福维勒则作了关于法国与其他国家的财富增长的比较研究。

克莱蒙先生 1919 年 3 月在银行学会的演讲中,估计联合王国的国民财富为二百四十亿镑,国民收入为三十六亿镑。照他计算,联合王国的国外投资之净值已降到十六亿镑,它近来卖出的证券数达十六亿镑;另又借入十四亿镑。收支对照,联合王国似乎是有二十四亿镑的债权人,但这个数额的大部分都不能算为有充分的担保。

第八章　工业组织

第一节　组织增大效率的学说是旧有的,但亚当·斯密给它以新的生命;经济学家和生物学家曾经共同研究生存竞争对于组织的影响;这种竞争的最残酷的特征已为遗传性所缓和了

　　从柏拉图时代以来的社会科学作家,都喜欢研究劳动从组织中所得到的效率之增大。但是,在这方面,像在其他情况上一样,亚当·斯密以他解释一个旧有的学说所用的哲学上的透彻,和他说明这个学说时所用的实际知识,使它具有新的和更大的意义。在力言分工的各种利益和指出这些利益怎样使增加的人口在有限的领土上舒适地生活之后,他作了这样的论断:人口对生活资料的压力会淘汰那些由于缺乏组织或其他原因而不能尽量利用他们所住的地方的利益的种族。

　　在亚当·斯密的著作还没有获得许多读者之前,生物学家对于区分高等动物与低等动物的组织上的种种差别的实质之理解,

已开始有了很大进步;而在两代多之前,马尔萨斯所作的人类生存竞争的历史的叙述,使达尔文着手关于动物界和植物界的生存竞争之结果的研究,这个研究终于使他发现了生存竞争不断起着淘汰的作用。自那时以来,生物学尽了它应尽之责而有余;经济学家因在社会组织——特别是工业组织——与高等动物的身体组织之间所发现的许多奥妙的相似点,而得益不浅。诚然,在有些情况下,表面上的相似点经过较为仔细的研究之后就消失了,但是,在初看起来似乎是最空想的那些相似点之中,有许多逐渐为其他的相似点所补充,而最后足可解释物质世界与精神世界中各种自然法则之间的作用之基本统一性。这个中心的统一性可由以下的一般原理来说明:有机体——不论是社会的有机体还是自然的有机体——的发展,一方面使它的各部分之间的机能的再分部分增加,另一方面使各部分之间的关系更为密切,这个原理是没有很多例外的。[1] 每一部分的自给自足越来越少,而为了它的福利却越来越多地依靠其他部分,因此,一个高度发达的有机体的任何部分出了毛病,就会影响其他各部分。

这种机能的再分之增加,或称为"微分法",在工业上表现为分工、专门技能、知识和机械的发展等形式;而"积分法"——就是工业有机体的各部分之间的关系的密切性和稳固性的增加——表现为商业信用的保障之增大,海上和陆路、铁道和电报、邮政和印刷机等交通工具和习惯的增加等形式。

---

① 参看赫克尔所著的一篇题为《在人类和动物中的分工》的优美论文,以及夏福尔:《社会本身的结构与生活》。

最高度发达的——照我们刚才所说的意义——的有机体,就是在生存竞争中最会生存的有机体的学说,本身还在发展过程之中。它与生物学或经济学的关系,都还没有完全思索出来。但是,我们可转而考虑下一法则在经济学上的主要意义:生存竞争使最适合于从环境中获得利益的有机体增多。

这个法则需要仔细解释:因为,一物之有利于它的环境的事实本身不能保证它在物质世界或精神中的生存。"适者生存"的法则是说,那些最适合于利用环境为了它们自己的目的之有机体趋于生存。最能利用环境的那些有机体,往往是最有利于周围的东西的有机体;但有时它们却是有害的。

相反地,生存竞争也许不能使得会成为非常有利的有机体生存:在经济界中,对于任何工业设施的需求,不一定会引起供给,除非它不光是对这种设施的一种愿望或必要而已。它必须是一种有效的需求,就是说,它必须对供给的人提供充分的报酬或其他某种利益,才会有效。① 光是雇工们要参与他们工作的工厂之经营和赚钱的愿望,或是聪明的青年对于优良的工业教育所感到的需要,如果照我们使用需求这个名词的意义——就是说供给自然地和必然地随着需求而来——来说,都不是一种需求。这似乎是一个苛刻的真理;但是,这个法则的最残酷的特征因下一事实而缓和了:其成员不强索报酬而互相帮助的那些种族,不但在当时最可能兴

---

① 像其他同类的一切学说一样,这需要依照以下的事实来解释:购买者的有效需求要看他的财产和欲望而定;富人的一个小欲望,在支配世界的企业设施上,比穷人的大的欲望更有效力。

旺,而且最可能抚养许多继承他们的有益的习惯的子孙。

第二节　续前

即使在植物界中,不顾自己的种子的利害的那种植物,不论其生长怎样茂盛,不久就会从地球上灭亡。在动物界中,家庭和种族的义务的标准往往是很高的;即使那些被我们看作是残忍的典型、凶暴地利用环境而不给任何报酬捕食生物的猛兽,作为个体来看,也必然是愿意为它们子孙的利益而努力的。从家庭的狭隘的利害到种族的利害,我们看到,在像蜜蜂和蚂蚁那样的所谓社会动物之中,生存下来的种族就是其个体最努力为社会尽各种义务而不是为它自己的直接利益的种族。

但是,当我们说到富有理性和语言的人类时,民族的责任感对加强民族的影响,是有各种形式的。的确,在人类生活的野蛮阶段中,个人对别人所提供的服务,有许多几乎像蜜蜂和蚂蚁那样,完全是出于遗传的习惯和没有理性的冲动。但是,有意识的、因而是道德上的自我牺牲不久就出现了;这种自我牺牲是由预言家、僧侣和立法者的具有远见的指导所养成的,并为寓言和传说所谆谆教导。逐渐地,起源于下等动物的没有理性的同情心,扩大其范围,并为人有意识地所采取作为活动的基础;民族情感,其出发点也不比在一群狼或一群盗匪之中占优势的出发点为高,民族情感逐渐发展成为高尚的爱国心了,而宗教的理想也得到提高和纯洁了。凡是这些特性得到最高度发达的民族,如果其他情况不变,在战争以及与饥饿和疾病的斗争中,必然比其他民族坚强;最终必占优势。因此,生存竞争终于使人类中这样的民族获得生存:个人为了他周围的人的利益最愿牺牲自己,因而是最适合于共同利用环境的民族。

然而,不幸的是,使一个民族能胜过另一民族的一切特性,并不是都有利于整个人类的。好战的习惯曾经常使半野蛮的民族能够征服在各种和平美德上胜过他们的民族,但过于着重这个事实,无疑是错误的;因为,这种征服已经逐渐增大了人类的体力和创立伟大事业的力量,而最终恐怕是利多于害。但是,一个民族与另一个民族一道或凌驾这个民族之上繁荣兴旺,如果仅仅因为这个事实就说它不足以有功于世界,则对这个说法是不必加以上述的附带条件。因为,生物学和社会科学虽都表明,寄生的民族有时也意外地有利于他们所赖以繁盛的民族,但在许多情况下,寄生的民族为了他们自己的目的,充分利用那个民族的特性而不给以任何好的报答。在东欧和亚洲,对于犹太人和阿米尼亚人银钱商的服务,有经济上的需要,或是在加利福尼亚州,对于中国人的劳动,也有经济上的需要,但是,这种事实本身并不是一个证据、甚至也不是一个很充分的理由使人相信:这样的办法会提高整个人类生活的品质。因为,虽然一个完全依靠自己的资源的民族,如果不是相当具有最重要的社会美德,就不能兴盛;但是,没有这些美德、不能独立创造伟大事业的民族,也会能依靠与另一民族的关系而繁荣。不过,大体上——可有重大的例外——在获得生存和占有优势的那些民族中,最优良的品质是最高度发展的。

第三节　古代的社会阶级与近代的阶级

这种遗传性的影响在社会组织中表现得最为显著。因为，社会组织必然是发展缓慢的，而且是许多代的产物：它必须根据大多数人的不能迅速变化的风俗和癖好。在古代，当宗教的、礼仪的、政治的、军事的和产业的组织密切相关，而且的确不过是一物的不同方面时，为世界进步先驱的一切国家，差不多都采取多少是严格的社会阶级制度；这个事实本身就证明：社会阶级的区分是非常适合于它的环境，而大体上它加强了采取阶级制度的民族或国家。因为，它既是生活的一个支配的因素，如果它所发生的影响大体上是不利的，则采取阶级制度的国家一般就不能胜过别的国家了。这些国家的卓越成就并不是证明阶级制度没有缺点，而是证明它的优越性——与那个进步的特定阶级相比——超过它的缺点。

其次，我们知道，一种动物或植物会以具有两种特性而与它的竞争者不同，一种特性是对它非常有利的；而另一种则是不重要的，甚至或许是略为有害的；虽然有后者存在，前者仍会使这种动物或植物获得成功：后者的存在因此就不能证明它是有利的。同样地，生存竞争使许多特性和习惯存在于人类之中，它们本身不是有利的，但却与成为力量的巨大源泉的其他特性和习惯为一条多少是永久的纽带联结在一起。在进步主要是归功于军事胜利的国家中，对于坚忍的勤劳有压制行为和蔑视的倾向；其次，在商业国家中，有偏重财富和使用财富作为炫耀的倾向，在这两种倾向中都可找到以上这样的例子。但是，最显著的例子还是见于有关组织的问题之中;阶级制度虽有很大的缺点,其主要缺点是它的严厉性,和它的为社会利益——或不如说是为社会的某些特殊的紧急之事——而牺牲个人,但是,阶级制度与它所必须做的特殊工作非常适应,因而使它能够盛行不衰。

越过中间的阶级而立即说到西方的近代组织,我们看到,近代组织与社会阶级制度构成了显著的对照,而且具有显著的相似之处。一方面,严厉性已为变通性所代替:过去固定不变的工业方法,现在是以令人昏乱的速度而变化了;阶级的社会关系,以及个人在他的阶级内的地位,过去是为传统的规则所明确地规定,而现在是完全可以改变的,并且随着当代的变化情况而改变它们的形式。但是,另一方面,个人在关于物质财富的生产上为社会紧急之事的牺牲,在有些方面,似乎是一种隔代遗传的情况,又回到古代在阶级制度统治下所盛行的状况了。因为,不同工业等级之间的分工,以及同一等级内个人之间的分工,是如此彻底与不能调和,以致生产者的真正利益,为了加大他的工作对物质财富的总生产所作的增加起见,有时反有遭受牺牲的危险。

第四节　亚当·斯密是谨慎的,但在他的追随者之中,有许多人夸大了自然组织的经济;才能因使用而得到发展,才能的承袭则靠早年的训练或其他方法

亚当·斯密力言他的时代中以空前的速度发展的精细分工和精密的工业组织的一般利益,但同时他也仔细说明,这个制度在许

多方面是失败的,以及它所包含的许多附带的害处。① 但是,在他的追随者之中,有许多人因为哲学的见解较差,而在有些情况下,关于世界的实际知识也较差,大胆地辩解说,现有的一切都是对的。例如,他们说,如果一个人有经营企业的才能,他就必然会利用这种才能为人类谋福利;同时,同样的追求他自己的利益,会使别人以他能尽量利用的资本供他使用;而且他自己的利益会使他如此安排他所雇用的人,以致各人都能做他所能做的最高工作,而不做其他事情;而且他自己的利益会使他购买和应用一切机械以及其他有助于生产的东西,在他的手中这些东西所作出的贡献,就能超过它们本身满足世界的欲望的费用的等价物。

这种自然组织的学说,差不多比其他任何同样会为讨论重大的社会问题而不作充分研究的人所无从理解的学说,包含更多的对人性具有最大重要性的真理:对于诚挚和深思的人,它具有非常的魅力。但是,夸大这个学说,却有很大害处,对于最爱好这个学说的人尤其如此。因为,在他们的周围所发生的变化之中,有利也有害,这个学说会使他们不能看见和消除其中的害处。它也妨碍他们研究这样的问题:即使在近代工业的广泛的特点中,有许多是否也会是过渡的,当时它们诚然产生良好的效果,像阶级制度当时所有的效果一样;但是,也像阶级制度一样,它们主要是有利于引向对一个较为幸福时代的较好的安排。而且这个学说因易于引起对它的夸大的反应,而造成了害处。

---

① 参看第一篇第四章第八节和附录二中第三、六节。

第五节 续前

此外,这个学说没有考虑到器官因使用而得到加强的情况。斯班塞曾经竭力主张以下的法则:如果任何身体或精神的运用产生了愉快,因而习以为常,则用于这种运用的身体或精神的器官就会迅速发达。诚然,在低等动物中,这个法则的作用与"适者生存"的作用是如此密切地合在一起,以致两者的区别往往不必着重说明了。因为,生存竞争会使低等动物在运用无助于它们的福利的机能上,不能得到很大的愉快,这一点可从演绎上来推测,而且似乎可为观察所证明。

但是,人类具有坚强的个性,因而有较大的自由。人类喜欢因使用才能而使用才能;有时是高尚地使用才能,不论是纵情于伟大的希腊生活的发扬,还是处于为了重要目的而作的审慎和坚定的努力的支配之下;有时是卑鄙地使用才能,好像是饮酒嗜好的病态发展。工业进步所依赖的宗教的、道德的、智力的和艺术的才能,不是完全为了这些才能所可获得的东西起见而养成的,而是为了它们本身所带来的愉快和幸福因运用而发展起来的;同样地,经济繁荣的那个较为重要的因素——井井有条的国家的组织——是无数动机的产物:其中有许多动机与追求国民财富没有直接关系。[①]

父母在一生中所养成的身体上的特点,即使遗传给他们的子

---

① 人类因有许多动机,既可有意识地着手促进一种特性的发展,也可同样地着手遏制另一种特性的发展:在中世纪中进步的缓慢一部分是由于对学问的有意识的厌恶。

孙,也是很少的,这一点无疑是确实的。但是,断言身体上和精神上都过健康生活的那些人的儿童,倘使其父母是在不健康的影响下长大的,而这些影响使父母的精神和身体的本质衰弱,则生下来就不会有较为坚实的体质,似乎没有确实的事例。而以下一点是可靠的:在前一情况下,儿童生下后比在后一情况下,会有较好的营养,较好的教育;会养成较为健全的本能,并且具有较多的成为人类进步的主要原因的对别人的关怀和自尊心。[①]

因此,需要尽力研究一下:改变现在的工业组织,以增加机会,使低级工业得以使用潜在的智力,从这种使用中获得愉快,并因使用而加强这些智力,究竟是否有利? 因为,对以下的论断必须斥为不当:如果这样的改变是有利的话,则它早已为生存竞争所实现了。人类的特权,因对未来的预测和对下一步的准备,而扩大了对自然发展的有限而有效的控制。

这样,思想和工作、应用优生学的原理以高等的血统而不是以低等的血统来充实人种、对男女两性的才能的适当教育,都会加速进步;但不论怎样加速,进步必然是渐进的和相对地缓慢的。进步与人类对技术和自然力量的支配力的增长相比,必然是缓慢的;这种支配力不断地日益需要勇气和谨慎、智谋和坚定、深透的见解和

[①]　参看数学附录中注 11。这种考虑对于不过是像老鼠那样的动物的发育是不大适用的,而对于豌豆及其他植物的发育是完全不适用的。所以,关于上述这样情况的遗传性所建立的——至少是暂时地——奇妙的算术上的结果,与社会科学的学者所研究的遗传性的全部问题,是没有什么关系的:关于这个问题,孟德尔派学者所作的一些否定的说法,似乎缺乏应有的谨慎。关于这个问题的卓越的见解,见于庇古教授所著的《财富与福利》的第一篇第四章。

远大的眼光。而进步必然是过于缓慢,因而不能与在新的基础上立即改造社会的各种建议的迅速出现齐头并进。事实上,我们对大自然的新的支配力,一方面使我们能作出甚至比不久前实际上所能做到的大得多的工业组织的计划,另一方面也把更大的责任加在那些提倡社会和工业结构之新发展的人的身上。因为,制度虽可迅速发生变化;但如要持久的话,制度必须适合人类:如果制度的变化比人类的变化快得多,就不能保持它的稳定性。因此,进步的本身就增大了以下警告的迫切性:在经济界中,自然是不能飞跃的。①

进步必然是缓慢的;但是,即使不过是从物质的观点来看,也要记住:只是增加一点生产的直接效率的变化,如果能使人类准备和适合一种在财富生产上较为有效和在财富分配上较为平均的组织,也是值得有的;以及凡对低级工业中的高级才能任其变为无用的制度,是极易受人怀疑的。

---

① 参照附录一中第十六节。

第九章　工业组织（续前）；
分工；机械的影响

第一节　熟能生巧

有效的工业组织的第一个条件，就是它应使每个被雇用的人担任他的能力和教育使他胜任的工作，并且应当为他备有最好的机械和他的工作上所需的其他工具。一方面是做生产细节工作的人；另一方面是管理生产一般工作并担当风险的人，关于他们之间的分工问题，我们暂不研究；而只研究不同等级的工人之间的分工问题，特别是关于机械的影响。在下一章中，我们将考虑分工与决定工业地点之间的相互影响；再下一章中，我们将研究，分工的好处依靠大量资本集中于个人或个别企业的手中——即通常所说的大规模生产——到怎样程度；最后，我们将研究企业管理工作的专门化的发达。

人人都熟悉这样的事实："熟能生巧"，它使起初似乎是困难的工作，不久之后做起来就能比较省力，而且比以前好得多。生理学在某种程度上解释了这个事实。因为，生理学举出理由使人相信：这种变化是因为多少是有"反射的"或自动的作用的新习惯之逐渐的发展而引起的,与被认为是存在于大脑中的思考力的最高中央机关毫无关系。但是,一切有意识的举动,都要主要的中央机关加以注意:它从神经中枢或局部机关——在某些情况下也许直接从感觉神经——收到消息后,就对地方机关,或在某些情况下直接对筋肉神经,发回详细复杂的指示,它们的行动非常调和,因此就能实现所要求的结果。[①]

纯粹脑力工作的生理学的根据,还没有被很好地了解;但是,我们所确实知道的关于头脑构造发展的很少的知识,似乎说明了以下一点:任何种类的思考的练习,发展了头脑各部分之间的新的

---

① 例如,一个人初次学溜冰时,他必须全神贯注,保持身体的平衡,因此他就剩下不多的心力去做别的事了。但是,经过多次练习之后,动作变为半自动了,局部神经中枢担任差不多一切调节筋力的工作,大脑就自由了,而这个人就能不断地自由思索,他甚至能变更他的方向,以避开途中的障碍,或者因稍有高低不平使身体失去平衡,就能恢复这种平衡,但绝不会打断他的思路。在存在于大脑中的思考力的直接指挥下的神经力的运用,似乎已经逐渐在神经与有关的神经中枢之间,建立了一种大概包含明显的身体变化的关系,而这种新的关系可看作是神经力的一种资本。局部神经中枢也许有点像一种有组织的政治制度:骨髓、脊骨神经和较大的神经球,一般有省级机关的作用,不久之后能够节制区级和乡级的机关,而不必麻烦中央政府。它们很会发出关于工作进行的消息;但如没有重大事情发生,这些消息是不大受到注意的。可是,当必须完成一项新的事业时,例如溜冰时要会倒退,全部思考力就会立即运用起来;神经与神经中枢的特殊的溜冰组织已在平常溜冰中建立起来,依靠这种组织的帮助,思考力此时就能做如果没有这种帮助是完全不可能的事了。

再举一个较为高级的例子来说:当一个艺术家最有兴致作画的时候,他的大脑完全用于他的工作;他的全部心力完全用于作画,但紧张过度因而不能维持很久。在几小时的愉快的灵感之中,他也许发表了对后代的人的性格具有显著影响的思想。但是,他的表达的能力,是由无数时间的辛勤工作所获得的,在这种工作中,他逐渐建立了眼与手之间的密切关系,足以使他即在专心谈话、而几乎不觉得有笔在手的时候,也能对他所相当熟悉的东西画出优美的轮廓。

关系。无论如何,我们确实知道:练习能使一个人迅速解决在不久之前即以最大的努力他也应付得很不好的问题,而不费什么很大的力气。商人、律师、医师和科学家的心中,逐渐具有丰富的知识和直觉的能力,除了以一个强有力的思想家接连许多年对多少是狭隘的一类问题不断地作最大的努力外,是无法获得这种知识和能力的。当然,人的精神在一天的许多小时中不能在某一方面过度使用:一个勤劳的人有时对不属于他的业务的工作会感到乐趣,但是终日必须做这种工作,就足以使人疲劳。

　　诚然,有些社会改良家曾经主张:做最重要的脑力工作的人,也可适当地做一些手工工作,而不会减少他们获得知识和解决困难问题的能力。但是,经验似乎表明:减轻过度疲劳的最好办法,在于从事情绪一来就开始、情绪过去就停止的工作,就是做普遍的本能当作"消遣"一类的事情。任何工作如果如此具有营业性质,以致一个人有时必须以意志的力量迫使自己继续去做,则这种工作就要消耗他的神经力,而不是完全消遣了;所以,从社会的观点来看,它是不经济的,除非它的价值足以补偿他的主要工作所受到的很大的损害而有余。①

———————

①　詹姆士·穆勒甚至认为他在东印度公司的职务,并不妨碍他的哲学研究的工作。但是,他的最旺盛的力量之这样的分散,降低他的最好的思想的品质,连他自己也不知道,似乎是可能的事;虽然它不过是略为减少他自己一代中的伟大贡献,但是,恐怕大大影响他所做的影响后世的思想途径的那类工作的力量。达尔文之所以能做这么多的那类工作,是因为他尽量少用他的微弱的体力:一个社会改良家如果剥削了达尔文的为社会做有用工作的空闲时间,他就是为社会做了一件坏事。

第二节　在低级工作上,极端专门化能增大效率,而在高级工作上,则不尽然

在最高级的工作部门中应当实行专门化到怎样程度,是一个困难而未解决的问题。在科学研究中以下一点似乎是一个正确的法则:研究的范围在青年时代应当广泛,而随着年事日增,就应当逐渐缩小。比如一个医师总是专门研究某一种疾病,而另一个医师靠了较广的经验来研究这种疾病与一般健康的关系,然后逐渐越来越多地集中于这种疾病的研究,因而积累了丰富的专门经验和精细的本能,在这种情况下,前者即使对他的专门问题的意见,恐怕会不及后者那样高明。但是,在光是对手工技能有很大需要的职业中,效率能因分工而大大提高,是毫无疑问的。

亚当·斯密曾指出:一生中不做别的事情而只制钉的少年,在制钉的速度上,能比只是偶尔制钉的第一流铁匠快两倍。任何人如对形状完全相同的东西,必须一天一天地做一类完全相同的工作,靠了差不多是自动的行动,并且具有比每一行动要等待意志的有意识的指示所能达到的更大的速度,他就逐渐学会对手指完全运用自如了。一个人所共知的例子,就是纱厂中童工所做的绕线工作。又如在一个衣服厂或制靴厂中,一个工人每日每时对一块大小完全相同的皮或布,用手工或机械缝完全相同的接缝,他做这种工作比一个眼光和手工敏捷多,而且具有高得多的一般技能、

惯于制成一件完整的衣服或一双完整的皮靴的工人,能远为省力、迅速。①

其次,在木材业和金属业中,如果一个人对同一块材料必须反复地做完全同样的工作,则他就养成了这样的习惯:拿住材料正如它所需要的那样,把工具及其他要用的东西放在适当地位,便于取用,而时间和他自己身体运动的力气的损失都是最少的。他的双手习惯于在同一位置、并按照同一次序取用这些东西,因而就能互相和谐地工作,差不多变成自动了:经过不断的练习,他的神经力的消耗,比体力的消耗甚至更为迅速减少。

但是,当动作因此已成为例行的工作时,它就几乎已达到能由机械来代替的阶段了。所要克服的主要困难,就是使机械能把材料牢牢地固定在适当的位置,恰使机械工具能顺利地对它操作,而在紧握这材料上不会浪费太多的时间。但是,如果对这种机械花费一些劳动和费用是值得的话,则这种困难一般是能设法解决的;

---

① 最好的和最贵的衣服,是由高度熟练和工资很高的裁缝做的,他们每人都是先做一件衣服,然后再做另一件衣服;而最廉的和最坏的衣服,是由不熟练的女工为了赚一点不足糊口的工资所做的,她们把布带回家去,全部缝纫工作都是她们自己做的。但是,中等品质的衣服,是在工场或工厂里做的,那里分工的精细程度要看职工人数的多寡而定;这个方法在做最好的与最坏的衣服方面,都已迅速推广,胜过了其他方法。洛德台尔勋爵(见他所著的《公共财富的性质及其增加的方法和原因之研究》第282页)引用色诺芬的论断说,在各人只做一部分的工作时,才能做出最好的工作,如一个人专做男鞋,另一个人专做女鞋,或者一个人只缝鞋子或衣服,另一个人专门剪料则更好。皇帝的厨师之所以比其他任何人的厨师好得多,就是因为他有一个厨师专门煮肉,另一个厨师专门烤肉;一个厨师专门煮鱼,另一个专门煎鱼;不是一个人做各种面包,而是每种特殊品质的面包,都有一个专人来做。

然后全部工作就往往能由一个工人来管理了,他坐在机器前面,用左手从一堆材料中取出一块木材或金属,将它放在机器上的凹进的地方,同时用右手拉下开关或以其他方法开动机械工具,最后,用左手把恰好按照一定式样切好或凿好、钻好或刨好的材料投放到另一堆材料中去。特别是在这些工业中,我们看到近代工会的报告中有很多这样的怨言:过去需要训练有素的技师的技能和判断才能做的工作,已经因为机械的改良和再分工的精细程度的不断提高而变为单纯的例行工作了,因此,不熟练的劳动者,甚至他们的妻子和孩子都被用来做这种工作。

第三节　机械对人类生活的品质所发生的影响,一部分是好的,而一部分是坏的

因此,我们就得出一个一般的法则,其作用在某些工业部门比另些工业部门更为显著,但它对一切工业部门都是适用的。这法则就是:任何工业上的操作如能变为一律,因而完全同样的事情必须一再地以同一方法来做,则这种操作迟早一定要为机械所代替。耽搁和困难是会有的;但是,如果要由机械来做的工作具有足够规模的话,则金钱和发明的能力将被毫不吝惜地用于这种任务,直到

成功为止。①

　　这样,机械的改良与分工的日益精细这两个运动,是同时并进的,而且在某种程度上是关联的。但这种关系并不如一般所认为的那样密切。引起进一步再分工的原因是:市场的扩大,以及对于同一种类的大量物品——在有些情况下是对于制造极其精密的东西——的需要之增加;机械改良的主要结果,在于使得无论如何是要进一步分工的工作价钱便宜和更为精密。例如,"波尔顿和瓦特在沙河设立工厂时,觉得分工必须达到所能实行的最大限度。那时还没有像现在那样使构造上机械的精密成为差不多没有问题的滑动车床、刨床或钻孔工具。那时一切都依靠个别技师的眼和手的精确;但那时的技师一般是远不及现在的技师那样熟练。波尔顿和瓦特设法部分地克服这种困难的方法,就是限定工人做特殊种类的工作,使他们尽可能成为这种工作的能手。由于在使用同一工具和制造同样东西上不断的练习,他们因此获得很大的个人

---

① 传说某大发明家对于纺织机械的实验花了三十万镑,他的费用据说已经得到丰富的报酬。在他的发明中,有些只是一个有天才的人才能做出来;不论需要多大,这些发明必然要等到适当的人出现才会成功。他对每一架梳毛机收一千镑作为专利权使用费,也不是不合理的;有一个毛织品制造商,工作很多,在专利权满期只有六个月之前,多买一架机器,付出一千镑这种使用费,他觉得还是值得的。但是,这种情况是例外的:专利的机器通常是不很贵的。在有些情况下,这些机器在一个地方全部由专门的机械来生产,是如此经济,以致取得专利权的人觉得,以低于为它们所代替的次等机器的老的价格,出售这些专利机器对他还是有利的:因为,老的价格给他的利润是如此之高,以致他认为进一步降低价格,以吸引这种机器为了新的目的和在新的市场上采用,还是值得的。差不多在各行业中,许多事情还是用手工做的,虽然大家知道,只要把在那个行业或其他行业中已经使用的机器稍加改装,这些事情就能很容易地用机器来做,而没有这样做的原因,只是因为使用这些机器还不足以抵偿制造它们的麻烦和费用。

熟练"。① 这样,机械就不断地代替那种完全手工的技能,并使它变为不需要了;即到亚当·斯密的时代,分工的主要利益,就是在于获得这种完全手工的技能。但是,机械使工业规模扩大、并使工业更为复杂因而增加各种分工——尤其是企业经营上的分工——的机会之倾向,已抵消上述的影响而有余。

第四节　用机器制造机械开辟了 零件配换制度的新时代

需要很大精密性的工作不能用手工来做,而机械做这种工作的能力,在零件配换制度迅速发展的金属工业的某些部门中,恐怕是最清楚的。只有经过长期训练,并以很大的细心和劳动,手工才能把一片金属做成与另一片金属精密地相似或互相适合,但这种精密毕竟是不完美的。但是,这正是优良的机械能最容易和最完美地来做的工作。例如,如果播种机和收割机必须用手工来做的话,则它们的最初费用就会很高;当它们的任何部分发生损坏时,只有把机器送回制造厂,或是请来高度熟练的技师花了很大费用才能调换修好。但是,实际上,制造厂备有许多由同一机械制成的、与损坏的部分相同的机械,因而就能配换上去使用。美国西北部的农民,离开优良的机械商店也许有百哩之遥,但能放心使用复杂的机械;因为他知道,用电报通知机械的号码,和他所损坏的机械上任何部分的号码,下一班火车就可带来一件新的机械,他自己

----

① 见斯迈尔斯所著的《波尔顿与瓦特》,第170—171页。

就能装上。这种零件配换原理的重要性，只到最近才被了解；可是，有许多迹象表明：在把机器制造的机械的使用推广到各生产部门，甚至包括家务工作和农业工作在内，这个原理比其他任何东西更为有用。[①]

机械对于近代工业的性质所发生的影响，从制表业中得到很好的例证。若干年之前，这种企业的主要中心，是在瑞士靠近法国的地方；那里分工的精细达到很高程度，虽然大部分的工作是由多少是分散的人口来做的。这个行业大约有五十个不同的部门，每个部门担任工作的一小部分。这些部门差不多都需要高度专门的手工技能，但却不需要什么判断力；工资一般是低的，因为这行业成立已久，从事这行业的人没有什么可垄断的地方，而且培养具有普通智力的儿童从事这个行业，也没有困难。但是，这个工业现在正为以机械制表的美国方法所压倒，这种方法是不需要什么专门的手工技能。事实上，机械日益自动化，越来越不需要人的手的帮助了。但是，机器的力量越精细，管理机器的人就要有越大的判断力和细心。现以一种精美的机器为例，它从一端自己吸入钢材，而从另一端送出精美的小螺丝；它代替了许许多多的工人，而这些工人的确已经养成了一种高度的和专门的手工技能，但他们过着久坐不动的生活，从显微镜中用力细看，觉得他们的工作除了只是运

---

① 这个制度在很大程度上起源于怀特华斯爵士所制定的标准计；但在美国实行这种制度最为坚决和彻底。对于与其他东西用在一起制成复杂的机器、建筑物和桥梁等所用的各种东西，标准化是最有帮助的。

用手指之外，没有什么发挥才能的机会。但是，这机器是复杂的和昂贵的，管理它的人必须具有智力和强烈的责任感，而这种智力和责任感对于养成优良的性格大为有用；虽比过去普遍，但具有智力和责任感的人仍是很少，因而能赚很高的工资。毫无疑问，这是一种极端的情况，在制表厂的工作中，大部分是简单得多了。但是，其中许多工作比旧的方法却需要较高的才能，而从事这种工作的人，所得的工资平均较高；同时，这种工作已经降低了准确可靠的表的价格，使社会上最贫穷的阶级也可购买，而且它正表明，不久就能完成那种最高等的工作。[①]

那些完成一个表的各部分并把它们装配在一起的工人，必须具有高度的专门技能；但在制表厂中所用的机器，大部分与其他任何轻金属工业所用的机器，在一般性质上并无不同；事实上，其中有许多不过是一切机械行业中所常见的车床、凿削机、打洞机、钻孔机、刨床、成形机、旋力精削机及其他一些机器的改装而已。这是以下事实的一个很好的例证：当分工的精细不断增大时，名义不同的各种行业之间的分界线，有许多正在缩小，而且不难越过。在往昔，制表匠可巧苦于对表的需要之减少，听到制造枪炮业需要增加人手的消息，对他也不会有什么安慰；但是，现在制表厂中的工人，如果转入兵工厂或缝纫机制造厂或纺织机械制造厂工作的话，

---

① 机械已经达到的完美程度，可由下一事实来表明：1885年在伦敦举行的发明展览会上，一家美国制表厂的代表，在采用旧式制造方法的英国代表面前，把五十只表完全拆开，在把表的各种零件分别堆在一起之后，就请英国代表为他从各堆中先后选出一样零件，然后他就把这些零件装配在一个表壳内，还给他们一个完整的表。

就会看到许多机器与他们所熟悉的机器非常相像。一个制表厂连同在厂中工作的工人能改成缝纫机厂，而不会有什么大的损失；唯一的条件差不多就是：在新工厂中，对原来做惯某种工作的工人，不应当叫他去做需要较高的一般智力的工作。

第五节　以印刷业作为例证

关于机械的改良和产量的增大所造成的精细的进一步分工的情况，印刷业提供了另一个例证。人人都熟悉美国新开拓区域的报纸编辑的创办情况，他在写文章时一面就排活字；靠了一个男童的帮助，他印出报纸，并分派给分散的邻人。然而，当印刷的秘密尚未公开时，印刷业者必须自己做一切事情，此外，还要制造他自己的一切工具。[①] 现在，这些工具已由单独的"辅助"行业供给他了，即在边陲森林地的印刷业者，也能从这些行业得到他要用的一切东西。但是，虽然它从而可从外面得到帮助，一个大印刷厂必须在自己厂内备有许多不同种类的工人。即使不说那些组织和监督企业的人、办公和管理物料的人、改正"校样"上可能有误排的熟练的"校对"、工程师和机械修理工人、铸造铅版和改正及配合铅版的人、管理仓库的人以及帮助他们的男女童工，和其他一些次要等级

---

① "铸字工人恐怕是最先脱离印刷所的人，然后，印刷业者就委托别人制造印刷机了，此后，油墨和滚筒也分别单独制造了；因此就产生了这样一类人，他们虽然属于别的行业，但却使制造印刷工具成为专门的行业，如印刷锻工、印刷细木工、印刷工程师等。"（见《英国百科全书》中肖士华德先生所著的"印刷术"一条）

的工人,还有排活字的排字工和担任印刷的机器工人与印刷工人两大类。这两大类各分为许多小类,而在印刷业的大中心尤其如此。例如,在伦敦,惯于管理一种机器的工人,或惯于一种作业的排字工,如果失业的话,不会愿意放弃他的专门技能的好处,而依靠他的关于这行业的一般知识去寻找使用另一种机器的工作,或另一种作业。[①] 一个行业中的精细的再分工之间的这些分界线,在对工业专门化的许多种类的近代倾向上,有很大的作用;在某种程度上这是对的,因为,这些分界线虽然有许多是如此微细,以致一个人如在一个小的部门中失了业,就能转到与它邻近的小部门中去工作,而不会有很大的效率损失,但是,他仍设法要在他的本行中工作,经过一些时候没有成功,他才会这样做;所以,就每星期的行业中的细小变动而论,这些分界线与较强的分界线是同样有效的。但是,中世纪的手工业者是以深而且广的分界线来分类的,这种分界线使手织工人在失业时终生受苦,上述的分界线与这种

---

① 例如,肖士华德先生告诉我们说:"一个管理机器的工人,也许只懂得书籍印刷机或报纸印刷机;他也许知道一切关于平面印刷机或圆筒印刷机;或者他只懂得圆筒印刷机的一种。有了完全新式的机器,就有一类新的技术工人。有些人管理瓦尔德式印刷机,完全能够胜任,但却不知道怎样使用双色印刷机或精巧的书籍印刷机。在排字的部门,分工的程度更为精细。一个老式的印刷工人,对招贴纸、里封面和书籍样样都要排。现在我们则有散工,书籍工人和报纸工人,'工人'这个词使印刷业具有工厂的性质。散工专排招贴纸一类的东西,书籍工人包括排标题和作品本文的工人。而在后者之中,还分为一个人排字,另一个人整理页数,就是'整理工'。"

分界线属于完全不同的种类。①

　　在印刷业中，像在制表业那样，我们看见机械和科学的工具获得了没有它们就不可能获得的各种结果；同时，它们不断地代替一向需要手工技能和熟练而不需要很多判断力的工作；另一方面，它们把的确需要运用判断力的那些部分让人类的手去做，而且造成了非常需要判断力的各种新职工。印刷业者的工具每有改良和跌价，对校对者的判断力、鉴别力和文学知识的需要，以及对那些知道怎样排成优美的内封面，或怎样在纸上印刷雕刻物，以适当地配合色彩明暗的人的技能和审美力的需要，就愈增加。它又增加对于在木、石或金属上面绘画或雕刻的有天才的和高度训练的美术家的需要，并增加对于知道怎样在十行文字之内，作出十分钟演说的内容的正确报告——这是一种智力的技巧，其困难为我们所低估了，因为常常是这样做的——的人的需要。其次，它会增加摄影

①　让我们进一步注意一下，机械在某些方面代替手工操作和在另些方面为使用机械开辟新机会的进步。让我们看一下，一家大报馆发行大量份数的报纸而在几小时之内就可排好和印好的方法。首先，大部分的排字本身往往是由机械操作的；但无论如何，活字最初是排在平面上，因而就不可能印得很快。所以，下一步就将活字制成纸版，并将纸版卷在一根圆筒上作为模型，铸成一块新的金属版，装到印刷机的圆筒上去。装好之后，这块金属版就向油墨滚筒和纸张轮流地旋转。一大卷的纸张放在印刷机的底层，会自动地展开，首先朝着使纸潮湿的圆筒然后就朝着印刷圆筒旋转，第一只印刷圆筒印好纸的一面，第二只印好另一面，再转到切纸圆筒，把纸张切成一样大小，最后转到折叠的机械，将它折好后就可出售了。

　　最近，铸造活字也采用新的方法了。排字工人在像打字机那样的键盘前操作，把相应的字母的字型排成一行；留出字母之间的衬铅，将熔化的铅浇于各行字型上，一行固体的活字就制成了。进一步改良之后，每个字母分别铸成字型；机器会计算字母所占的地位，在够排成一行时就停止了，并把其余空白的地方平均地分为文字之间所需的很小的地位，最后就铸成了一行活字。据说一个排字工人，能以电流同时运转在距离很远的城市中几架这样的机器。

师、电版工人、铅版工人、印刷机械制造工人以及其他许多人的工作,这些人比过去堆放和取出纸张的工人,以及折叠报纸的工人——他们的工作已为机器所代替了——从工作中得到较高的训练和较大的收入。

第六节　机械减轻了人类筋力的紧张,因而使工作的单调不会引起生活的单调

现在我们可转而考虑机械减轻过度的筋力紧张的效果,在几代之前,即在像英国这样的国家,这种紧张是一半以上的工人之共同命运。机械力的最为惊人的例子,在于大的铁厂,尤其是制造钢板的工厂,那里所用的力是如此之大,以致人的筋力是无足轻重的,一切动作,不论是横的还是直的,必须用水压力或蒸汽力来做,人只是站在旁边管理机器,清除灰烬,或做一些这样的次要工作。

这类机械虽然增加我们对自然的支配力,但却没有直接地大大改变人类工作的性质;因为,这类机械所做的工作,如果没有它的话,人就不能做了。但是,在其他行业中,机械减轻了人类的劳动。例如,建造房屋的木匠,制造与我们祖先所用的同样的东西,但省力得多了。他们现在主要是做工作中最为愉快和最有兴趣的那些部分;同时,在每个乡镇,甚至在每个村落,都有为锯、刨和造形而设的蒸汽厂,这些厂减轻了不久以前使他们未老先衰的那种

极度的疲劳。①

　　新的机械在刚发明时,通常需要很大的爱护和注意。但是,管理这种机器的工人的工作常被划分出来:凡是动作一律和单调的作业,逐渐由机器来接替,因此,机器就变为越来越自动和自己操作了;到最后,除了按时加料和取出成品之外,人的手简直无事可做了。人仍要负责注意机械是否良好,运转是否正常;但是,连这种工作也往往因采用自动的机件而减轻了,这种自动机件能使机器一有故障立即停止运转。

　　在往昔,素色布匹的织工之职业是最为狭小和单调的。但现在一个女工就可管理四架或更多的织机,一天中每架织机所做的工作,比旧式手织机提高许多倍;而她的工作远不像从前那样单调,而需要大得多的判断力。因此,在所织的每一百码的布之中,人类所做的完全单调的工作,恐怕不到过去的二十分之一。②

　　这种事实在许多行业的近来的历史中都可找到:当我们考虑近代工业组织如何会缩小各人的工作范围,因而使工作单调时,这种事实具有很大的重要性。因为,分工最细的行业,就是主要的筋力紧张必然最为机器所接替的行业;因而单调工作的主要害处就

----

　　① 刨平做地板及其他用途的大木板所使用的粗刨,过去常造成心脏病,使木匠通常到四十岁时就变成老年人了。亚当·斯密告诉我们说:"工人如有优厚的工资,很容易过度工作,而在几年中损害了他们的健康和体质。在伦敦以及其他某些地方的木匠,连续保持他的最大的精力,被认为不会超过八年。……差不多各类技术工人,都是因过度用力于他们所独有的这类工作而生某种特殊的疾病。"(见《国民财富的性质和原因的研究》第一篇第七章)。

　　② 在近七十年中,织布的劳动效率提高了十二倍,纺纱的效率提高了六倍。在以前的七十年间,在纺纱上的改良已经提高了劳动效率二百倍(参看艾利生所著的《英国的棉布业》第四、五两章)。

大大地减少了。正如罗雪尔所说,生活的单调比工作的单调可怕得多;工作的单调,只是在引起生活的单调时,才是最可怕的害处。现在,当一个人的职业需要很大的体力操作时,他在工作后就不能做什么事了;除非他的智力在他的工作中用得着,它几乎没有什么发展的机会。但是,在工厂的日常工作中,神经力的消耗是不很多的,至少在不太嘈杂和工作时间不太长的工厂中是这样。工厂生活的社会环境,在工作时间的内外都刺激智力活动;在职业似乎是单调的工人之中,许多人具有很大的智力和智谋。[1]

的确,美国的农民是能干的,他的子弟的地位也迅速提高。但是,一部分因为土地丰富。而且他所耕种的土地一般是自有的,他就比英国的农民具有较好的社会条件;他必须常常为自己打算,而

----

[1]　也许纺织工业对过去用手工做、而现在用机械做的工作,提供了最好的例子。纺织工业在英国尤其是突出的,英国的纺织业雇用了将近五十万的男工和五十万以上的女工,即每十个有独立收入的人中有一人以上是纺织工人。即使在对付那些软质的材料上,人类肌肉紧张的减轻也可由以下的事实来表明:在这一百万工人中,每人大约使用一匹马力的蒸汽,就是说,如果他们都是强壮的人,每人所用的蒸汽力等于他们可用的力气大约十倍之多;这些工业的历史可使我们想起,在做制造工作中较为单调的工作的那些人之中,通常有许多并不是从较高级的工作降低去做这种工作的熟练工人,而是升上来做这种工作的不熟练工人。在兰开夏纱厂做工的人,大多数是从爱尔兰的极其贫苦的地方到那里去的,而另些人则是贫民和体质虚弱的人的子孙,这些人是在上一世纪之初因为最贫穷的农业区域的最困苦的生活条件,而被大批地送到那里去的,在这些区域里劳动者的食物和居住差不多比他们所照管的牲畜还要坏。再者,如果对新英格兰的纱厂工人的文化水平没有像一个世纪之前那样高,而表示遗憾的话,则我们必须记住,这些工厂的工人的子孙,已经升到较高和较为负责的地位,而且包括许多美国最能干和最富有的市民在内。那些代替他们的人,也正在地位提高的过程之中;他们主要是法国血统的加拿大人和爱尔兰人,虽然他们在新的家乡也许会染上文明的一些恶习,但比在旧的家乡的处境好得多了,而且大体上具有较好的机会,以发展他们自己和孩子的较高的才能。

且早已使用和修理复杂的机器了。英国的农民要应付很大的不利情况。在最近之前,英国的农民没有受过什么教育,而在很大程度上还是处于半封建的统治之下,这种统治虽不是没有好处,但却抑制了进取心,甚至在某种程度上抑制了自尊心。这些不利的原因已经消除了。现在英国的农民在青年时代就受相当良好的教育。他学习使用各种机械,他依靠某个乡绅或某一群农民的好意也不像以前那样多了;因为他的工作比最低级的城市工作更为多样化,并更能培养智力,他的地位就趋于绝对地和相对地提高了。

第七节 专门技能与专门机械的比较; 外部经济与内部经济

现在我们要进而考虑,在什么条件下最能获得分工所造成的生产上的经济。显然,专门机械或专门技能之效率如何,不过是它的经济的使用之一个条件;而另一个条件,就是应有足够的工作使它得到充分利用。正如拜比吉所指出的,在一家大工厂中,"厂主把要做的工作分为不同的工序,每一工序所需要的技能或力气的程度是不同的,这样,他就能获得每一工序所需要的技能和力气的正确数量;同时,如果全部工作是由一个工人来做的话,则这个人必须具有足够的技能,才能做这个工作所分成的各种作业中最困难的作业,必须具有足够的力气,才能做其中最艰苦的作业"。生产上的经济,不但需要各人在狭小的工作范围内不断地操作,而且在需要各人担任不同的工作时,每种工作都应当使他的技能和能力尽量地用出来。正是同样地,当特别为了某种工作而设置一架强有力的车床时,机械上的经济就需要这架车床尽可能长久地用于这种工作;如果要将它用于别种工作,则那种工作应当是值得使用这车床的工作,而不是用比它小得多的机器也能做得同样好的工作。

　　所以,这里以生产上的经济而论,人和机器是处于非常相同的地位;但是,机械不过是生产的工具,而人类的福利又是生产的最终目的。我们已经研究过这样的问题:职务的专门化使一切最困难的工作由少数人来做,这种专门化如果达到极点的话,是否整个人类都有好处;但现在我们必须特别从企业管理工作方面来更为仔细地考虑这个问题。以下三章的主要内容,是研究哪些原因使企业管理的各种方式最适合于从它们的环境中得到好处,和最能胜过其他方式;但同时我们也应当注意这样的问题:这些方式各自适合于对环境有利达到怎样的程度。

　　在通常被认为是只有很大的工厂才能获得的专门的技能与机械之使用上的那些经济之中,有许多并不决定于个别工厂的大小。有些决定于种类相近的生产的总量;而有些——尤其是与知识的发展和艺术的进步有关的那些经济——主要是决定于整个文明世界的生产总量。在这里,我们可提出两个术语。

　　我们可把因任何一种货物的生产规模之扩大而发生的经济分为两类:第一是有赖于这工业的一般发达的经济;第二是有赖于从事这工业的个别企业的资源、组织和经营效率的经济。我们可称前者为外部经济,后者为内部经济。在本章中,我们主要是研究了内部经济;但现在我们要继续研究非常重要的外部经济,这种经济往往能因许多性质相似的小型企业集中在特定的地方——即通常所说的工业地区分布——而获得。

第十章 工业组织(续前);专门工业集中于特定的地方

第一节 地方性工业:它的原始形态

在早期文明阶段中,各地对于它所消费的笨重货品的大部分,必须依靠它自己的资源,除非它可以有特别的水运便利。但是,欲望和风俗慢慢地发生变化了;这就使得生产者易于满足即使与自己没有什么关系的消费者之欲望;并使比较穷的人也能购买来自远地的少数高价货品,因为他们深信这些货品会增加一生中——甚至两三代中——的节日和假日的愉快。因此,衣服和个人装饰品等较为轻巧和高价的物品,与一切阶级的人所用的香料和某些种类的金属工具,以及其他许多富人特别使用的东西,往往来自极远的地方。其中有些东西只产于几处地方,甚至只产于一处地方;它们之所以行销于整个欧洲,一部分是由于定期集市①和专门的

①   如在剑桥附近举行的斯多伯里奇集市的记载中,我们看到有无数种类的轻巧和贵重的货品是来自东方和地中海沿岸的古代文化中心;有些由意大利的船只装来,有些由陆路从北海沿岸远道运来。

商贩的媒介,一部分则依靠生产者自己,这些生产者徒步旅行好几千里以出售他们的货物并观光世界,来变更他们的工作。这些顽强的旅行家自己担当他们小买卖的风险,他们使某些种类货物的生产能保持正常,以满足远地购买者的需要,而且他们在集市中或自己的铺子里,陈列了来自远地的新货品,从而在消费者之中创造新的欲望。集中于某些地方的工业通常——虽然也许不是十分确切地——称为地方性工业。[①]

这种初步的工业地区分布,逐渐为机械技术和企业管理分工方面近代的许多进步铺平了道路。即在现在,我们还看到原始形态的工业,集中在中欧的一些僻静的村落中,将它们所生产的简单货品甚至送到近代工业最热闹的地方去。在俄国,家族集团之扩大成为村落,往往是地方性工业的原因;在俄国有许许多多的村落,每个村落只经营一个生产部门,甚至只经营一个生产部门中的一个部分。[②]

[①] 在不久以前,到蒂罗尔西部去旅行的人,在一个叫做伊姆斯特的村落中,能看到这种习惯的奇妙而独特的遗风。村中的人不知怎样学会了饲养金丝雀的特殊方法:青年人到欧洲遥远的地方去旅行,各人用一根竹竿挂了大约五十个小鸟笼,挑在肩上,一路步行直到卖完为止。

[②] 例如,有五百个以上的村落,专做木工各个部门的工作;一个村落只做车轮上的辐,一个村落只做车身,等等;在东方文明的历史与中世纪欧洲史中,也有与上述同样情况的迹象。例如,我们读到大约在 1250 年写的一个法律家的手册(见罗杰斯所著的《六个世纪的工作和工资》,第四章),它记载着林肯地方的红布;布利的毯子;贝佛里的地榆;科耳切斯特的土布;沙夫脱斯伯里、路易和艾耳歇姆的细麻布;沃里克和布立脱卜特的细绳;马斯旦德的小刀;威尔顿的针;累斯特的剃刀;考文垂的肥皂;当卡斯特的马肚带;切斯特和希鲁兹士伯里的兽皮和皮货,等等。

关于十八世纪之初英国贸易的地区分布,在狄福所著的《英国商业计划》和《英国的商人》两书中有很好的叙述。

第二节　地方性工业的各种起源

许多不同的原因引起了工业的地区分布；但主要原因是自然条件，如气候和土壤的性质，在附近地方的矿山和石坑，或是水陆交通的便利。因此，金属工业一般是在矿山附近或是在燃料便宜的地方。英国的炼铁工业最初寻求木炭丰富的区域，以后又迁到煤矿的附近。① 斯塔福德郡生产各种陶器，一切原料都由远地输入；但该地有廉价的煤和制造重型的"火泥箱"——即烧制陶器用的箱子——所需的优良黏土。制草帽用的麦秆的主要产地是贝德弗德郡，该地的麦秆含有适当的二氧化矽，强韧而不脆；白金汉郡的榉树作为威科姆制造椅子所需的原料。设斐尔德的利器业，主要是因为该地生产利器业做磨刀石用的优良砂石。

另一个主要原因是宫廷的奖掖。聚集在宫廷的那群富人，需要特别高级品质的货物，这就吸引了熟练的工人从远道而来，而且培养了当地的工人。当东方的君主迁都的时候——一部分因为卫生的理由，迁都是不断进行的——旧都往往要依靠起源于宫廷的存在的专门工业的发展。但是，统治者有意识地邀约远方的技术工人，并使他们住在一起，也是常有的事。这样，兰开夏人的机械的才能，据说是归功于威廉第一时为卢普斯所定居在沃临顿的诺

---

① 以后炼铁工业又从威尔士、斯塔福德郡和希洛普郡迁往苏格兰和英国北部，在贝尔爵士呈给新近的工商业萧条调查委员会的报告中，详细指出这种迁移。参看该会第二篇报告中第 1 编第 320 页。

尔曼人的铁匠的影响。在工业革命的时代到来之前,英国制造业的大部分,是受法兰德斯人和其他技术工人居住的地方的支配;在这些地方中,有许多是在泼来他格耐脱和都铎尔王朝诸王的直接指挥下所确定的。这些外来的移民教我们怎样编织羊毛和绒线的东西,虽然在很长时期中我们还是把布送到荷兰去上浆和染色。他们又教我们怎样腌鱼,怎样制丝,怎样制造花边、玻璃和纸张,并满足我们其他许多的欲望。[①]

　　但是,这些外来的移民怎样学到他们的技能呢? 他们的祖先无疑地因为地中海沿岸一带和远东的古代文明的传统技术而得到好处;因为,差不多一切重要的知识都有深远的根源,可追溯到遥远的时代;这些根源分布很广,随时可发出蓬勃生命的嫩芽,因此,如果民族的性格和他们的社会与政治制度有利于精美和高度熟练的工业之发展,则在旧大陆上没有一个地方不是在很久之前就会有许多这种工业的繁荣了。这种或那种偶然事件,也许会决定某种工业是否在某一城市繁荣起来;甚至整个国家的工业性质,也会为它的土壤和矿山的富饶以及商业的便利所大大地影响。这样的自然利益本身就会刺激自由的工业和企业,但是,具有商业的便利——不论它是为什么方法所增进的——才是生活艺术的高尚形态的发展之最高条件。在略述自由的工业和企业之历史时,我们

---

　　① 据富勒说,法兰德斯人在瑙威治创办了织布和粗斜纹布工业;在萨德伯里创办了粗呢工业;在科耳切斯和汤顿创办了哔叽工业;在肯特、格洛斯特郡、伍斯特郡、韦斯特木兰、约克郡、汉慈、布克斯和苏赛克斯等地创办了织布业,在得文郡创办了粗绒布工业和在兰开夏创办了东方棉布工业。参看史马尔斯所著的《英国和爱尔兰的新教徒》第 109 页。并参看勒开所著的《十八世纪英国史》第二章。

已经附带地研究过使世界的工业领导权时而在这国时而在那国的原因的梗概了。我们已经知道,自然的性质怎样对人的精力发生作用,人是怎样为富有生气的气候所刺激,和怎样为对他的工作开辟丰富的机会所鼓励而去做大胆的冒险事业,但是,我们也知道,人对这些利益的利用,怎样有赖于他的生活理想,因而我们又知道,世界历史上宗教的、政治的和经济的线索怎样交织在一起而难以区分;同时,这些线索又以这种或那种方式为重大的政治事件和个人的坚强性格所影响。

决定各国经济进步的原因,属于国际贸易的研究,因而不在我们目前的范围之内。但是,我们必须暂不研究这种工业地区分布的广泛运动,而来研究聚集在一个工业城市或人口稠密的工业区域的狭小范围内熟练工人集团的命运。

第三节　地方性工业的利益;祖传的技能;辅助行业的发展;高度专门机械的使用;专门技能在本地有市场

当一种工业已这样选择了自己的地方时,它是会长久设在那里的:因此,从事同样的需要技能的行业的人,互相从邻近的地方所得到的利益是很大的。行业的秘密不再成为秘密;而似乎是公开了,孩子们不知不觉地也学到许多秘密。优良的工作受到正确地赏识,机械上以及制造方法和企业的一般组织上的发明和改良之成绩,得到迅速的研究:如果一个人有了一种新思想,就为别人所采纳,并与别人的意见结合起来,因此,它就成为更新的思想之源泉。不久，辅助的行业就在附近的地方产生了，供给上述工业以工具和原料，为它组织运输，而在许多方面有助于它的原料的经济。

其次，在同一种类的生产的总量很大的区域里，即使用于这个行业的个别的资本不很大，高价机械的经济使用，有时也能达到很高的程度。因为，辅助工业从事于生产过程中的一个小的部门，为许多邻近的工业进行工作，这些辅助工业就能不断地使用具有高度专门性质的机械，虽然这种机械的原价也许很高，折旧率也许很大，但也能够本。

再次，除了最早的阶段之外，在一切经济发展的阶段中，地方性工业因不断的对技能提供市场而得到很大的利益。雇主们往往到他们会找到他们所需要的有专门技能的优良工人的地方去；同时，寻找职业的人，自然到有许多雇主需要像他们那样的技能的地方去，因而在那里技能就会有良好的市场，一个孤立的工厂之厂主，即使他能得到一般劳动的大量供给，也往往因缺少某种专门技能的劳动而束手无策；而熟练的工人如被解雇，也不易有别的办法。在这里，社会力量与经济力量合作；在雇主与雇工之间往往有强烈的友谊；但是，如果他们之间发生了任何不愉快的事件，双方都不愿感到他们必须继续互相摩擦；如果他们的旧关系变为讨厌了，双方都愿意能容易地中断这种关系。这些困难对于任何企业——它需要专门技能，但在附近地方却没有与它相同的其他企业——的成功，仍然是一大障碍：可是，这些困难正为铁道、印刷机和电报所减少。

另一方面，在地方性工业中所做的工作，如果主要只有一种，例如只有强壮的男子才能做的工作,则它在作为劳动的市场方面就有一些不利之处了。在没有纺织厂或其他可以雇用女工与童工的炼铁业的区域里,工资是高的,对于雇主来说劳动成本是贵的,而每个家庭的平均货币收入却是低的。但是,这种流弊的补救办法是显而易见的,只要具有补充性质的工业在附近地方建立起来就行了。因此,纺织工业常是聚集在矿山和机械工业的附近,而在有些情况下,它是为不知不觉的步骤所吸引到那里去的;在另些地方,它是被有意识地大规模建立起来,以使原来对女工和童工的工作没有什么需要的地方具有职业的多样化,例如,在巴罗就是这样。

在我们的某些工业城市,职业多样化的利益与地方性工业的利益兼而有之,这是它们不断发展的一个主要原因。但是,另一方面,一个大城市的中心地带所有的用于贸易的目的之价值,使它能有比用作工厂的厂址所值的高得多的地皮租金,即把上述兼有的两种利益考虑在内,也是如此:在商店职工与工厂工人之间,对于住宅地位也有类似的竞争。结果是:现在工厂集中在大城市的郊外及其附近的工业区域,而不是集中在大城市之中。①

主要是依靠一种工业的区域,如果对这种工业的生产品的需要减少,或是它所用的原料的供应减少,则它就易于遭到极度的萧

---

① 这种移动在纺织业特别明显。曼彻斯特、利兹和里昂仍然是棉织业、毛织业和丝织业的主要中心,但这些地方所赖以得名的货物,现在有许多不是当地生产的。另一方面,伦敦和巴黎保持它们世界最大的两个工业城市的地位,费城位居第三。工业的地区分布,城市及城市生活的发展与机械进步的相互影响,在霍布森所著的《资本主义的进化》中有很好的研究。

条。有几种不同工业高度发展的大城市或大工业区,在很大程度上就可避免这种害处。如果其中有一种工业一时失败了,其他的工业就能间接地支持它;并使本地的店主能对这个工业中的工人继续予以帮助。

以上我们从生产经济的观点研究了地区分布问题。但是对于顾客的便利也要加以考虑。顾客为了购买零碎东西会到最近的商店;但要购买重要的东西,他就会不怕麻烦,到他所认为对他的目的特别好的商店去。因此,经营高价和上等物品的商店,就会集中在一起;而供应日常家庭必需品的商店则不如此。[①]

第四节　交通工具的改良对于工业的地理分布的影响;以英国近代史作为例证

每当交通工具跌价,和远地之间的思想自由交流每有新的便利,会使工业分布于某地的种种因素的作用就随着变化。一般地说,我们必然这样说:货运的运费和关税的减低,会使每个地方从远处更多地购买它所需要的东西;因而就会使特殊的工业集中在特殊的地方;但另一方面,凡是增加人们从一处迁往别处的便利的事情,会使熟练的技术工人接近购买他们的货物的消费者,而竭力使用他们的技能。这两种相反的倾向,从英国人的近代史中得到良好的例证。

一方面,运费的逐步降低,从美国和印度的农业区域到海岸的

---

① 　参照霍布森《资本主义的进化》第 114 页。

铁路的开通,以及英国所采取的自由贸易政策,已使英国输入的农产品大大增加。但另一方面,国外旅行的日益低廉、迅速和舒适,诱使英国的训练有素的商人和熟练的技术工人,到别的国家去创办新的工业,帮助这些国家制造一向从英国购入的货物,以供它们自己使用。英国的机械工人教会差不多世界各地的人怎样使用英国的机械,甚至怎样制造类似的机械;英国的矿工在国外开发了矿藏,因而减少了外国对于英国的许多产品的需要。

根据历史的记载,一国的工业趋于专门化的最显著的运动之一,就是近代英国的非农业人口的迅速增加。然而,这种变化的正确性质容易为人误解;为了这种变化的本身,而且因为它对前章和本章所讨论的一般原理提供了例证,它的意义是如此重大,以至我们在这里停下来对这种变化略加考虑,也许是有好处的。

第一点,英国农业的实际减少,没有初看起来那样多。的确,在中世纪时,四分之三的人民算作是农民的;据最近人口调查的报告,九个人中只有一个人从事农业,而在下一次人口调查的报告中,从事农业的,十二个人中恐怕不会超过一个人了。但是,我们必须记住:中世纪的所谓农业人口,不是专门从事农业的;他们自己做了现在的酿酒工人与烘面包工人、纺织工人、泥水匠和木匠、男女成衣匠和其他许多行业的工人所做的工作的大部分。这些自给自足的习惯慢慢地消灭了,而其中大多数到十九世纪之初几乎绝迹了,恐怕那时用于土地的劳动,在英国全部产业中所占的部分,比中世纪并没有多大的减少;因为,虽然英国停止输出羊毛和小麦,但用人力从土地中所得的产物之增加是如此之大,以致英国农民在技术上的迅速改良,几不足以遏制报酬递减律的作用。但是,大部分的劳动逐渐从田地转向制造供农业用的高价机械。这种变化对于那些被算作农民的人数,没有发生很大的影响,只要机械是用马匹来拖动,这些人总是算作农民的:因为,照管马匹和喂料工作是算作农业工作的。但是,在近年中,在田地上使用蒸汽力的迅速发展,与农产品输入的增加同时发生。以燃料供给这些蒸汽机的煤矿工人,以及制造这些蒸汽机和在田地上掌握它们的机械工人,都不算作从事农业的人,虽然他们的最终目的是为了促进土地的耕作。因此,英国农业的实际减少,就没有初看起来那样大了;但在农业的分布上发生了一种变化。一度为农业劳动者所做的许多工作,现在是由专门的工人来做了,而这些工人则属于建筑业或筑路业、搬运业等类。一部分因为这个理由,从事农业的人数即有迅速的减少,而居住在完全农业区域的人数,却未迅速减少,反而常有增加。

农产品的输入对于改变各种土地的相对价值所发生的影响,我们已经加以注意了:其中主要是依靠小麦收获的土地之价值下跌最大,虽然用高价的耕作方法也能使这种土地产出相当好的收获,但不是天然肥沃的土地。这种土地很多的区域,对于迁到大城市的大多数农业劳动者格外有益;因此,国内工业的地理上的分布,就进一步改变了。关于新运输工具的影响的一个显著的例子,在于联合王国的偏僻地方的畜牧区域,这些区域以特别快车把乳品送到伦敦及其他大城市,同时从大西洋甚至太平洋沿岸远道运回它们所需要的小麦。

但是,其次,近年中的种种变化,不是像初看起来所可能的那样,会增加从事工业的英国人的比重。现在英国工业的产量,比十九世纪中叶确是增加了许多倍;但是,虽然制造机械和工具的那些工人——这些机械和工具担任英国农业工作的大部分——使工人的人数有所增加,但从事各种工业的人数在人口中所占的百分比,在 1851 年和 1901 年是一样的。

这种结果的主要解释,在于近年中机械力量之惊人的增大。这使我们能够生产日益增加的各种工业品,以供自己使用和输出,而不必大量增加管理机器的人数。所以,我们就能把从农业中解放出来的劳动,主要用于满足那些从改良机械中没有得到什么帮助之欲望:机械的效率已使英国的地方性工业,不会变为像这些工业在相反的情况下那样的完全机械的。自 1851 年以来,在英国的以农业为牺牲而迅速增加的职业之中突出的职业,除了矿业、建筑业、贸易和公路铁路运输业之外,还有中央和地方政府的职务;各级教育事业;医疗业务,音乐、戏剧和其他娱乐业。这些职业都没有从新发明中得到很直接的帮助;在这些职业之中,现在人类劳动的效率,比一个世纪以前,提高不了多少;所以,如果由这些职业来满足的欲望之增加,是与一般财富的增加成正比的话,则这些职业所吸收的工业人口的比例不断增大,自是意料中事。家庭仆人的人数急剧增加,已有若干年了;一向由他们所做的工作的总量,现在比以前增加更快。但是,这种工作的很大部分,往往靠了机械的帮助,现在是由各种衣服商人、旅店老板、糖果商人所雇用的那些人来做了,甚至由杂货商、鱼商以及其他如果不是电话购货则上门接受订货的商人所派出的各种售货员来做。这些变化已经趋于增进工业的专门化和地方性。

讲过近代的种种因素对于工业的地理分布的作用之上述例证

后,我们重新来研究:把大量种类相似的小型企业集中在同一地
方,所能获得的分工上充分的经济,达到怎样程度;和只把国家的
大部分企业集中在比较少数的富有和强大的公司手中——即通常
所说的大规模生产——所能得到的分工上的经济,达到怎样程度;
换句话说,就是大规模生产的经济必然是内部的,达到怎样程度,
和它能够是外部的,又达到怎样程度。①

---

① 在联合王国中,从事纺织业的人口之百分比,在 1881 年是 3.13,到 1901 年降
低到 2.43;这是一部分因为,他们所做的工作之大部分,由于使用半自动的机械而变为
如此简单,以致工业条件比较落后的民族,也能做得相当好;一部分因为,主要纺织品
仍然保持三十年前——甚至三千年前——同样简单的性质。另一方面,钢铁工业(包
括造船业在内)在产量上和复杂性上都大为增加,因此,从事钢铁工业的人口之百分
比,就从 1881 年的 2.39 上升到 1901 年的 3.01;虽然,同时钢铁工业所用的机械和方
法的进步,比纺织业大得多了。其余的工业雇用的人数所占的人口百分比,在 1901 年
与 1881 年大约相同。同时,从英国港口开出的英国船舶的吨数增加了一半;而码头工
人的人数增加了一倍,但海员的人数略为减少。这些事实可由以下的原因来解释:一
部分因为船舶以及一切与它有关的工具之建造上的巨大改良,一部分因为差不多一切
与装卸货物有关的工作——其中有些工作甚至不久前还是由船员担任的——现在都
交给码头工人去做了。另一个显著的变化,就是工业中雇用的女工的总数增加了,虽
然已婚女工的人数似乎已有所减少,而童工的人数当然是大大地减少了。

1915 年发表的《1911 年人口调查摘要表》表明,从 1901 年以来在分类上有如此多
的改变,以致对新近的发展,就不能可靠地加以一般的观察。但是,该报告中的第 64
表,与琼斯教授 1914 年 12 月在皇家统计学会所宣读的一篇论文都表明:1901—1911
年的发展与以前的发展不同之处,是在于细节问题,而不是在于一般性质。

第十一章　工业组织（续前）；
大规模生产

第一节　为我们现在的目的，典型的产业是
工业；原料的经济

　　大规模生产的利益，在工业上表现得最为清楚；我们可以把从事于原料的加工，使它成为各种成品，以适合在远地市场出售的一切企业包括在工业这个项目之内。工业之通常成为大规模生产的利益之最好的例证的特点，就是工业具有自由选择它进行工作的地点之能力。工业一方面不同于农业及其他在地理分布上由大自然所决定的天然产品的产业（如矿业、石坑业、渔业等）；另一方面也不同于制造或修理适合个别消费者之特殊需要的东西的产业，这种产业不能远离这些消费者，即能远离，至少要不会有很大的损失。①

　　大规模生产的主要利益，是技术的经济、机械的经济和原料的经济；但最后一项与其他两项相比，正在迅速失去重要性。的确，一

---

　　①　"制造业"这个名词早已与它原来的用法没有关系了：现在它是用于以机械——而不是以手工——为主的生产部门。罗雪尔曾经打算将它用于家庭工业，以区别于工厂工业，从而使它接近旧的用法；但现在这样做已太迟了。

个孤立的工人往往丢弃一些零碎的东西，而在工厂里，这些东西则会为人收集起来，加以很好的利用；①但是，这种浪费在地方性工业中——即使它是在小制造商手中——是不会发生的；在近代英国的任何工业部门中，除了农业和家庭烹饪之外，这种浪费也是不多的。毫无疑问，在近年的最重要的进步之中，有许多是因为利用废物而得到的；但这一般是由于化学上或机械上的特殊发明，这种发明的使用诚然是由精细的再分工所促进的，但并不是直接依靠这种分工。②

其次，当一百套家具或衣服必须按照完全相同的式样来开料的时候，花费很大的心思来计划把木板或衣料裁开，因此只浪费了少数碎料，这诚然是值得的。但是，这应当属于技术的经济；一种计划如可用于许多工作，它就能被良好地和仔细地实行。我们就可转而研究机械的经济。

第二节　大工厂的利益在于：专门机械的使用与改良、采购与销售、专门技术和企业经营管理工作的进一步划分；小制造商在监督上的利益；近代知识的发展在很大程度上有利于小制造商

在属于同一生产部门的许多小型工业所集中的邻近地方，虽

---

①　参看巴培奇所举的制造号角的例子。见他所著的《工业的经济》，第二十二章。

②　这类例子有棉花、羊毛、丝及其他织物原料的废物利用；以及冶金工业、苏打和煤气工业，和美国的石油工业及肉类包装工业之副产品的利用。

然辅助工业给予它们以帮助[1]，但由于机械的日新月异和价格昂贵，这些小型工业仍然处于极大的不利地位。因为，在一家人工厂中，往往有许多为一样小用途而专门制造的高价的机器，每种机器都需要光线充足的地位，因而就使工厂的地租和一般费用增加颇大；即使不算利息和机器修理费用，由于机器恐怕不久就要加以改良的缘故，必须摊提很大的折旧费用。[2]　所以，一个小制造商必然要用手工或不完善的机械来做许多东西，虽然他知道使用专门机械，就能使这些东西做得较好和较廉，如果他能不断使用这种机械的话。

但是，其次，一个小制造商也许未必熟悉适合他的目的之最精良的机械。的确，如果他所从事的那种工业，早已实行大规模生产，只要他能有力购买市场上最精良的机械，他的机械就可完全达到标准。例如，在农业和棉纺业，机械的改良差不多专门由机器制造商来设计的；这种经过改良的机械人人可以买到，顶多不过是付给专利权使用费。但是，还处于发展的初期阶段的工业，或是正在迅速改变形态的工业，如化学工业、制表工业和麻织及丝织工业的若干部门；以及为了满足某种新的欲望或使用某种新的原料而不

---

[1]　参看前章第三节。

[2]　一架机器在报废前所能使用的平均年限，在许多行业中不会超过十五年，而在有些行业中，只有十年或更少。如果一架机器每年不能赚进它的成本 20% 的话，它的使用往往是亏本的；如果它所做的工作要花费五百镑，而这工作对于通过这机器的原料的价值只增加 1% 的话——这不是极端的情况——则使用这种机器就要亏本，除非它能被用来生产至少每年值一万镑的货物。

断产生的许多行业,都不是这种情况。

　　在上述这些行业之中,新的机械和新的制造方法大部分是制造商为了他们自己的用途而设计出来的。每种新的改变都是一种可能失败的新试验;那些取得成功的试验必须负担它们自己和其他试验的失败的费用;虽然一个小制造商会认为他知道怎样改良,但他必须考虑,只能尝试地实行这种改良,风险和费用都很大,而且对他别的工作也很有妨碍:即使他能完成这种改良,他也不一定就能尽量加以利用。例如,他也许发明了一种新的特别的东西,如果他能使它受到公众的注意,就会有很大的销路;但要这样做,恐怕要花费好几千镑;如果是这样的话,他恐怕只能放弃了。因为,对他而言,要履行罗雪尔称为是近代工业家的特殊任务,差不多是不可能的,这个任务就是以人们以前从未想到的东西给他们看,从而创造新的欲望;但对人们提示了一种概念,他们马上就要得到这种东西;例如,在陶器业中,小制造商除了只是尝试一下之外,甚至无力进行新的式样和花样的试验。关于已有很好销路的东西之制造上的改良,他的机会则是较好的。但是,即使如此,他对他的发明也不能得到充分的利益,除非他得到发明的专利权;或卖出它的使用权;或借入若干资本来扩充他的营业;最后或是改变他的营业的性质,并将他的资本用于应用他的改良之那个特殊的制造阶段。但是,这些情况毕竟都是例外的:机械的日益多样化和价格昂贵,处处对小制造商有很重的压力。这种情况已将他从某些行业中完全排挤出去,而在另一些行业中,也正在很快地将他排挤出去。①

　　然而，在某些行业中，大工厂从机械的经济所获得的各种利益，一当工厂达到中等的规模时，差不多就消失了。例如，在棉纺业和花布织造业中，比较小的工厂可以保持它自己的地位，且可使每种生产程序不断使用最著名的机器。因此，一家大工厂不过是一所房屋内几个平行的小厂而已；的确，有些棉纺业者，在扩充他们的工厂时，觉得最好还是增加织造部分。在这种情况下，大企业很少得到或没有得到机械的经济；不过，在建筑上，特别是烟囱的建筑上，蒸汽力的经济上，引擎和机械的管理和修理上，它一般也有一些节省。大的轻工业工厂自己有木匠和技师的部门，因而减

---

　　①　在许多企业中，只有一小部分的改良是取得专利权的。这些改良是由许多小的步骤构成的，如果一次取得一个小步骤的专利权，是不上算的。或者，这些改良的主要目的在于使人注意某件事情应当去做了；而取得做这件事情的一种方法的专利权，只是使别人也设法想出做这件事情的其他方法，而对其他方法，专利权是不能保护的。如果取得了一项专利权，则以取得达到同一结果的其他各种方法的专利权，来"封锁"前一项专利权，往往是必要的；取得专利权的人并不要自己使用这些方法，而只要防止别人使用它们。这一切包含着烦恼和时间及金钱的损失。因此，大制造商宁愿只是自己知道他的改良，并获得使用这种改良他所能获得的利益。同时，如果小制造商取得了一项专利权，他就会受到侵犯专利权的麻烦，即使他在设法保卫自己的诉讼中，他也许"花了讼费"而得到胜诉，如果这种诉讼太多，他就一定会因此倾家荡产。通常为了公众的利益，一项改良应当加以发表，虽然同时它已取得了专利权。但是，倘使它在英国取得了专利权，而没有在别的国家取得专利权——往往有这样的情况——则英国的制造商，即使在它取得专利权之前自己也正要作出这种改良，也不会使用它；而外国的制造商完全了解这种改良，并能随便地使用它。

少修理费用,并在设备发生故障时不会耽误修理。[①]

大工厂——其实差不多任何种类的大企业都是这样——几乎总有许多与上述最后的利益相似的利益,而为小厂所没有的。大企业大量采购,因而价格低廉;它的运费支出是低的,而在运输上有许多方面也是节省的——特别是它如有铁路侧线直通厂中的话。它往往大量销售,因而免掉麻烦;同时还可有很好的售价,因为它的存货很多,对顾客很方便,顾客能从这些存货中选择,并配齐各种订货;同时,大企业的声誉使顾客对它有信心。它能以雇用旅行各地招徕生意的人和其他方法来花巨额的广告费用;它的经销店供给它远地的贸易和私人事情的可靠消息,而它自己的货物也互相宣传。

极有组织的采购和销售的经济,是现在同一工业或行业中许多企业合并成为一个大的联合组织的倾向的主要原因之一;也是包括德国的卡特尔和集中的合作组织在内的各种同业联合的主要原因之一。这种经济还常常引起营业风险集中在把工作分给小资本家去做的大资本家的身上。[②]

---

① 每一工人所需的资本,在大工厂中一般比小工厂为大,这个法则对棉纺和其他纺织工厂却是例外,这是一个显著的事实。其理由是:在大多数其他的企业中,大工厂有许多要用高价机器来做的工作,而在小工厂中则用手工来做了;因此,工资额与生产量的比例在大工厂中虽比小工厂为低,但机械和它所占用的工厂地位的价值都大得多了。但在纺织业的较为简单的部门中,小厂与大厂具有同样的机械;因为,小的蒸汽机等设备,在比例上比大的更为昂贵,小厂所需的固定资本,在与生产量的比例上就较大厂为大;而小厂所需的流动资本,恐怕在比例上也较大。

② 参看本篇第十二章第三节。

第三节　续前

其次,是关于技术的经济。大工厂因有力购买专门机械而具有各种利益,关于这些利益所说过的一切,同样适用于高度专门的技术。大工厂能够设法使它所雇用的每一个人,不断地从事他能胜任的最困难的工作,并且把他的工作范围缩小得使它能够获得由于长久不断的实践而产生的那种熟练和优良。但是,关于分工的利益,已经说得很多了,我们可转而研究,制造商因雇用许多人而得到的虽间接但重要的利益。

大制造商在得到非常有天才的人,担任他的工作中最困难的部分方面——他的企业的声誉主要是依靠这部分工作——具有比小制造商好得多的机会。单是关于需要很大的审美力和独创力的行业——如房屋装饰业——和需要非常精良的做工的行业——如精细的机械构造的制造业——的手工方面,这一点有时是重要的。[1] 但在大多数企业中,它的主要的重要性,在于使雇主具有以下的便利:选择能干而可靠的人,担任工头或各部分的首脑,这些人是他所信任的,而他们也信任他。因此,我们就要研究近代工业

---

[1]　例如,波尔顿在 1770 年雇用金属技术工人以及玳瑁、宝石、玻璃和珐琅工人七八百人的时候,曾经写道:"我已训练了许多、而且正在训练更多的朴实的乡村少年成为优良的工人;每当我看到有技术和能力的迹象时,我就鼓励他们。我也与欧洲的差不多每个商业城市,建立了通信联系,因此我经常得到共同需要的粗糙的东西之订单,这样,我才能雇用那么多的工人,使我能充分选择技术工人去做精细的工作。因此,我就受到鼓励去装置和使用比只生产精致的东西要谨慎使用的更多的机械。"见史马尔斯所著的《波尔顿传》第 128 页。

组织的中心问题——即关于企业经营管理工作的进一步划分之利弊问题。

第四节　续前

大企业的首脑能保留他的一切力量，以应付他的企业的最广泛和最基本的问题：他诚然必须考察他的经理、职员和工头是否称职，工作是否良好；但除此之外，他不必为细节问题而过于操劳。因此，他能使他的精神保持清新开朗，以便解决他的企业的最困难和最重要的问题；以便研究市场的较广泛性运动和国内外时事的尚未发生的结果；以便设法改进他的企业之对内和对外关系的组织。

对于大部分这种工作，小雇主即有能力，也没有时间去做；他对他的行业不能加以那样广泛的观察，或是看得那样远；他往往不得不以步别人之后尘为满足。而且他必须花很多时间去做他应做的工作；因为，他如要获得成功的话，他的精神在某些方面必须具有高级的品质，而且必须具有很大的创造和组织的力量；但是，他仍须做许多日常例行的工作。

另一方面，小雇主也有他自己的利益。他处处都可亲眼看到，工头或工人不会偷懒，也不会责任不清，含糊的话也不会从一个部门到另一个部门传来传去。他省去许多记账工作，在大企业中，麻烦的核对制度是必要的，他则几乎都可省掉；从这个来源所得的利益，在使用贵金属和其他高价材料的行业中，具有极大的重要性。

虽然在获得消息和进行试验方面，小制造商必然总是处于极大的不利地位,但是,在这方面,进步的大势对他仍是有利的。因为,在关于营业知识的一切事情上,外部经济与内部经济相比,正不断增大其重要性;报纸以及一切种类的行业和专门的出版物,不断地为他探听消息,并供给他许多他所需要的知识——不久以前,任何人如无力在许多遥远的地方雇用报酬很高的代理人,是不会得到这种知识的。其次,营业秘密大体上是减少了,方法上最重要的改良,经过试验的阶段之后,很难长久保守秘密,这都是对小制造商有利的。工业上的变化光依赖实际经验已较少了,而依靠科学原理的广泛进步较多;在这些进步之中,有许多是为求知识而求知识的学者所作出的,并且为了公众的利益,很快加以发表,这也都是对他有利的。因此,小制造商在进步的竞赛中虽然不能领先,但他如有时间和能力来利用近代各种便利以获得知识的话,则他也不一定是很落后的。但是,如果他能做到这一点,而不忽略企业中细小而必要的细节问题,他的确必然是非常了不起的人。

第五节 在对大规模生产提供很大经济的 行业中,倘使一个企业能容易地销售货品, 则可迅速发达,但它往往不能做到这一点

在农业和其他行业中,经营的人不会因扩大他的生产规模而得到很大的新的经济,因此,其中的企业往往许多年——如果不是许多代的话——保持大约相同的规模。但是,在大企业能得到各种很重要的利益——这些利益是小企业所没有的——的行业中,情况就不是如此了。一个新经营企业的人,如要在这样的行业中

谋发展的话,就必须以他的精力和适应的能力、勤劳和对细小问题
的关心,来对付具有较大资本、专门化程度较高的机械和劳动与较
大的营业联系的他的竞争者之较广的经济。如果以后他能使他的
生产加倍,并能以与旧价相差不远的价格出售货品的话,则他所得
的利润会在一倍以上。这将提高他对银行家和其他精明的贷款者
的信用,使他能进一步扩大他的营业,获得更大的经济,和更大的
利润；这又将扩大他的营业,如此循环不已。起初似乎看不出哪里
是他必须停止的地方。的确,当他的营业扩大时,如果他的才能适
应较大的范围,与它以前适应较小的范围一样,如果他接连许多年
保持他的创造性、多才多艺和创始力、毅力、机警和好运气,则他也
许会把在他的区域内的这个行业部门的全部生产量集中到他的手
中。如果他的货品的运输不很困难,销路也不很困难的话,他也许
可从这个区域扩充到很远,达到好像是一种有限的垄断；所谓有限
的垄断,就是受到以下原因的限制的垄断：很高的价格会引起竞争
的生产者的出现。

　　但是,在没有达到这个目的之前很久,他的进步就会因他对努
力工作的爱好之衰退——即使不是才能的衰退——而停止。如果
他能把他的企业,交给差不多与他同样有能力的继承者去经营的
话,则他的企业的兴盛就可历久不衰。① 但是,他的企业之持续的
很迅速的发展,必须具有难得在同一工业内同时存在的两个条件。
在许多行业中,个别生产者能够以生产量的大大增加来获得很大

―――――――――

　　① 达到这个目的之各种手段,以及这些手段的实际限制,将在下一章的后半部加
以研究。

的"内部"经济；而在其他许多行业中，个别生产者能够容易地销售那种产品；但对这两件事他都能做到的只有在很少的行业中。这不是一个偶然的结果，而差不多是一个必然的结果。

因为，在大规模生产的经济具有头等重要性的那些行业中，大多数行业的销路是困难的。毫无疑问，重要的例外是有的。例如，对于单纯和一律因而能大量批发的货品，生产者就可获得很大的销路。但是，大多数这种货物是农产品，其余的几乎都是单纯和普通的东西，如钢轨或花布之类，正因为它们是单纯和普通的东西，它们的生产就能成为例行工作。所以，在生产这些东西的工业中，没有企业能保持它自己的地位，除非在主要工作上它具有最新式的高价的设备；同时，一切附属的作业，能由辅助工业来做；总而言之，在大企业与很大的企业可得的各种经济之间，并没有很大的差别；而大企业排挤小企业的倾向，已经走得太远，以致用尽了最初促进这种倾向的各种因素的力量。

但是，报酬递增的倾向对之发生强烈作用的许多商品，大体上总是特殊的货品：其中有些东西目的在于创造新欲望，或是在于以新方法来满足旧欲望。其中有些货品是为了适应特殊的嗜好，因而绝不会有很大的销路；有些则具有不易为人觉察的优点，只能慢慢地博得公众的欢迎。在所有这种情况下，各企业的销路——大体上要看情况而定——是以企业花了很大费用逐渐得到的特殊市场为限；虽然生产本身也许会经济地增加很快，但销路却不能这样。

最后，使一个新企业能迅速获得新的生产上经济的那种工业的条件，也就是使那个企业迅速地为使用更新的方法之更新的工厂所取而代之的条件。尤其是在大规模生产的强有力的经济，与新机械和新方法的使用相结合的情况下，一个企业如失去使它能发达的非凡的精力，则不久就会很快衰落；大企业的全部生命能维持很久是极少的。

第六节　大商店与小商店

大企业胜过小企业的各种利益，在工业上是明显的，因为，正如我们所说过的那样，大企业具有把许多工作集中在小面积之内的特殊便利。但是，在其他许多行业中，也有大企业排挤小企业的强烈倾向。特别是零售业正在变化之中，小店主日见失势。

让我们看一下大的零售商店在与其邻近较小零售商店的竞争上所有的利益。首先，显然它能以较好的条件购货，它能使货物的运费较为低廉，且能提供较多的花色品种，以迎合顾客的嗜好。其次，它具有很大的技术的经济：小店主与小制造商一样，必须花费很多时间去做不需要判断力的例行工作；而大商店的首脑——在某些情况下甚至他的主要助手——把他们的全部时间花在使用他们的判断力上。直到最近，这些利益一般已为小店主所具有的以下较大的便利所胜过：小店主能把货物送到顾客门上；能适应顾客的不同嗜好；对顾客个别地非常熟悉因能以赊欠的方式放心地把资本借给他们。

但是，近年中所发生的许多变化，都是有利于大商店的。赊欠买卖的习惯正在消灭；店主与顾客之间的私人关系日渐疏远。前一种变化是大大前进了一步；而后一种变化在某些方面是可惜的，但也不完全如此;因为一部分是由于以下的事实:在富裕阶级中真正自尊心的增大,使他们不再介意他们过去所需要的那种阿谀的殷勤。其次,时间的日益宝贵,使人们不愿像从前那样,花几个钟点去买东西;他们现在往往宁愿花几分钟从各种详细的价目表中,写出一张很长的订货单;由于函购和邮寄包裹以及其他方法的日益便利,他们就能很容易地这样做了。当他们确是上街买东西的时候,电车和本埠火车往往就在附近,他们能方便地和便宜地坐车到附近城市的大中心商店去。一切这些变化,即在食品业和其他不必有很多种存货的行业中,也使小店主比过去更难保持他自己的地位。

但是,在许多行业中,商品的多样化不断增加,和时新式样的急剧变化的有害影响(现在达到社会上差不多各种等级的人),都对小商人甚至更为不利,因为他不能备有足够的各式各样的存货,以供顾客的选择,如果他要紧密地跟随时式的任何变动,则他的存货因过时而销不出去所占的比例,比大商店为大。其次,在服装业、家具业和其他行业的某些部门中,机制货品的日益低廉,使人们到大商店去购买现成的东西,而不到他们附近的小制造商或小商人那里去定做了。再次,大店主不以招待制造商所派来的招徕生意的旅行者为满足,他自己或派代理人到国内外最重要的工业区域去旅行;因而他就往往不需要他与制造商之间的中间人了。有中等资本的成衣匠,把好几百种的最新衣料的样品拿给顾客看,或许还用电报订购顾客所选定的衣料,由邮包寄来。妇女们往往直接向制造商购买衣料,然后交给没有资本的成衣匠去做。小店主似乎在小的修理行业中还常可保持一些地位:在易坏食品的销售上——尤其是卖给工人阶级的时候——他们保持相当好的营业，一部分因为他们能以赊欠方式销售货物，并能收取小额债款。然而，在许多行业中，有巨额资本的企业，宁愿设立许多小商店，而不愿设立一个大商店。采购——凡生产上有需要时也是如此——集中于总店的管理之下，额外的需要由总店的存货来供应，因此各分店备有大量货物，而不须保持大量存货的费用。分店的经理就可专心招待顾客；如果他是一个有活动能力的人，对他的分店之成就具有直接的关心，则他可成为小店主的一个可畏的劲敌；在许多与服装和食品有关的行业中，已有这样的情况了。

第七节　运输业；矿山与石坑

接下来我们可考虑地理的位置是由工作的性质所决定的那些行业。

乡村的搬运夫和少数马夫，差不多是运输业中小行业的仅有的残存形式。铁路和电车的规模不断扩大，经营它们所需的资本，甚至增加得更大。一个大的商船队，在统一的经营管理之下，从它的迅速地和负责地在许多港口装卸货物的能力中，得到种种利益，而商业的日益复杂和多样化更增加了这些利益；以船舶的本身而论，时代是有利于大船的，在客运业尤其如此。① 因此，在运输业

---

① 船只运输能力的大小，是与它的体积的立方成正比的，而水的阻力之增加，只比船只体积的平方略快；因此，大船所需用的煤，在与它的吨数的比例上，较小船为少。大船所需用的劳动也较少；尤其是船舶驾驶的劳动。同时，大船给予乘客以较大的安全和舒适，同船的人数多，侍候也较为周到。总而言之，在大船容易驶进的各港口之间，如货物足以使大船能迅速装满的话，则小船就没有与大船竞争的机会。

的某些部门中,赞成企业由国家经营的议论,除了在运出垃圾、自来水、煤气及其他类似的企业之外,比在其他任何行业中都更强烈。①

大矿山与小矿山、大石坑与小石坑之间的竞争,没有那样清楚地表现出一种倾向。在矿山国营的历史中,有很多非常黑暗的不幸之事;因为,矿业的经营有赖于主持人的正直和对于细节问题及一般原则的判断太多,以致国家官吏不能经营得好:由于同一理由,我们颇可期望小矿山或小石坑在与大矿山或大石坑竞争上,保持它自己的地位,如果其他情况不变的话。但是,在某些情况下,深的竖坑和购买机械及交通工具的费用太大,不是很大的企业是负担不起的。

在农业方面,没有很多的分工,也没有大规模生产;因为,所谓"大农场"所雇用的劳动,还不到集中在一个中等规模工厂的劳动的十分之一。这一部分是由于自然的原因,季节的变化和在一个地方集中大量劳动者的困难;但一部分也由于与各种租地法有关的原因。对于这一切问题,等到我们在第六篇中研究与土地有关的需求与供给时,再加以讨论,最为妥当。

---

① 以下的事实足以表示近百年中重大经济变化的特色:最初通过的铁道法案,曾规定准许私人在铁道上行驶他们自己的车辆,正如在公路或运河上行驶一样;现在我们实难想象,他们怎样能期望这个办法是可以实行的,但当时他们必然是这样期望的。

第十二章 工业组织(续前);
企业管理

第一节 原始的手工业者与消费者直接
交易;现在,博学的职业通常也是如此

以上我们已经考虑了主要是关于工业或其他雇用许多手工劳动者的企业之经营管理工作。但是,现在我们必须较为仔细地考虑商人所履行的各种职能;以及这些职能在一个大企业的领导人之间,和在有关的生产和销售部门中进行协作的各种企业之间怎样分配的问题。我们还要附带研究下一问题:至少在工业方面,虽然差不多每个企业——只要经营得好——规模愈大就会愈为兴隆;虽然我们因此表面上可以预料,大企业会把它的小竞争者从许多工业部门中完全排挤出去,这是什么缘故?

这里所说的"营业",是作广义的解释,凡是满足别人的欲望,以期从那些受到益处的人那里,得到直接或间接报酬的一切事情都包括在内。因此,它与各人为了自己而满足他的欲望的事情大大不同,也与出自友谊和家庭情感的善意帮助大大不同。

原始的手工业者,自己管理他的全部营业;但是,因为他的顾

客都是他的近邻,只有少数是例外,他只需要很少的资本,生产的计划是由风俗为他安排的,除了他的家属之外,他不必管理劳动者,所以,对这些工作,并不要花很大的心思。他不能享受持续的繁荣;战争和饥荒不断地对他和他的邻人施加压力,妨碍他的工作,并使他的邻人对他的商品的需要也停止了。但是,他颇认为好运和坏运——像晴天和雨天一样——是他力所不及的:他的十指虽不停地工作,但他的脑子却很少疲劳。

即在近代英国,我们有时也看到乡村中的技术工人,还是墨守原始的方法,制造东西卖给邻人,是为了他自己的缘故;他自己管理他的营业和担当一切风险。但是,这种情况是很少了。博学的职业提供了墨守旧式经营方法的最显著的例子;因为,一个医生或律师通常自己管理他的营业、进行一切工作。这种办法不是没有缺点:有些具有头等本领的自由职业者,因为没有招徕生意所需的特殊才能,而使得许多宝贵的活动变为无用,或者只获得很小的效果;如果他们的工作能由某种中间人为他们安排的话,则他们会得到较好的报酬,过较为幸福的生活,而且对于世界也会作出较大的贡献。但是,大体上,现在那样的情况恐怕是最好的了:需要最高级和最精细的才能的那些服务,只有在对个人具有完全信心的情况下,才能产生它们的全部价值,在这种服务的供给上,人们的心理对于中间人的参与,是不信任的,而在这种心理之中,是有正当理由的。

然而,英国的律师,如不充当雇主或企业家,也担任最高级和最费心思的法律事务的顾问。其次,许多最好的青年教师,不是直接向消费者出卖他们的服务,而是卖给一个大学或学校的管理机构，或是卖给安排购买他们的服务的校长；雇主供给教师以出卖他的劳动的市场；而对购买者——他自己也许不是很好的判断者——则给以关于所供给的教课工作质量的某种保证。

其次，各种艺术家，不论如何著名，往往觉得雇用别人为他应付顾客，对他是有利的；同时，声誉较低的艺术家，有时则依靠商业资本家为生，他们自己并不是艺术家，但知道怎样最有利地出卖艺术作品。

第二节　但是，在大多数营业中，都有企业家这个特殊阶级参与其事

但是，在近世的大部分营业中，能够如此地指导生产以致一定程度的努力能最有效地用来满足人类欲望的任务，不得不分裂开来，而转入专门的雇主手中，或用较为普通的名词来说，转入商人们的手中。他们"冒着"或"担当"营业的风险；他们收集了工作所需要的资本和劳动；他们安排或"计划"营业的一般打算，并监督它的细小事情。从一种观点来看，我们可将商人看作是一个高度熟练的产业阶级，而从另一种观点来看，则可看作是介于手工劳动者和消费者之间的中间人。

有某些种类的商人，担当很大的风险，对于他所经营的商品之生产者和消费者，具有很大的影响，但是，他们在很大程度上并不是劳动的直接雇主。这些商人的极端典型，就是证券交易所和商品市场的商人，他们每天买卖的数额很大，但他们既无工厂也无仓库，顶多只有一个写字间和几个职员而已。然而，像这种投机者的活动的

结果之好坏，是很复杂的；现在我们可注意那些最注重经营管理、而最不注重巧妙的投机方式的企业形态。因此，让我们以较为普通的企业形态作为例证，并注意担当风险与商人的其余工作之关系。

第三节　在建筑业和其他一些行业中，营业的主要风险，有时与经营管理的细节工作无关；企业家不是雇主

建筑业会很适合我们的目的，一部分因为它在某些方面仍是墨守原始的经营方法。在中世纪后期，私人不靠营造师自己建造房屋，已是极其普通的事了；这种习惯即使在现在还没有完全消灭。自己造房的人，必须分别雇用一切工人，他必须注意他们，核对他们的工资要求；他必须向许多方面购买材料，而且他必须租用高价的机械，否则只能省去不用。他所付的工资，恐怕比现行的工资为高；但在这里，他有所损失别人则有所得。然而，在同工人讲价上，在以其不完全的知识来考察和指导工人的工作上，他所花的时间有很大的浪费；其次，在了解他所要的各种材料的种类和数量上，以及到哪里去买最为上算等等问题上，他所花的时间，也有很大的浪费。这种浪费可由以下的分工来避免：监督细节工作的任务由专门的建筑业者来担任，设计的任务由专门的建筑师来担任。

当房屋不是由要住进去的人出资建造，而是作为建筑的投机事业来建造的时候，分工往往更为精细。如果大规模这样做的话，例如，开辟一个新的郊区，可能获得的利益是如此之大，以致对强有力的资本家提供了有吸引力的机会，这些资本家具有很高的一

般经营能力,但恐怕没有很多关于建筑业的专门知识。他们依靠自己的判断作出关于各种房屋将来的供求关系会是怎样的决定,但对于细节工作,他们则委托别人管理。他们雇用了建筑师和测量员,根据他们的一般指示进行设计;然后与专门的建筑业者订立合同,按照设计进行施工。但他们自己担当营业的主要风险,并掌握营业的一般方针。

第四节　续前

如所周知,在大工厂时代刚开始之前,在羊毛业中盛行下述的责任划分:采购和销售上的较有投机性的工作和较大的风险,由企业家担当,而企业家本身并不是劳动的雇主;同时,管理上的细节工作和履行一定的合同之较小的风险,则由小包工者担当①。在纺织业的某些部门中——尤其是在对于未来的预测有很大困难的那些部门中——仍然广泛地实行这个办法。曼彻斯特的批发商人,专心研究时式的变动,原料的销路,贸易、金融市场和政治的一般情况,以及其他会影响将临的季节中各种货品的价格之种种原因;如果需要的话,他们雇用了熟练的设计师来实行他们的计划之后(正像前例中建筑业的投机者雇用建筑师那样);他们就与世界各地的制造商订立制造货物的合同,而对于这些货物,他们决定冒投资的风险。

尤其是在服装业中,我们看到所谓"家庭工业"的复兴,这种工

---

① 参照附录一中第十三节。

业很久以前盛行于纺织业；这是一种大企业家把工作分给单独操作的人，或有几个家属帮助的人，或者也许雇用两三个助手的人，到小屋和很小的工场中去做的制度。[①] 在英国差不多各郡的偏远的乡村中，大企业家的代理人往来其间，把各种货物——尤其是像衬衫、衣领和手套这些衣着——的半制成的材料，分给乡村里的人，并取回制成品。然而，在世界各大首都和其他大城市中，尤其是在古老的城市，那里有很多体质和德性颇差的不熟练和无组织的劳动者，这种制度却最为发达，而在服装业——单在伦敦一地这个行业就雇用了二十万人——和廉价的家具业中，尤其如此。在工厂和家庭工业之间有不断的竞争，时而前者得势，时而后者得势；例如，现在由蒸汽力运输的缝纫机的使用日见增多，加强了制靴业工厂的地位；同时，工厂和工场在成衣业中的地位也更为巩固。另一方面，制袜业则因手织机近来的改良而引回到家庭工业；煤气、煤油及电力发动机所引起的动力分配的新方法，对于其他许多行业发生同样的影响，也是可能的。

　　或者会发生趋于折中办法的运动，类似设斐尔德的利器业所普遍实行的那些办法。例如，许多制造利器的企业，把碾磨和其他

---

　　① 　德国经济学家对这种制度称为"具有工厂性质的"家庭工业，以区别于"国民的"家庭工业，后者利用其他工作的空闲时间（特别是农闲的冬季）来做纺织品和其他物品制造的辅助工作（参看申贝尔格在他所编的《手册》中的"论工业"一文）。属于后一类的家庭工人，在中世纪整个欧洲，都很普遍，但现在除了在山中和东欧外，日渐稀少了。他们选择工作，总不是很专心的；他们所做的东西，大部分能在工厂中花少得多的劳动，而做得较好，因此就不能有利地在公开市场上出售，但大部分他们做了是为他们自己或邻人使用的，因而就可节省许多中间人的利润了。参照冈讷在《经济杂志》第2期上所著的一篇文章《家庭工业的遗风》。

部分的工作，以计件的价格分给工人去做，这些工人向与他们订立合同的工厂或其他的人，租用他们所需的动力：他们有时也雇用别人来帮助他们操作，有时则单独操作。

再如，外国商人往往自己没有船只，但专心研究贸易的趋势，自己承担贸易的主要风险；同时，他使运输工作由别人替他来做，虽然这些人要有较好的经营能力，但不必有像他那样的预测贸易之细微变动的能力，虽然作为船只的购买者，他们的确具有他们自己的重大和困难的营业风险。又如，书籍出版的较大的风险，是由出版商——也许与作者一道——来承担的；而印刷业者是劳动的雇主，供给这种营业所需的高价的活字和机械。在金属业和家具、服装等行业的许多部门中，也都采用略为类似的办法。

这样，承担采购和销售的主要风险的人，有许多方法可以避免为他们工作的那些人的住宿和监督的麻烦。这些方法都有它们的优点；如果工人具有坚强的性格，像设斐尔德的工人那样，则其结果大体上不是不满意的。但不幸的是，流入这种工作的那些人，往往是工人中最弱的，而且智谋和自制力都是最差的。这种制度之所以为企业家所采用，是因为它具有伸缩性，而这种伸缩性实在是使他能——如果他愿意这样做的话——对为他工作的那些人施加不适宜的压力之一种手段。

因为，一个工厂的成就，在很大程度上依靠一班坚持工作的工人，但把工作分给工人到家里去做的资本家，在他的名单上保留许多人是有利的；他就可对其中每个人偶尔给以一点工作，挑拨他们互相竞争；他这样做是很容易的，因为他们并不互相认识，也不能采取一致的行动。

第五节　理想的工业家所需的才能

当讨论营业的利润时,在人们心目中利润总是与劳动的雇主有关的:"雇主"往往被当作是与实际上获得营业利润者同义的一个名词。但是,我们刚才说过的那些例子,足以说明以下的道理:劳动的监督不过是管理工作的一方面,而且往往不是最重要的方面;担当营业全部风险的雇主,实在是为社会履行两种完全不同的职务,而且要有双重的能力。

让我们回到已经说过的那一类原因(见本篇第十一章第四和第五节),制造商生产货物,不是为了应付特殊的订货,而是为了一般市场。第一,以他作为商人和生产组织者的作用而论,他必须具有他自己行业中的物的透彻的知识。他必须具有预测生产和消费的广泛变动的能力,以及具有知道哪里有供给一种新商品以满足实际欲望的机会,或是哪里有改进旧商品的生产计划的机会之能力。他必须能谨慎地判断,大胆地承担风险;他当然必须具有了解他的行业中所用的原料和机械。

但是,第二,以他作为雇主的作用而论,他必须是一个人的天生的领导者。他必须具有首先适当地选择他的助手,然后充分信任他们的能力;而且必须具有使他们关心营业和信任他的能力,以发挥他们内在的进取心和创造力;同时,他自己对一切事务实行总的掌握,并保持营业主要计划的井井有条和前后一致。

成为一个理想的雇主所需的能力,是如此之大和如此之多,以致很少人能在很大程度上兼有这些能力。然而,这些能力的相对重要性，是随着工业的性质和营业的大小而不同的；一个雇主在某些才能方面擅长，另一个雇主则在别的才能方面优越；而很少有两个雇主的成功，是由于完全相同的一套长处。有些人的成就全靠他的高尚品质，而有些人的兴隆，则是由于除了机警和意志坚强之外，没有什么令人钦佩的才能。

　　以上所述是企业经营管理工作的一般性质，接下来我们必须研究一下：各种阶级的人有什么机会来发展经营能力；以及他们获得机会之后，他们又有什么机会来支配发挥经营能力所需的资本。这样，我们就可稍为接近本章开头所说的问题，并且可以研究一个企业在接连几代中发展的过程了。这一研究可以方便地与企业经营的各种形态结合起来。以上我们所考虑的，差不多完全是全部责任和经营集于单独一个人手中的那种组织形式。但是，这种形式正为其他各种组织形式所压倒，在这些形式中，最高的权力是分散于几个合伙人的手中，或者甚至分散于大多数的股东手中。私人企业与股份公司，合作社和公共企业在企业经营中所占的地位，正在不断增大；这件事的一个主要原因，是因为它们对具有优秀的经营能力、但没有承袭任何巨大的经营机会的那些人，提供了具有吸引力的机会。

第六节　商人之子开头就有很多利益，以至人们也许期望商人会形成一个世袭的阶级；这种结果之所以没有发生的理由

　　已经在营业上有成就的人的儿子，开头就具有很大超出别人

的利益,这是显而易见的。他从青年时代起就有获得知识和发展才能的特殊便利,而这种知识和才能都是他父亲的企业的经营管理上所需要的:他安心地而且差不多是不知不觉地获悉他父亲的行业以及与之有买卖关系的行业中的人物和情况;他日渐知道他父亲所思索的各种问题和忧虑的相对重要性与真正的意义;他获得了关于这个行业的制造方法和机械的专门知识。[①] 他所学到的东西,有些只适用于他父亲的行业;但大部分对于与这个行业稍有联系的行业,都是有用的;同时,由于与任何一个行业掌握大计方针的人的接触,所养成的判断力和智谋、进取心和谨慎、毅力和谦虚等一般才能,对于使他适合经营差不多其他任何行业,都会大有用处。而且,成功的商人之子,除了在天性和教育上似乎不喜欢和不适合经营企业的人之外,在开头就具有差不多比其他任何人为多的物质资本:他们如果继承父业的话,他们就具有稳固的营业关系的有利地位。

所以,初看起来商人们似乎会成为一种世袭的阶级,会把管理上的主要位置分给他的儿子们去担任,建立世袭的王朝,而接连许多代统治某些商业部门。但是,实际情况却大不相同。因为,当一个人建成了一个大企业时,他的子孙虽有很大的利益,但往往不能发展同样成功地经营这个企业所需的高级才能和特殊的意志及气质。他自己也许是由具有坚强和诚恳的性格之父母所抚养长大

---

①　我们已经说过,制造商的儿子们怎样担任工厂中所进行的差不多一切重要的工作,足以使他们在以后年代中了解所有雇工们的困难,并对于他们的工作作出公正的判断,这是差不多近代唯一的完善的学徒制度。

的;并为父母的个人影响和幼年时与困难的斗争所教育。但是,他的儿子们——至少在他富有后所生的儿子们和在任何情况下他的孙子们——恐怕大多是由家内仆人们照顾的,这些仆人却没有像他的父母那样的坚强性格,而他自己是为他的父母的影响所教育的。他的最大的志向也许是营业上的成功,而他的子孙对于社会或学术的名望,至少会是同样渴望的。①

诚然,一切事情也许一时都很顺利。他的儿子们有了稳固的营业关系和——甚至也许更为重要——许多对营业极其关心的胜任的下属。只要勤勉和谨慎,并利用企业的传统,他们就可长久地维持。但是,经过整整一代之后,旧的传统已不再是可靠的指南,维系老职员的纽带也已消灭,这时,这个企业的瓦解差不多是不能避免的,除非有新人在企业中参加合伙,同时企业的经营管理工作也实际上交给新人担任。

但是,在大多数情况下,他的子孙是以一条捷径来达到这种结果。他们宁愿自己不努力而得到丰富的收入,而不要以不断的辛苦和操劳才能得到的两倍的收入;他们把企业卖给私人或股份公司;或者他们变成企业的隐名合伙人;就是,分担企业的风险和利润,但不参加企业的经营管理;在这两种情况下,他们的资本的实际支配权,主要是落于新人之手了。

---

① 最近以前,在英国的学术研究和营业之间常有一种矛盾。现在由于我们著名大学的精神之扩大,以及在主要商业中心大学的发展,这种矛盾日渐减少了。商人的儿子们被送进大学之后,不像一代以前那样,往往学会鄙视父业。诚然,其中有许多因为具有扩大知识境界的愿望而脱离营业。但是,那些不光是批评性、而且是建设性的高级形式的智力活动,会促进对于做得对的营业工作的高尚性加以适当的欣赏。

第七节 私人合伙组织

恢复一个企业的力量之最老和最简单的办法,就是从它的最能干的雇工中提拔若干人参加合伙的办法。大工厂或大商店的专制的老板和经理,因为年事日增,觉得必须把责任越来越多地托付给他的主要下属;这一部分因为要做的工作日益繁重,一部分因为他自己的精力较前衰弱。他仍然掌握最高的管理权,但许多事情却不得不依靠他的下属之精力和正直;因此,如果他的儿子们还未长大,或是因为别的理由,还不能为他分担责任,则他就决定从他的可靠助手中提拔一人参加合伙:这样,他就减轻了他自己的工作,同时他可放心,他自己一生的事业也由那些人——这些人的习惯是他所养成的,他对他们也许具有父亲般的情感——所继续下去了。①

但是,现在有——曾经也常有——条件较为相等的私人合伙组织,两个或更多的具有大约相同的财产和能力的人,把他们的资财合在一起以举办困难的大事业。在这种情况下,经营管理工作往往有明确的划分。例如,在工业中,一个合伙人有时差不多专门担任采购原料和销售成品的工作,而另一个合伙人负责工厂的管理;在一个商店中,一个合伙人管理批发部门,而另一个合伙人管

---

① 最幸福的生活韵事,以及从中世纪到现在的英国社会史中最耐人寻味的事,有许多是与这种私人合伙的故事有关的。歌谣和故事叙述忠实学徒的种种困难和最后胜利,他也许因为与雇主的女儿结婚而终于参加合伙,这些歌谣和故事的影响,鼓舞了许多青年去创立伟业。在对于国民性格所发生的种种影响中,没有一种影响比这样形成有志青年的志向的影响,更为远大了。

理零售部门。使用这些和其他一些办法,私人合伙组织就能适应许多不同的问题:它是非常有力和非常有伸缩性的;它在过去发挥了很大的作用,而现在它也富有生命力。

第八节　股份公司组织;国营事业

但是,从中世纪之末到现在,在某几种行业中,已有公开的股份公司代替私人企业的变动,前者的股票能在公开市场上卖给任何人,而后者的股票如未得一切有关的人的许可,是不能转让的。这种变化的结果,是使得许多没有特殊营业知识的人,把他们的资本交给他们所雇用的人去运用:企业管理上各部分工作之新的划分就因此发生了。

股份公司所遭到的风险之最终承担者是股东;但是,股东通常并不积极参加企业的擘划经营和支配它的一般方针;而完全不参加管理上的细节工作。如果企业一旦脱离了它的创办人的手之后,它的管理权主要是入于董事们的手中;如果是一个很大的公司,董事也许只占有很小的股份,而他们大部分都没有关于管理工作的专门知识。通常并不要他们在公司中全天办公;但他们被认为是以广博的一般知识和正确的判断,来解决公司方针上的较大问题;同时,他们要确信公司的"经理"恪尽厥职。① 经理及其助手

---

① 白哲特喜欢这样辩说(例如,见他所著的《英国的宪法》第七章):内阁大臣往往因缺乏他那一部的事务的专门知识而得到益处。因为,关于详细情况,他能从常任秘书和其他下属那里得到报告;对于他们所精通的问题,他不会作出与他们意见相反的判断,而对于公共政策上的重大问题,他的不偏不倚的常识,却足可克服官僚习惯;同样地,一个公司的利益,有时反会为对营业的细节工作最没有专门知识的那些董事所最大地增进。

们担任大部分擘划经营的工作和全部管理工作,但不需要他们拿出资本;而且他们被认为是根据他们的热心和能力从低级升到高级地位的。因为在联合王国中,股份公司组织在国内所经营的各种企业中占到很大部分,它对于具有经营管理的天才、而没有继承任何物质资本或营业关系的人,提供了很大的机会。

第九节 续 前

股份公司有很大的伸缩性,如果它所从事的业务提供广大的活动范围,它就能无限制地扩充;而且差不多在一切方面它都占着优势。但是由于承担主要风险的股东,对于企业缺乏充分了解,股份公司有一个很大的弱点。的确,大的私人企业的首脑,承担营业的主要风险,他把企业的许多细节工作委托别人去做;但是,因为他具有对他的下属是否忠实地和谨慎地为他的利益服务,作出直接判断的权力,他的地位是稳固的。如果他所委托为他经营货物的采购和销售的人,从与他们交易的人那里收受佣金,他就能发觉和处罚这种欺诈行为。如果他们徇私和提拔他们无能的亲友,或者他们自己敷衍塞责,甚至他们没有表现出使他们最初被提升的那种非凡的能力,他就能发觉错误之所在,并加以纠正。

但是,在上述这些事情上,股份公司的大多数股东——除了少数的例外情况外——差不多是无能为力的;虽然有少数大股东,往往竭力要知道工作的情况;因而就能对企业的一般经营管理加以有效和明智的控制。大股份公司的领导人员因受到他们工作上所遇到的很大的引诱而去做欺诈之事,是很少的,这有力地证明商业事务上的诚实和公正的精神在近代有惊人发展。如果他们蓄意利用职务上的便利去营私舞弊,类似早期文明的商业史中的情况,则他们误用对他们的信任,就会达到很大规模,以致阻碍这种民主的企业组织形式的发展。我们很有理由希望:商业道德的进步将继续下去,将来——也像过去一样——商业秘密的减少和各种事情的不断公开,都有助于这种进步;因此,共同的和民主的企业组织形式,恐怕就能在以前它们所失败的许多方面稳妥地推广,并可大大超过它们对于没有荫庇的人在创业方面已经作出的巨大贡献。

关于中央和地方的国营事业,恐怕也是同样情况:它们也可有远大的前途,但是,直到现在,承担最终风险的纳税人,一般还未能对它们加以有效的控制,也还未能得到办事能力像私人企业中那样具有精力和进取心的官吏。

然而,大股份公司和国营事业的管理上的问题,都包含许多复杂的争论问题在内,在这里我们还不能加以研究。这些问题是紧急的,因为很大的企业近来已迅速增加,虽然也许不像通常所认为的那样迅速。这种变化主要是因为没有大资本就不能经营的工业和矿业、运输业和银行业的程序与方法之进步;以及因为市场的范围和作用,与处理大量货物的技术上的便利之增大而造成的。民主的因素在国营事业中起初差不多是很有生气的,但经验表明,经营技术和企业组织上之创造性的思想和试验,在国营事业中是极其罕见的,在私人企业中也不很普遍,而私人企业因为年代久了和规模大了,就会陷入官僚的方法中去。因此,可使小企业努力发挥创造性的工业活动范围之缩小,就有引起新的危害之虞。

最大规模的生产,主要是见于美国,在那里,巨大企业之带有垄断色彩的,通常称为"托拉斯"。这些托拉斯之中,有些是从一个企业发展起来的。但是,大多数的托拉斯是由许多独立的企业之合并所发展起来的;走向这种合并的第一步,通常是一种颇为松弛的营业联合,或用一个德文名词来说,就是"卡特尔"。

第十节　合作社;利润分配

合作制度目的在于避免上述两种企业管理方法的弊端。在许多人仍然寄以厚望、但实际上很少实现的理想形式之合作社中,承担营业风险的一部分或全体股东,本身也是企业所雇用的。凡是被雇用的人,不论是否拿出企业的物质资本,都可分到利润,在社员大会中也有某些选举权,社员大会制定营业方针的纲领,并且任命职员去实行这个方针。因此,他们是他们自己的经理和工头的雇主与主人;他们具有相当好的方法来判断擘划经营上的高级工作是否忠诚地和有效地执行,而且他们最有可能查出管理上细节工作的松懈和不称职。最后,他们使得某些次要的管理工作不再需要,而这些工作在其他企业中是必要的;因为他们自己的金钱上的利益,和他们对自己的营业成就的骄傲,使他们每个人对他自己或他的同事工作不力都感到厌恶。

但不幸的是,这种制度有它本身的很大困难。因为,以人类本性的现状而论,被雇用者本身往往不是他们自己的工头和经理的最好的主人;斥责所引起的妒忌和愤怒,易于发生像复杂的大机器的轴承中与油混合的沙的作用。企业管理中最困难的工作,通常是表面上最看不出来的工作;用手操作的人,易于低估擘划经营的最高级的工作中所包含的工作强度,而且因为这种工作的报酬与其他地方所能得到的差不多一样高,他们也容易感到怨恨。事实上,合作社的经理很少具有,生存竞争所挑选出来的人、与私人企业的自由和没有拘束的责任所训练出来的最能干的人所具有的那种机警、创造性和多才多艺。一部分因为这些理由,合作制度很少得以全部实行;而它的部分应用,除了用于工人所消费的商品之零售方面外,当未获得显著的成功。但是,在最近几年中,真诚的生产联合——即"合股经营"——的成功,已经显示出较有希望的迹象。

诚然,具有浓厚的个人主义性格,和思想完全集中在自己的事情的那些工人,达到物质成功的最快和最适宜的途径,恐怕常是作为独立的小"企业家"来创办企业,或是在私人企业或股份公司中力求上进。但是,有些工人的性格中社会因素较强,不愿离开他们的老伙伴,而要作为领导者同他们一同工作,对于这种工人,合作制度具有特殊的魅力。合作制度的理想,在某些方面也许比它的实践更为高尚;但无疑地,它在很大程度上有赖于道德的动机。真正的合作社员,兼有敏锐的经营才能和充满热烈信心的精神;有些合作社为智力上和道德上都具有天才的人经营得非常好——这些人为了他们内在的对合作社的信心,十分公正地尽心竭力工作,他们的报酬比他们自己经营,或在私人企业中担任经理所能得到的为低,但他们始终感到满足。这种类型的人,在合作社的职员中比在其他职业中较为常见;虽然即在合作社的职员中,这种人也不是十分常见的,但我们可以希望,真正的合作社原理的更好的了解之传播,以及普通教育的提高,会使大多数的合作社员日益适合于解决企业管理上的复杂问题。

　　同时，合作原理的许多部分的应用，正在各种条件下尝试，每种应用都表现在企业管理的新气象。例如，在利润分配的办法下，私人企业保持经营管理上的自由权，但付给被雇用的人之工资，全部按照市场标准，不论是计时工资还是计件工资，此外，还同意分给他们企业所能获得的在规定的最低数以上的任何利润之一部分；因此，企业就可希望从以下这些方面得到物质的和精神的报酬：摩擦的减少，被雇用的人格外愿意多做比较对企业也许大为有利的种种小事情，并且最后吸引具有中等以上的能力和勤劳的工人到企业来工作。[①]

　　另外一种部分合作的办法，就是奥耳德姆的某些纺织厂所实行的办法。这些工厂实际是股份公司；而在股东之中，有许多是具有这个行业的专门知识的工人，虽然他们往往不愿为他们自己有股份的工厂所雇用。还有一种部分合作的办法，是消费合作社的本部通过它的代理者——批发合作社——创办生产事业的办法。在苏格兰的批发合作社中，工人们以工人的身份参与工厂的管理和利润分配，但英国的批发合作社，却不是这样。

　　到以后的阶段中，我们要较为详细地研究各种不同的合作和半合作的经营形式，并研究在批发和零售、农业、工业、商业等各种营业上它们的成功和失败之原因。但是，我们现在不必进一步研究了。上面所说的已足以表明：世界不过刚刚开始着手于合作运动的高级工作，因此我们有理由可以期望，合作运动之许多不同的

----

　　① 参照施洛斯所著的《工业报酬的方法》和吉耳曼所著的《劳动者的盈利》。

形式，在将来比在过去会获得更大的成功，并对工人们在企业管理工作中锻炼自己、得到别人的推崇、信任和逐步提高到可发挥他们的经营能力之地位，会提供极好的机会。

第十一节　工人地位提高的机会；工人因缺乏资本所受到的妨碍没有初看起来那样大，因为贷出资本正迅速增加；但是，经营管理的日益复杂是对他不利的

在说到工人升到可充分发挥他的经营能力的地位之困难时，主要的着重点通常是放在他缺乏资本方面；但这一点常不是他的主要困难。例如，分配合作社积累了大量资本，而它觉得这项资本难以得到很大的利率；它很愿意把这资本借给任何一类能处理困难的经营管理的问题的人。如果合作者第一具有高级经营能力和正直，第二具有在他的同事中对于这些品质享有很大声誉的"个人资本"，则他在创办大企业所需的足够的物质资本上，就不会有困难：真正的困难倒是在于使他周围的许多人，相信他具有这些难能可贵的品质。如果一个人力图从平常的来源中得到创办企业所需的资本之贷款，情况也是差不多的。

的确，差不多在一切营业之中，顺利创办企业所需的资本数额，是不断地增大；但是，自己不要使用资本的人所拥有的资本数额，却有快得多的增大，这些人如此急于要贷出资本，所以他们愿意接受日渐下降的利率。这种资本的大部分入于银行家之

手,而银行家很快地就把它借给他们认为经营能力和信用都很可靠的人。在许多营业之中,能从供给必需的原料和商品的人那里得到赊欠,固不必说了,就是直接借款的机会,现在也是如此之多,以致对于一度克服获得善于运用资本之声誉的最初困难的人而言,创办企业所需的资本额之适度的增大,并不是很大的障碍。

但是,对于工人的地位提高之虽没有那样明显、也许较为重大的障碍,就是企业经营的日益复杂。企业的首脑现在必须考虑许多从前他从未感到麻烦的事情;而这类困难正是工厂的训练所最没有准备的困难。要克服这种困难,必须迅速改良工人的教育,不但改良学校中的教育,而且更重要的是,用报纸、合作社和工会的工作,以及其他方法来改良以后生活中的教育。

英国全部人口的大约四分之三,都是依靠工资为生的阶级;至少当他们丰衣足食,居住情况和所受的教育也很好的时候,他们具有成为经营能力源泉的神经强健。如果没有误入歧途的话,他们都是——有意识地或无意识地——企业领导地位的竞争者。普通工人如有能力,一般就可变为工头,由工头就可升为经理,并可与他的雇主合伙经营。或者,积蓄了一点钱之后,他会开设一家在工人区域内仍能维持的小店,店中的货品主要是靠赊欠购进的,白天让他的妻子来照管,晚上由他自己来管理。用这些或其他方法,他会增加他的资本,直到他能开设一家小的工场或工厂。一旦有了良好的开端之后,银行就会渴望给他慷慨的信用贷款。他必须要有时间才能这样做,因为要到中年之后他才会创办企业,他必须活得很长久而且很强壮,但是,如果他有了这个,而又有"耐心、天才和好运气"，则在他死去之前，他一定可以得到很大的资本。① 在工厂中用手操作的人，比会计员和其他许多在社会传统上看作是地位较高的人，具有升到领导地位的较好机会。但在商店中却不是这样；商店中所做的手工工作，一般没有训练的性质，而事务工作的经验对于使人准备经营商业，比经营工业较为适合。

因此，大体上有一种自下向上的广泛变动。从工人的地位一跃而为雇主的人，也许没有以前那样多了；但是，地位提高到足以使子弟能有达到最高地位的良好机会的人，却比以前多了。完全的地位提高在一代之中完成的，往往很少；而在两代中完成的较多；但地位提高运动的整个规模之大，恐怕是前所未有的。而且，对整个社会而言，地位提高分为两代完成，也许较好。在上一世纪之初，工人升到雇主的地位，人数很多，但适合于领导地位的人却很少：他们往往很粗暴专横；他们丧失了自制力，既不是真正高尚，也不是真正幸福；他们的子弟往往是骄傲、挥霍和放纵，把他们的财富滥用于低级和粗俗的娱乐，具有从前

---

① 德国人说，营业的成功需要"金钱、耐心、才能和运气"。工人地位提高的机会，是随着工作的性质而稍有不同的，在那些最注重对细节工作的细心注意、而最不注重不论是科学还是世界投机运动的知识之行业中，这种机会最多。因此，例如，"节俭和实际的细节工作的知识"，是陶器业中平常工作之成功的最重要的因素；因而在这个行业获得成功的人之中，大多数人"都像乔西亚·韦季伍德一样，是从工人起家的"（见奇·韦季伍德对技术教育委员会所提出的证明）；关于许多设斐尔德的利器业，也可作类似的说明。但是，工人阶级中有些人养成了一种冒投机危险的大本领；如果他们具有指导投机成功所必须的种种事实的知识，他们往往就会胜过从比他们高的地位起家的竞争者。在像鱼类、水果等易坏商品的最有成就的批发商人之中，有些人是从市场挑夫起家的。

贵族的最坏的缺点,而没有他们的那些美德。工头和监工仍然要服从、又要发号施令,他们的地位正在提高,而且看到他的子弟会升到更高的地位,在某些方面使人对他比对小雇主更为艳羡。他的成功虽没有那样显著,但他的工作往往是较为高级,且对世界较为重要,同时,他的性格较为温和与文雅,而且像以前一样地坚强。他的子弟们有很好的训练;如果他们获得财富,他们就会加以相当好的利用。

然而,必须承认:在许多工业部门中巨大的企业——尤其是股份公司——的迅速扩充,会使对儿子们抱有希望的能干和节俭的工人,为其子谋求事务工作。在事务工作中,他们就有失去用手做的建设性工作所固有的体力和性格上的力量的危险,而变为较低的中等阶级中平凡的人。但是,如果他们能够保持这种力量,使它不受损害,他们就会变成世界上的领袖人物,虽然一般并不是在他们父亲的行业中,因而就得不到特别适当的传统和才能的益处。

第十二节　一个能干的商人迅速增加他所掌握的资本,而对于无能的人,营业愈大,他通常损失资本就愈快;这两种力量会使资本适应善于运用资本所需的才能;运用资本的经营才能,在像英国这样的国家中,具有相当明确的供给价格

当一个很有能力的人,不论采取什么办法,一旦居于一个独立

企业的领导地位时，如有相当好的运气，不久就可证明他具有善于运用资本的才能，因此使他能有办法借入他所需要的差不多任何数额的款项。他如获得厚利，就可增加他自己的资本，而自己资本的这个增加部分，是以后借款的物质保证；他自己赚钱的事实，往往会使贷款者对于坚持贷款的全部担保不像从前那样小心了。当然，运气在经营中很有关系：一个很能干的人也许觉得事情的发展对他不利；他亏本的事实会减少他的借款能力。如果他是一部分依靠借入的资本来经营的话，这甚至会使贷款者拒绝继续贷款，这样，如果他只使用自己的资本，不过是一时的不幸就会使他垮台①：如要竭力恢复，他就会过一种充满忧虑甚至不幸之盛衰无常的生活。但是，他在患难中也能像在成功中那样表现出他的能力：人类本性是乐观的；人们极愿把资本借给那些曾经度过商业上的灾难而未丧失营业声誉的人，这是人所共知的。因此，虽然盛衰无常，能干的商人一般觉得，他所掌握的资本毕竟是与他的才能成正比例地增长。

同时，我们已经知道，能力薄弱而掌握大资本的人，很快地损失资本；他也许是一个能够和会要很好地经营一个小企业的人，这企业在他离开时比他初去时资本较为雄厚；但是，如果他没有处理重大问题的才能，则企业愈大，他搞糟企业就愈快。因为，大企业

①　当他正是最需要资本的时候，他不能继续借款的危险，使他比只使用自己资本的人相对地处于不利地位，这种不利比仅仅是他的借款的利息所表明的大得多了；当我们说到分配学说中研究经营收入的那一部分时，我们将会知道，因为上述及其他的理由，利润不仅仅是纯经营收入与利息而已，纯经营收入就是应当归功于商人的才能的那种收入。

的交易,在考虑了平常的风险之后,只剩下很小一部分利润,而大企业通常只有依靠这种交易才能维持。从迅速成交的很大营业额中所得的微薄利润,对于能干的商人却可产生丰富的收入:有些营业的性质能使巨大资本有活动的余地,在这些营业中,竞争通常将营业的利润率压得很低。一个乡村中的商人,能比他的较为能干的竞争者从他的营业中少赚 5% 的利润,但仍能维持,不会破产。但是,在获得利润很快、而纯然是例行工作的大工厂或大商店中,营业的全部利润,往往是如此之少,以致一个人如比他的竞争者即使少赚一点,在每次营业上就有很大损失;而那些经营困难和不是依靠例行工作的大企业,对于真正有经营才能的人,可提供很大的营业利润,但只有普通能力的人,要想经营这种企业,绝不会获得利润的。

这两种力量——一种是使能干的商人所掌握的资本增加的力量,另一种是使能力较差的商人手中的资本损失的力量——产生以下的结果:在商人们的才能之大小与他们所经营的企业之大小之间的一致性,比初看起来所认为可能的密切得多了。一个有天生的经营才能的人,在私人企业和股份公司中能够步步高升的许多途径,我们已经说过了,如把上述结果与这许多途径加在一起来考虑,我们就可得出如下的结论:在像英国这样的国家里,凡是进行大规模工作的地方,它所需要的才能和资本必然很快就会出现的。

而且,正像工业技术和能力日益越来越多地有赖于判断、敏捷、智谋、细心和毅力等广泛的才能一样——这些才能不是某一行业所特有的,而是对一切行业多少是有用的——经营才能也是如此。事实上，经营才能比低级的工业技术和能力，包括更多的这些非专门的才能：经营才能的等级愈高，它的应用就愈多种多样。

于是，因为运用资本的经营才能从这种才能过多的行业，向为它提供良好机会的行业作横的移动非常容易；而它作直的移动也非常容易，就是较为能干的人在他自己的行业中升到较好的地位，所以，即在我们的研究的这个初期阶段中，我们也有充分理由相信：在近代英国，运用资本的经营才能之供给，通常能适应对它的需求；因而就有相当明确的供给价格。

最后，我们可认为这种运用资本的经营才能之供给价格，是由三个因素构成的。第一是资本之供给价格；第二是经营才能和精力之供给价格；第三是把适当的经营才能与必需的资本结合在一起的那种组织之供给价格。我们对这三个因素中的第一个因素之价格已称为利息；对单独第二个因素之价格可称为纯经营收入，而对第二和第三个因素合在一起的价格可称为总经营收入。

第十三章 结论；报酬递增倾向与 报酬递减倾向的相互关系

第一节 本篇后面几章的摘要

在本篇的开头，我们知道，自然界对资本和劳动的使用之增加 所产生的农产物收获之增加，如果其他情况不变，终于怎样趋于递 减。在本篇其余各章中——特别是最后四章中——我们研究了问 题的另外一面，知道人类的生产工作的能力，怎样随着人类所做的 工作之数量而递增。首先，在考虑了支配劳动供给的种种原因之 后，我们知道，一个民族的身体的、精神的和道德的力量每有增加， 如果其他情况不变，怎样使他们较能把大多数的强壮儿童抚养长 大。其次，说到财富的增长，我们看到，财富每有增长，怎样在许多 方面趋于使财富的更大增长比以前容易。最后，我们知道，财富每有 增加，以及人口和人们的智力每有增长，怎样增加高度发展的工业组 织的便利，而工业组织又转过来大大增进资本和劳动的共同效率。

在较为仔细地研究了任何一种货物的生产规模之扩大所产生 的经济之后，我们知道，这种经济分为两类——一类是有赖于工业 的一般发展，一类是有赖于从事这工业的个别企业的资源及其经营管理的效率;就是说,分为外部经济与内部经济两类。

　　我们知道,如以任何个别企业而论,内部经济怎样易于发生不断的变动。一个能干的人,也许忽然由于好运气的帮助,在他的行业中打下了稳固的基础,他辛勤地工作,而生活则很节俭,他自己的资本就很快增大,而使他能够借入较多资本的信用增大得更快;他所罗致的下属,都有超过普通人的热诚和能力;因为他的营业扩大了,他们的地位也与他一同提高,他们信任他,他也信任他们,他们每个人都是全力从事于刚好是他们特别适合的工作,因此,高级的才能就不会浪费于简易的工作,困难的工作也不会委托不熟练的人去做了。随着这种技术的经济之逐步增大,他的营业的增加,也带来了专门的机器和各种设备的类似的经济;很快地采用每种改良的制造方法,而且使它成为进一步改良的基础;成功带来了信用,信用又带来了成功;信用和成功有助于保留老顾客和招徕新顾客;他的营业的增加,使他在采购上有很大好处;他的货物互相宣传;因而减少了为货物找寻销路的困难。他的营业规模的扩大,使他的胜过竞争者的利益也很快地增大,并且使价格降低,他能按照这个价格出售货物而不会亏本。只要他的精力和进取心、他的创造性和组织力,保持充分和旺盛的力量,只要营业上不可避免的风险不会使他遭到特别的损失,上述的情况就会继续下去;如果这种情况能维持一百年的话,则他和其他一两个像他这样的人,就可瓜分他所经营的那个工业部门的全部营业了。他们的大规模生产,会使他们得到很大的经济;如果他们竭力互相竞争的话,则公众就会得到这种经济的主要利益,商品的价格就会跌得很低。

　　但是,在这里,我们可从森林中新生的树木,从老树的浓荫中用力向上挣扎的情况得到教训。许多新生的树木中途夭折了,只有少数得以生存;这些少数生存的树木一年比一年壮大,它们的高度每有增加,就可多得一些阳光和空气,终能耸然高出邻近的树木之上,似乎它们会永远这样生长下去,随着它们这样生长,似乎永远壮大下去。但是,它们却不是这样。一株树比另一株树能维持活力较久和较为茂盛;但是,迟早年龄对它们是有影响的。较高的树木比它的竞争者,虽能得到较多的阳光和空气,但它也逐渐失去生命力,相继地让位于物质力量虽较小、而青春的活力却较强的其他树木。

树木的生长是这样,在大股份公司的近代巨大发展之前,企业的发展原理上也是这样,而大股份公司往往是营业不振,不是遽然倒闭。现在,这个原理已不普遍了,但在许多工业和商业中,它仍然是有效的。大自然以限制私人企业的创办人的寿命,甚至以对他的生命中最能发挥他的才能的那一部分限制得更严,来压制私人企业。因此,不久之后,企业的管理权就落到即使对企业的繁荣同样积极关心、但精力和创造的天才都较差的那些人手中了。如果这企业变为股份公司组织,则它可保持分工以及专门的技术和机械上的利益;如果再增加资本的话,它甚至可以增大这些利益;并且在有利的条件下,它在生产工作上就可保持永久和突出的地位。但是,它恐怕已丧失它的伸缩性和进步的力量如此之多,以致在与新兴的较小对手竞争时,它不再完全处于有利地位了。

所以,当我们考虑财富和人口的增长对生产上的经济所发生的广泛结果时,我们的结论之一般性质受到以下两个事实的影响是不很大的:第一,这些经济中有许多直接要看从事生产的个别企业的大小而定；第二，差不多在每个行业中，大企业是不断地兴盛和衰落，在任何时间中，有些企业正在兴盛，有些企业正在衰落。因为，在一般繁荣的时代，一方面的衰败必然为另一方面的发达所抵消而有余。

同时，总的生产规模之扩大，当然增加那种不是直接有赖于个别企业大小的经济。这些经济中最重要的，是由于相关的工业部门的发达而产生的，这些部门互相帮助，也许集中在同一地方，但无论如何，它们都利用轮船、火车、电报、印刷机等所提供的近代交通便利。像这种来源所产生的各种经济，是任何生产部门都可获得的，而不是完全依靠它自己的发达，但是，这些经济必然是随着它自己的发达而迅速地和稳步地增大；如果它衰败的话，这些经济在某些方面——虽然不是在一切方面——必然是缩小的。

第二节　生产费用应当以一个代表性企业来说明，这个企业能正常地获得属于一定的总生产量的内部经济与外部经济；报酬不变与报酬递增

当我们研究支配一种商品的供给价格之各种原因时，这些结果具有很大的重要性。我们必须仔细分析生产一种商品与一定的总生产量有关的正常费用；为了这个目的，我们将要研究在那个总生产量之下一个代表性生产者的费用。一方面，我们不要选择某一刚刚竭力投身营业的新生产者为代表，他在许多不利的条件下经营，一时不得不满足于很少的利润或没有利润，但他对以下的事

实是满意的;他正在建立营业关系,对于建立成功的营业正有头绪;另一方面,我们也不要采取这样一个企业为代表。由于非常持久的能力和好运气,它已经有了很大的营业和井井有条的大工场,而这些大工场使它比它的一切竞争者都占有优势。但是,我们的代表性企业必须是这样一个企业:它已具有相当的历史和相当的成功,它是由正常的能力来经营的,它能正常地获得属于那个总生产量的外部经济和内部经济;而对于它所生产的货物之种类,货物之销售情况以及一般经济环境,也是要加以考虑的。

这样,一个代表性企业,在某种意义上,是一个普通的企业。但是,营业上所说的"普通的"这个用语,却有许多不同的解释。而一个代表性企业是特殊种类的普通企业,为了要了解大规模生产的内部经济与外部经济在所说的工业与国家中,一般地已经达到怎样程度,我们需要研究这种普通企业。如果我们随便拿一两个企业来研究的话,我们就不能了解这一点,但是,经过广泛的调查之后,选择一个企业来研究,不论它是私人经营还是股份经营(或者一种以上更好),以我们所能判断的而论,它能代表这种特殊的普通企业,我们就能相当清楚地了解这一点。

本篇的一般论断表明以下两点:第一,任何货物的总生产量之增加,一般会增大这样一个代表性企业的规模,因而就会增加它所有的内部经济;第二,总生产量的增加,常会增加它所获得的外部经济,因而使它能花费在比例上较以前为少的劳动和代价来制造货物。

换言之,我们可以概括地说:自然在生产上所起的作用表现出报酬递减的倾向,而人类所起的作用则表现出报酬递增的倾向。报酬递减律可说明如下:劳动和资本的增加,一般导致组织的改进,而组织的改进增大劳动和资本的使用效率。

所以,在那些不是从事于农产品生产的产业里,劳动和资本的增加,一般使得报酬有超过比例的增加;而且,这种组织的改进,趋于减少甚至超过自然对农产品产量的增加所能增大的任何阻力。如果报酬递增律与报酬递减律的作用互相抵消的话,我们就有报酬不变律,劳动和牺牲的增加,使产品刚好有同比例的增加。

因为,报酬递增与报酬递减这两种倾向,不断地互相压制。例如,以小麦和羊毛的生产而论,报酬递减倾向在不能自由进口的古老国家里,差不多完全占有优势。如把小麦制成面粉,或是把羊毛制成毛毯,则总生产量的增加,就带来若干新的经济,但是不多;因为面粉业和毛毯业的规模已经如此之大,以致它们所能获得的新的经济,恐怕是新发明的结果,而不会是组织改进的结果。然而,在毛毯业不过稍有发展的国家里,组织的改进也许是重要的;于是,就会发生这样的情况:毛毯总产量的增加所减少的制造上的困难,与它所增大的原料生产上的困难,在比例上恰好相等。在这种情况下,报酬递增律与报酬递减律的作用就会恰好互相抵消;毛毯生产就会符合报酬不变的规律。但是,在大多数原料费用无足轻重的较为精致的工业部门中,以及在大多数近代运输业中,报酬递增律所起的作用,差不多是无法抵抗的。①

————————————

① 布洛克教授在 1902 年《经济季刊》上所发表的一篇题为《生产力的变化》的论文中,建议以"组织的经济"这个名词来代替报酬递增。他清楚地表明:促成报酬递增的种种力量,与促成报酬递减的种种力量,不是属于同一种类的;无疑地,对于有些情况,以说明原因而不是说明结果,以组织的经济与大自然对深耕的反应之无弹性来着重说明这种差别,是较好的。

报酬递增说明一方面是努力和牺牲的数量，与另一方面是产品的数量之间的关系。这些数量不能正确计算出来，因为生产方法的改变，需要机械，和需要各种新的以及与以前不同的比例之不熟练和熟练的劳动。但是，从大体上来看，我们或可含糊地说：工业中一定数量的劳动和资本所获得的生产量，在近二十年中增加了四分之一或三分之一。用货币来衡量费用和产量，是一种诱人而危险的方法，因为，货币支出与货币收入的比较，易于变成一种对资本利润率的估计。[①]

第三节　人口如有增加，共同效率一般就随着有超过比例的增加

我们现在可暂时总结一下工业扩充与社会福利的关系。随着人口的迅速增长而发生的，往往是人口拥挤的城市中之不健康和损人精力的生活习惯。有时，人口增长开头就很不好，它超过了人们的物质资源，使他们用不完善的工具向土地作过度的要求；因而引起报酬递减律在农产品方面的强烈作用，却没有把这规律的结果缩小到最低限度的能力。这样，开头就发生贫困，人口增加就会

---

① 关于发生报酬递增的工业同时又表现出利润增加，没有一般法则可言。无疑地，一个生气蓬勃的企业，如扩大它的营业规模，并获得所特有的重要的（内部的）经济，就会表现出报酬递增和利润率提高；因为，它的产量之增加，实际上不会影响产品的价格。但是，我们以后将可知道（见第六篇第八章第一和第二节），在像织素色布这样的工业中，利润是趋于下降的，因为这些工业的巨大规模，已使生产和销售组织能如此改进，以至差不多成为例行工作了。

继续对性格上的那种弱点发生极为常见的后果，这种弱点对于一个民族发展组织完善的工业，是不适宜的。

上述这些是人口增长的严重危险，但是，一个具有一定程度的个人力量和精力的民族，其共同效率之增加，在比例上可以超过他们的人口增加，这一点仍是确实的。如果他们能以容易的条件输入食物及其他农产品，暂时避免报酬递减律的压力；如果他们的财富没有消耗于重大的战争，而财富增长的速度至少与人口增加相同；如果他们避免会使他们身体衰弱的生活习惯，则他们的人口每有增加，使他们获得物质货品的力量就会暂时随着有超过比例的增加。因为，人口的增加使他们能获得专门技能和专门机械、地方性工业和大规模生产的许多不同的经济；它使他们能增加一切种类的交通便利；同时，他们相距很近，他们之间的各种交易所费的时间和努力因而就减少了，而且使他们有获得各种形式的社会享乐和文化生活的舒适品和奢侈品的新机会。无疑地，对于获得幽寂和安静，甚至新鲜空气的日益困难，也要加以考虑。但是，在大多数情况下，有利的一面较大。①

如果考虑到人口密度的增加一般带来新的社会享乐之事实，则我们对以上的叙述可稍扩大而这样说：人口增加和随之而来的相等的享乐之物质源泉以及对生产的帮助之增加，就会使一切种

---

①　英国人穆勒在说到（见他所著的《政治经济学》第四篇第六章第二节）独自游玩美丽风景的愉快时，不禁热情奔放，而许多美国作家则热烈描写人类生活的日益富裕，因为森林中的居民看到在周围定居的邻人，而森林地带发展成为乡村，乡村发展成为城市，城市又发展成为大都市（例如，参看凯雷：《社会科学原理》和亨利·乔治：《进步与贫困》两书）。

类的享乐之总收入有超过比例的增加;但是,这要有两个条件:第一,能获得农产品的充分供给而没有很大困难;第二,人口过多不会使身体和道德的力量,因为缺乏新鲜空气和阳光,和缺乏对青年的健康和愉快的娱乐而受到损害。

文明国家所积累的财富,现在比人口增加得更快;如果人口的增加不是那样快的话,则每人所有的财富就会增加得快一点,这也许是对的;但是,实际上,人口如有增加,对生产的物质帮助之超过比例的增加,就会继续随之而来:现在在英国,因为容易从外国得到原料的大量供应,随着人口增加而发生的,除了对阳光、新鲜空气等的需要外,就是满足人类欲望的手段有超过比例的增加。然而,这种增加的大部分,不是归功于工业效率的增进,而是归功于随着人口增加而来的财富增加;所以,人口增加就不一定有利于那些在财富增加中没有份的人。而且,英国从外国所得的农产品的供给,随时可因外国的贸易条例的变更而受到阻碍,也可因为发生大战而濒于断绝,同时,为了保障国家的相当安全,以防止战争危险所必需的海陆军费用,显然也会减少英国从报酬递增律的作用中所获得的利益。

图书在版编目(CIP)数据

马歇尔文集.第2卷,经济学原理.上/(英)阿尔弗雷德·马歇尔著;朱志泰译.—北京:商务印书馆,2019
ISBN 978-7-100-17194-6

Ⅰ.①马… Ⅱ.①阿…②朱… Ⅲ.①经济学-文集 Ⅳ.①F0-53

中国版本图书馆 CIP 数据核字(2019)第 052471 号

马歇尔文集
第 2 卷
经济学原理 上
〔英〕阿尔弗雷德·马歇尔 著
朱志泰 译

商 务 印 书 馆 出 版
(北京王府井大街 36 号 邮政编码 100710)
商 务 印 书 馆 发 行
北 京 冠 中 印 刷 厂 印 刷
ISBN 978-7-100-17194-6

2019 年 6 月第 1 版 开本 710×1000 1/16
2019 年 6 月北京第 1 次印刷 印张 25½
定价:110.00 元